关键问题

GUANJIAN WENTI
YI JIE KE LI DE ZHONGZI

一节课里的种子

周晓林 著

江西教育出版社
JIANGXI EDUCATION PUBLISHING HOUSE

· 南昌 ·

赣版权登字-02-2021-577
版权所有 侵权必究

图书在版编目（CIP）数据

关键问题：一节课里的种子/周晓林著. —— 南昌：江西教育出版社，2021.6（2023.3 重印）

ISBN 978-7-5705-2873-8

Ⅰ.①关… Ⅱ.①周… Ⅲ.①小学数学课－课堂教学－教学研究 Ⅳ.①G623.502

中国版本图书馆CIP数据核字（2021）第180180号

关键问题：一节课里的种子
GUANJIAN WENTI: YI JIE KE LI DE ZHONGZI

周晓林　著

江西教育出版社出版
（南昌市学府大道299号　邮编：330038）

出　品　人：熊　炽
责任编辑：魏文远
书籍设计：邓　生

各地新华书店经销
江西省和平印务有限公司印刷
700毫米×1000毫米　　16开本　　15.5印张　　238千字
2021年6月第1版　　2023年3月第2次印刷

ISBN 978-7-5705-2873-8
定价：42.00元

赣教版图书如有印装质量问题，请向我社调换　电话：0791-86710427
总编室电话：0791-86705643　　编辑部电话：0791-86708350
投稿邮箱：JXJYCBS@163.com　　网址：http://www.jxeph.com

春生为"晓"，夏长而"林"

春生，夏长，是一颗种子一生要干的事情。

春生，夏长，也是获得一颗种子的不二路径。

春生为"晓"，夏长而"林"是我将"晓林"这位小学数学老师与一颗种子的联结。因为，在我看来，晓林老师，是一颗生长于温州市小学数学教师队伍中的种子。

因为我是一直倡导上好种子课的，晓林嘱我为他的新书写一个序，我便受宠若惊，学习酝酿一月有余，今天晨起，忽得"春生为'晓'，夏长而'林'"之灵感，便起笔动之。

在晓林看来，上好一节课的不二法门是抓住关键问题，这个关键问题的意思有两层：第一层意思是找到拨动思维的一个支点，所谓牵一发而动全身，这个支点是孩子们形成理解的关键之所在；第二层意思是要将这个支点以孩子们明白而有意思的方式呈现为一个问题，通过这个问题引发孩子们一系列的思维活动与行为，从而达成对那一个支点的理解。

为此，晓林老师进行了大量的课例研究，以一位教研员的视角，对课堂中的关键问题进行了深入而有效的讨论。这些讨论，是晓林老师智慧的结晶，是心中对孩子们数学学习困难的不忍，是对孩子们数学学习乐趣的希冀。

从教师成长的角度而言，对关键问题的把握程度是一位老师专业水平的标志性显现。这种把握既是对知识的理解，也是对学生的理解。所以，以对一节课的关键问题的把握为切入口，不失为一条提升教师专业水平的好路径。而这条路径应该是晓林老师自己所走过的，从这个意义上说，这

《 关键问题：一节课里的种子

本书应该是晓林老师对自己专业成长的一次反思与分享。

希望这种反思与分享，给我们从事小学数学教学的教师们带来启发，帮助其成长。

今天，学校的孩子们正在期末考试，孩子们的成长是我们起心动念的起点与归宿。愿晓林老师有更多好的解决问题的研究成果，不断呈现在我们的课堂。

俞正强

2021 年 6 月 26 日

目 录

1 关键问题研究 ·················· 001
   1.1 关键问题的含义 ·················· 002
   1.2 关键问题寻找的两种偏差 ·················· 004
   1.3 关键问题寻找的纠偏之道 ·················· 006
   1.4 关键问题寻找的策略 ·················· 009

2 基于关键问题的教材研究 ·················· 016
   2.1 基于教材细节研读确定关键问题 ·················· 016
   2.2 基于教材脉络研读确定关键问题 ·················· 021
   2.3 基于教材整体研读确定关键问题 ·················· 024
   2.4 基于教材学情研读确定关键问题 ·················· 027

3 基于关键问题的学生学情研究 ·················· 031
   3.1 学情研究的内容 ·················· 031
   3.2 学情研究的设计 ·················· 040
   3.3 学情研究的反馈 ·················· 046

4 基于关键问题的学生学习活动设计 ·················· 051
   4.1 学习活动的含义 ·················· 051
   4.2 学习活动设计的策略 ·················· 053
   4.3 学习活动设计实例举隅 ·················· 059

5 基于关键问题的教学设计研究 ········· 069
- 5.1 认识乘法：用数学的眼光描述物体的数量 ········· 069
- 5.2 倍的认识：用"几个几"的视角看世界 ········· 075
- 5.3 认识毫米：十进制长度模型的第一次亮相 ········· 085
- 5.4 三位数乘两位数：基于种子的生长力量 ········· 093
- 5.5 沏茶问题：等待水开的时间可以做点什么 ········· 100
- 5.6 搭配问题："数学广角"的第一次亮相 ········· 104
- 5.7 三位数加三位数：遇见加法进位的多种样态 ········· 112
- 5.8 小数除以整数：还能继续往下除吗？ ········· 121
- 5.9 一个数除以小数：用形式凸显本质 ········· 136
- 5.10 小数加减：感受小数点是数位对齐的准星 ········· 151
- 5.11 田忌赛马：自古华山一条路 ········· 159
- 5.12 有余数的除法：除法计算的阶段性圆满 ········· 168
- 5.13 认识比例：幸福的家庭都是相似的 ········· 174
- 5.14 小数的意义：如何绽放种子的生命力 ········· 186

6 基于关键问题的教师成长研究 ········· 200
- 6.1 教师为什么要培养哲学气质 ········· 200
- 6.2 怎样培养自己的哲学气质 ········· 201
- 6.3 哲学气质观照下的数学课堂 ········· 204
- 6.4 哲学气质观照下的课堂实践 ········· 211

附录：张丹教授访谈实录 ········· 230

参考文献 ········· 237

后　记 ········· 240

1　关键问题研究

我国古代医学经典《黄帝内经·素问》中说"知其要者,一言而终;不知其要,流散无穷。"这里的"要"就是关键问题,以核心素养为导向的小学数学课堂教学中,在实施促进学生发展的教学活动时,如果我们能抓住关键问题,那么一句话就能把它讲清楚。反之,不知道它的关键问题是什么,那么说得再多,也难以讲清楚。

胡适先生在他的专著《中国哲学史大纲》里曾经给哲学下过一个定义:"凡研究人生切要的问题,从根本上着想,要寻一个根本的解决。这种学问,叫作哲学。"切要的问题就是值得我们研究的关键问题,小学数学老师要有这样的哲学眼光,善于寻找和发现小学数学课堂教学中的关键问题,从根本上着想,去寻求问题的根本解决。

在小学数学课堂的教学实践和观察中,我们发现很多教师不知其要,对课堂教学的关键问题理解不清,不能很好地基于关键问题展开教学,以至于不能有效地突出重点、突破难点,难以提高课堂教学的有效性。

有鉴于此,我提出了基于关键问题的教学主张和教学研究路径:研究数学课堂教学中的关键问题,从根本上把握,通过设计学生学习活动寻求关键问题的根本解决,这就是哲学思想指导下的数学教师作教育研究的路径。

在上述教学主张和教学研究路径的指引下,我们需要厘清关键问题的含义,分析关键问题的价值和意义,讨论寻找和确立关键问题的途径和方法,思考和实践基于关键问题的学生学习活动设计,并在此基础上开展基于关键问题的课堂教学实践,引导学生用数学的眼光寻找和观察关键问题,

> **关键问题：一节课里的种子**

用数学的思维思考和研究关键问题，用数学的语言描述和表达自己探索和解决关键问题的过程，培养学生形成良好的数学学习习惯，发展实践能力和创新精神，形成和发展核心素养。

1.1 关键问题的含义

谈到"问题"，我们会想到一些词语，如首要问题、根本问题、关键问题、核心问题等。关键问题之所以要特别强调和凸显，就在于它是起决定性作用的事情或者环节。我认为，关键问题就是一节课里的种子，它是解决某一个问题的最主要的因素，就像开门的钥匙一样。

关于关键问题的含义相对应的有四个层次，从大到小依次是一个知识系统、一个教学单元、一节课、一道练习题中的关键问题。

对于一个知识系统而言，关键问题就是种子课；对于一个教学单元而言，关键问题就是关键课；对于一节课而言，关键问题就是突出重点、突破难点的关键点；对于一道练习题而言，关键问题就是关键信息。

1.1.1 针对一个知识系统而言就是种子课

对于一个系统来说，总有一些课特别重要，是学生学习的关键节点，对于学生的学习具有特别重要的意义和价值。这些课就是这个系统中的关键问题，俞正强老师把它称之为"种子课"。

俞正强老师在他的专著《种子课》一书中这样描述种子课："莳也若子"的课，通常处于起点或节点，谓之"种子课"。种子课也就是需要我们用心呵护，具有迁移意义的，要上得让学生一生难忘，用以举一反三的课。它相当于是学生学习系统课程中的一个胚胎，由这个胚胎可以得到和生成整个系统。

关于种子课的论述，可以参阅俞正强老师专著《种子课》和《种子课2.0》。

1.1.2 针对一个教学单元而言就是关键课

在一个教学单元里，总是有几节课的地位不一样，具有种子课的特质，这些课就是解决和提升这个单元教学质量的关键问题。比如四年级下册"小数的加法和减法"教学单元，其中的"位数不同的小数加减法"就是这个单元的关键课，因为这节课是学生理解从"小数点要对齐"到"小数点一定要对齐哦"的关键节点，引导学生从数的意义去理解小数加减法，有着承前启后、统整小数加减法的算理与算法的意义。

教学单元中的关键课的确立和有效教学，是单元整合教学的基础，需要教师深入研读和准确把握。

1.1.3　针对一节课而言就是关键支点

对于一节课来说，总有一个支点是学生形成理解的关键所在，这个支点就是一节课里的关键问题。它是思维的胚胎，包含着这节课学习内容的具有整体一致性的结构特征。

如果再进一步思考，我们也可以把一节课的关键支点看成种子。这个关键支点就是一节课里的种子，是思维的胚胎，包含着课程整体的意义，具备课程学习继续推进的良好内核。

宋代理学家朱熹提出"小立课程，大作功夫"的理念，告诉我们课堂教学中要根据关键支点梳理教学主线，基于关键支点"小立课程"，设计学生学习活动，同时又要围绕关键支点大做文章，有充足的时间和空间让学生积极地参与学习活动，对关键支点展开探索，举一反三，真正实现"学为中心"的课堂变革。

1.1.4　针对一道练习题而言就是关键信息

每一道练习题中都有一个关键信息，也就是所谓的突破口，这个关键信息就是练习题中的关键问题。比如人教版三年级上册教材中出现的归总问题——"妈妈的钱买6元一个的碗，正好可以买6个。用这些钱买9元一个的碗，可以买几个？"其中的"用这些钱"是解决问题的关键信息，是解决这个问题的钥匙。因为"用这些钱"就要知道"这些钱"是什么，是多少。这是连接前后信息的关键点，是解决问题的关键信息。

1.1.5　对关键问题的几点关键认识

前面谈到了知识系统、教学单元、一节课、一道练习题四个层次中的关键问题。俞正强老师在《种子课》一书中谈到种子课的定义时，是这样描述的：

在叙述种子课时，没有对种子课下定义，也没有根据定义来演绎，而是采用了举例的方法：

①像这样的课，就是所认为的种子课。

②就单节课而言，这样上，就是所认为的种子课。

③就某一单元而言，这几节课应该是种子课的选项，无论是新授课还是复习课。

④就某一知识领域而言，每一节课的种子特质应该如何呈现，才能最终成就孩子们学习的乐趣。

他所说的这四个举例的方法，包含了四个方面的关于种子课的认识：

基于教材研读确定种子课，这样的课就是种子课，不需要解释，不需要说明，这个课的重要性不言而喻。

这样上就是种子课，那样上就不是种子课。教学方法的不同造成了课的价值不同，也就区分了种子课和生长课。

种子课不一定是新授课，可以是新授课，也可以是复习课，和教学内容无关，和课堂生长的力量有关。

种子课的种子特质的呈现是值得重点考虑的，要以学生的学习为基点去思考种子特质的呈现。

类比思考，我觉得关键问题也是如此，应有以下认识：

①像这样的关键问题，就是所认为的关键问题。

②这节课这样上，就是所认为的关键问题的解决。

③要思考这节课的关键问题如何解决才能成就孩子们学习的乐趣。

这三点关于关键问题的认识，涵盖了基于关键问题的教材研读、学生研究、活动设计和教学实践研究，这也是本书专题研究的四个重点内容。

1.2 关键问题寻找的两种偏差

搞清楚了什么是关键问题，在面对不同层次和系统时，我们就可以用相应的视角去寻找和确立关键问题：或者从整体把握中寻找，或者从单元视角结构中寻找，或者从课堂教材脉络中去梳理，或者从关键信息中去寻找。

但是在实践中，我们发现教师在寻找和确定关键问题时，经常会出现两种偏差。

1.2.1 偏差之一：偏离方向

偏离方向，就是射到靶外，也就是在寻找关键问题时偏离方向，没有找到起决定性作用的事情与环节。对于一件事情来说，方向比力量更重要，方向错了，你用力越猛，错得就越厉害。

比如人教版二年级上册的"两位数加两位数不进位加法的笔算"，如果我们把不进位加法的算理理解作为关键问题，强化和引导学生自主探究 32＋5 为什么要把 2 和 5 相加的算理，而忽视了对笔算竖式的自主再创造，就会偏离方向。因为学生在一年级学习"100 以内的加法和减法（一）"的时候，已经掌握和积累了相关的个位和个位加、十位和十位加的算理。而笔算加法的竖式是教材中第一次出现，是学生第一次学习和体会竖式笔算的方式和方法，对于竖式的再创造应当是本课的关键问题。

偏离了方向，也就偏离了关键问题，难以有针对性地突破重点解决难点，会降低课堂教学的效益和质量。

1.2.2 偏差之二：偏失力度

偏失力度，就是看似找到了关键问题，但是没有稳稳地定在靶心，而是摇摆不定。力度不够，没能基于关键问题下功夫，进行浓墨重彩地渲染，因而也就削弱了关键问题的关键作用。

比如前面提到的人教版三年级上册教材中的"归总问题"：

妈妈的钱买 6 元一个的碗，正好可以买 6 个。用这些钱买 9 元一个的碗，可以买几个？

"用这些钱"是解决问题的关键信息，但是在教学中如果没有很好地提炼、凸显这一关键信息，没有强化对这一关键问题的表达，就容易使学生对问题解决的理解不到位。因为偏失力度，学生就很难发现"用这些钱"和先求总数之间的内在联系。

偏失力度，也就是对关键问题的强化不够，这使得学生以后解决类似问题时，理解和迁移的力度就会不足，也就削弱了基于关键问题研究和学习的生长力。

1.3 关键问题寻找的纠偏之道

基于这两种偏差,可见寻找关键问题要注意把握方向和掌控力度。把握方向,就是确定基于教材和学生学情的真正的关键问题;掌控力度,就是围绕关键问题大做文章,基于关键问题的解决引导学生真正开展自主探索和合作交流的学习活动。两者是我们进行基于关键问题的学生学习活动设计和教学设计的基础和前提,需要我们仔细思考,认真把握。这也就告诉我们,在研读教材确定关键问题时,需要把握方向、掌控力度。

1.3.1 确定关键问题要把握方向

方向很重要,把握不了方向,就会南辕北辙,离真正的关键问题越来越远。我们在寻找关键问题时,需要不断地调控方向,通过教材研读和学生学情研究确定关键问题。

例如人教版教材四上"数学广角"编排的第三个例题"田忌赛马",教材通过"田忌赛马"的故事,让学生初步了解对策论的思想。

教材首先出示的是由两个问题组成的问题串:小朋友,你听过"田忌赛马"的故事吗?田忌是怎样赢了齐王的?紧接着在问题下面出示一张安排齐王和田忌三场比赛的对阵表,要求学生填表并分析每一场的比赛胜负,确定胜者。

教材的编写实际上是立足于学生已经知道和了解"田忌赛马"故事的基础上的,而故事的焦点是"田忌怎样赢了齐王的",开门见山地让学生在表格里填写田忌安排出场的马,判断每场的胜者和最终的胜者。从教材的编排意图来看,田忌是如何获胜的不是本课的关键问题。

教材接下来设计了一个问题和一个学习活动。一个问题是"田忌所用的这种策略是不是唯一能赢齐王的方法";一个学习活动是"我们来看看田忌共有多少种可采用的应对策略"。

很多老师在教学这节课的时候,把用列表法寻找有多少种策略,再选择确定最优策略作为关键问题,在此过程中让学生感受用"下马对上马、上马对中马、中马对下马"的对策。如:

1）游戏导入，感知策略

①小组玩扑克牌游戏：四人小组中分角色进行比赛，每人每次各出一张牌比大小，比赛采用"3局2胜"制。最后由裁判代表发言宣布本组比赛结果。

②老师指出日常生活中我们经常有类似比大小游戏，这些比赛中还有军事中都经常会用到策略（板书：策略），选择不同策略往往会有不同的结果。我们今天玩牌碰到的问题在很早很早以前就有人遇到过这样的事，他就是田忌，不过不是牌，而是马，听过"田忌赛马"的故事吗？（板书课题：田忌赛马）

2）提出问题，研究策略

①故事：田忌很喜欢赛马，有一次他跟齐王约定赛马。他们把各自的马分为上、中、下三等，而田忌每一个等级的马都比齐王略逊一筹。如果齐王的马出场顺序是第一场上等马，第二场中等马，第三场下等马。想想：如果你是田忌，一共有多少种方法安排马的出场顺序？

②自主探索，合作求知：把你想到的田忌对阵策略一一记录在学习单上。然后看看能取胜齐王的方法有几种？想想为什么这种方法能够取胜齐王？

老师介绍填表方法后学生独立完成学习单，探索田忌可能采取的所有策略。

3）汇报交流：发现田忌赛马"最优策略"的唯一性及取胜之道

在实际教学中，我们会发现很多学生已经知道田忌赛马的对策，但选择和确定最优策略不是本课的关键问题。本课的关键问题在教材中已经表达得很清楚了，教材在承接"田忌赛马"历史故事中讲述田忌是怎样赢了齐王的，同时又提出了问题"田忌所用的这种策略是不是唯一能赢齐王的方法？"这就是这节课的关键问题。

本课学生要研究的问题不是怎样赢，而是要去探究"这种赢的策略是不是唯一能赢齐王的方法"，以任务驱动的方式引导学生主动去寻找和排列所有的出场顺序，通过分析胜负的方法来判断哪些是赢的策略，从而确定田忌所用的策略是不是唯一能赢齐王的方法，经历问题解决的全过程。

> 关键问题：一节课里的种子

确定的关键问题不同，相应的学习活动也不同。

如果把用列表法寻找有多少种策略，再选择确定最优策略作为关键问题，那么就要把引导学生探索最优策略的过程作为学生学习活动，这个学习活动是指令性的，不是主动用数学的眼光看世界、用数学的思维方法思考世界和用数学语言描述世界的过程。

如果把探究"这种赢的策略是不是唯一能赢齐王的方法"，那么设计的学习活动就是"你能用自己的方法来说明这是田忌能赢齐王的唯一策略吗？"学生需要自主设计研究方案、探索如何说明这是唯一能赢策略的证明路径，学生真正经历了自主提出问题、发现问题、研究问题和解决问题的过程。

把握方向是研究和确定关键问题的第一步，方向不同，学习活动的路径就不同，学生学科核心素养发展的承载力也就有了很大的不同，所以我们需要通过教材研读和学情研究把握关键问题的方向。

1.3.2 破解关键问题要掌控力度

掌控力度，就是对基于关键问题的学生学习活动时间和空间的把握问题。我们应当引导学生深度投入到基于关键问题的学习活动中去，去用数学的眼光观察数学现象，用数学的思维思考数学现象，用数学的语言描述数学现象，凸显关键问题，通过关键问题的解决去打开学生研究新知识的大门，发展思维提升能力。例如人教版二年级下的"有余数的除法"：

学生通过表内除法的学习，已经会用除法算式来描述等分和包含的数学现象，"有余数的除法"教材编排了一份"把一些小棒平均分"的数学活动素材。把9根小棒每3根摆一个"△"，正好摆完，这种数学现象可以用9÷3=3的除法算式来表示。把10根小棒每3根摆一个"△"，就会分不完，出现还有剩余的情况，这是学生第一次遇见平均分以后还有剩余的数学现象。

在平均分小棒的数学活动中学生遇见了分不完的数学现象，分完的他们已经会用除法算式表示，那么分不完的该怎么表示呢？本节课的关键在于对数学现象的描述，如何用数学的语言去描述平均分分不完的数学现象。因此，本节课的关键问题是"怎样用算式来表示平均分的过程和结果？"

在这个关键问题中，平均分是一种数学活动，分不完是一种数学现象，用算式来表示分的过程和结果是一种数学语言，贯穿其中的是数学的思维方式。基于这样的关键问题，就是在引导学生用数学的眼光去观察数学现象，用数学的语言去描述数学活动的过程和结果。

学生尝试用自己的方式去表达分不完的数学现象的活动过程，然后在与他人活动成果的对比和交流中，逐渐清晰如何用数学的思维方式和数学的语言去描述数学现象的方法。在经历数学化的过程中凸显对余数的表达和描述，从而使学生强化对余数意义的理解。

对于关键问题，无论怎样渲染都不过分，要基于关键问题设计学习活动，强化和凸显关键问题的关键价值，在关键行动中促使学生自主探究，提升实践能力和创新意识。

1.4 关键问题寻找的策略

寻找关键问题，就要从一个系统的角度来思考。从整体上把握一个知识块的前世、今生及后延，在这个过程中去审视其发生的基点、发展的节点，明悟知识与经验活动相连的关键点、知识与知识相连的关键点，这些基点和节点就是关键问题外在的形式。寻找关键问题，我们有以下一些策略。

1.4.1 基于数学概念的本质寻找关键问题

数学概念是理解和把握数学知识的基础，对于数学概念的深刻理解是学生后续学习的重要基础。概念理解的难点往往就是课堂教学的关键问题，因此，我们可以基于对数学概念的本质含义的解读去寻找课堂教学的关键问题。

例如"乘法的初步认识"，对于"乘法"概念的理解，很多教师没有从本质上把握，也就造成了课堂教学关键问题确立的方向性偏差。

按照俞正强老师的说法，乘法就是等合现象的数学表达和描述。在人教版教材提供的主题图中，我们可以体会到这种等合的生活原型：

乘小飞机的小朋友是合进来 3 个，又合进来 3 个，一共合了五次；
坐小火车的小朋友是 6 个 6 个的合在一起，一共合了 4 次。

这种等合的生活现象能让我们感受到这个世界是秩序井然的，是充满

《 关键问题：一节课里的种子

规律性的。相对而言，不等合的生活现象的不同就非常明显地体现出来了。

刘加霞老师认为乘法的基本意义是"等量组的聚"，就是解决"几个几的和（即等量组的聚）"的问题，这与俞正强老师的观点是一致的。基于这样的认识，我们来看教材。教材首先出示的是小朋友玩小飞机、小火车和过山车的三幅图，让学生用数学的眼光去观察：小飞机里共有多少人？小火车里共有多少人？过山车里共有多少人？

用数学的语言去描述有显性的和隐性的两种方式。显性的是在每一幅图的边上出现的加法算式：3＋3＋3＋3＋3=15，6＋6＋6＋6=24，2＋2＋2＋2＋2＋2＋2=14。隐性的是在观察和描述的同时，教材给出的观察和描述的另一种语言和视角：一共有5个3，（　）个6，（　）个（　）。

这是对生活中等合现象进行数学化体会和感悟的重要视角，也是构建乘法认知结构的重要契机，三幅图的总人数本质上就是"5个3、4个6、7个2"的聚合，其中3、6、2就是等量，总人数就是各个等量的聚。

教材给出的观察视角"一共有5个3、（　）个6、（　）个（　）"是对等合现象进行数学化体会和感悟的重要视角，也是构建乘法认知结构的重要契机，基于"5个3、4个6、7个2"的聚合的本质意义的理解和描述，可以帮助学生更好的构建"7个2的等合就可以写成2×7或7×2"的认知结构。结合以上的梳理和分析，我们可以确定本节课的关键问题是："你能用（　）个（　）来描述总数量吗？"

刘加霞教授在其专著《小学数学有效教学》中说"概念是数学内容的基本细胞，认识数学概念的实质与应用是小学数学的基本内容，贯穿小学数学教学的始终"。对于概念，我们一定要把握其实质，深刻理解概念的内涵和外延，在对概念本质的理解中把握和确定关键问题。

具体而言，按照刘加霞教授的分析，我们可以从"为什么""是什么""怎么样"三个方面去理解概念的本质，从而寻求和确定关键问题：

①为什么：为什么学习这一概念？这个概念的来龙去脉是什么？它在数学上、在生活中有什么用？

②是什么：这一概念的内涵是什么？外延是什么？其背后蕴含的丰富

数学思想是什么?

③怎么样:这个概念与其他概念之间有什么联系?怎样建构"概念图"?怎么运用这些概念解决实际问题?

1.4.2 基于知识生长的脉络寻找关键问题

我们都知道具有同一结构的课时与课时之间是可以迁移的,比如学习了两位数乘两位数再来学习三位数乘两位数就比较容易。当然,这两个学习内容之间的关键问题是不一样的,两位数乘两位数的关键问题是对算理的理解,而三位数乘两位数更重要的是对其生长力的体会和把握。它是一节生长课,要给学生的学习以生长拔节的体验和感受,激发原来埋下的种子的力量,我们要从知识生长的脉络上去寻找关键问题。

因为算理和算法是相同的,在学习"三位数乘两位数的笔算"时,学生需要利用已有的知识和经验去探索新的问题,通过迁移同化新知,使原有的认知结构得以拓展和壮大。人教版教材文本给出的是下面的学习素材(如图1-1):

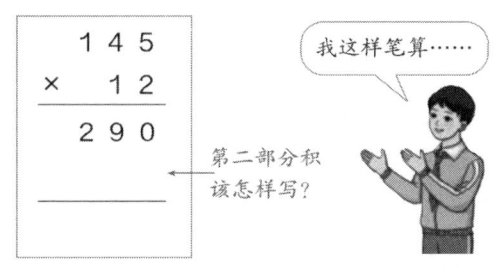

笔算对了吗?用计算器验算一下。

图1-1 人教版教材图示

教材提出的问题——第二部分积该怎么写?那么其中隐含的前置问题就是第一部分积是怎么写出来的。不管是第一部分的积还是第二部分的积,其内在的算理和算法与以前学习过的两位数乘两位数是完全相同的。

初学"两位数乘两位数的笔算乘法"时,教材首先重点凸显的是怎样借助已有的知识和经验去计算"14×12"(如图1-2)。

« 关键问题：一节课里的种子

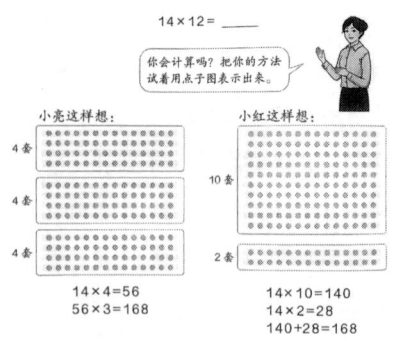

图1-2 人教版教材图示

从算法探索到竖式笔算的呈现时，教材呈现的材料很好地突出了第一部分和第二部分的积的由来（如图1-3）：

想一想：怎样用竖式计算？

```
          1 4
        × 1 2
  □ 套书的册数 ← 2 8   …14×2的积
  □ 套书的册数 ← 1 4 0  …14×10的积（个位的0省略不写）
          1 6 8
```

图1-3 人教版教材图示

这个材料也是近段时间学习评价喜欢的出题方向和出题内容。从四年级的"三位数乘两位数的笔算乘法"反观三年级的"两位数乘两位数的笔算乘法"，我们应当适度凸显"第一部分积"和"第二部分积"的概念，对这个概念的理解有助于学生今后的进一步学习，会促进学生的生长和拔节。

从生长课的角度去思考，结合教材研读和前后知识内容教材的纵向比较，这节课可以选择"第二部分积该怎样写"作为关键问题。因为"第二部分积该怎么写"蕴含了对竖式的整体观和部分观，是对乘法笔算竖式结构的分解和重组。第一部分和第二部分的积怎么写，就是笔算要先算什么，再算什么，就是算法的过程。这是原有算理和算法的再生长，是再生长基础上的深度把握。

俞正强老师在《种子课》一书中这样写道："在课时与课时之间，知识是可以迁移的，比如学习了厘米的表象后再学习分米的表象就比较容易了，掌握了用厘米进行度量后再学习用分米来度量就更简单了——因为彼此之间有类似的结构。"

在面对有类似结构的课时,我们就应当从知识生长的脉络上去寻找新知与旧知内在的联系,明确知识生长和拔节的位置。正如俞正强老师所说,如果我们把知识生长的内在联系的不可断绝视为一种生命成长的过程,那么在这个过程中,我们就可以寻找和梳理生命生长的脉络,那些知识生长和拔节的节点就是关键问题。

1.4.3 基于问题解决的钥匙寻找关键问题

对关键问题概念的解读和思考,有一个很重要的因素,它是起决定性的事情或者环节,是解决某一个问题的最主要的因素,就像开门的钥匙一样。在寻找关键问题时,我们可以思考问题解决的钥匙是什么,哪个是问题解决的关键性事件,然后确定和选择这个关键性事件作为关键问题。

例如人教版四上的"沏茶问题"(如图1-4),教材把这个生活中常见的事例作为一个典型例子,让学生思考如何合理安排各种事件的顺序,让客人在最短的时间里喝上茶,从而体会统筹安排的方法和思想,初步学会用数学的眼光去观察世界,寻求最合理、最省时、最节约的方案。

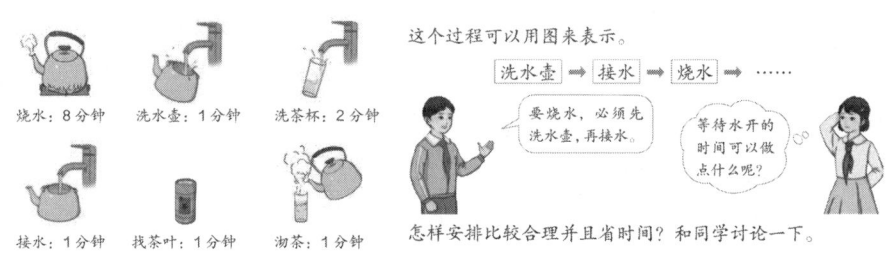

图1-4 人教版教材图示

要让客人喝上茶,需要完成6个事件,而完成这个任务的6个事件是有过程的,可以用流程图来表示出这个过程。

洗水壶 ➡ 接水 ➡ 烧水 ➡ ……

图1-5 人教版教材图示

流程图揭示了这项任务的活动过程,一般来说,从这个过程中我们可以寻找和发现其中的关键环节,这个关键环节就是这节课的关键问题所在,

> 关键问题：一节课里的种子

因为这个关键环节就是开门的钥匙，是关系到能否尽快完成任务的节点。

那么这个关键节点是什么呢？这个关键节点应该是烧水。教材提出了一个很明确的问题——"等待水开的时间可以做点什么呢？"，这是解决"沏茶问题"的钥匙，也就是这节课的关键问题。

通过寻找解决问题的钥匙来确定关键问题，我们应做好以下几点：

第一，梳理问题解决的"序"。如沏茶问题，要解决尽快让客人喝上茶的数学问题，就需要安排相关事件尽快完成沏茶任务，要做到既合理又省时，那么首先就需要确定合理的流程顺序，知其先后，不能前后颠倒，序如果乱了，整个事情就乱了。

第二，确定问题解决的关键环节。其次要思考哪些地方可以省时，这就需要在各个节点上去观察和分析，去统筹安排。而"等待水开的时间可以做点什么呢？"很好的点出了"课眼"所在。我们要深入了解问题解决的内在逻辑结构，明确逻辑结构中的关键环节。

第三，构建问题解决的"材"。明确了问题解决的关键环节，那么这个关键环节以怎样的形式表达为关键问题呢？教师必须深入了解学生的学习方式，从学生的角度去思考问题，使描述的关键问题的"材"明确易懂。"等待水开的时间可以做点什么"，课堂结构的安排和推进应以此为基点步步推进，让学生不断地去体会合理和省时的问题解决的要求，理解统筹优化的核心思想。

1.4.4 基于数学活动的痛点寻找关键问题

解决问题是有顺序的，知道和把握问题解决的顺序，就可以清楚明白地解决问题。但是学生往往不能合理地安排数学活动的顺序，顺序不清也就难以找到解决问题的钥匙。这时可以捕捉学生数学活动的痛点，这个痛点也就是课堂教学中容易憋屈的地方。对学生数学活动痛点的把握，也是确定关键问题的一个重要策略。

例如人教版二上"搭配问题"，教材首先出示的是一个数学问题，让学生去阅读和理解：用1、2和3组成两位数，要求每个两位数都没有重复数字，能组成几个两位数？

这是一个与数字顺序有关的排列问题，首先需要理解问题提供的信息。

既要写出所有满足条件的两位数,又要数出满足条件的两位数的个数。按照教参的说法,写出所有满足条件的两位数是第一个层次,数出个数是第二个层次,第一个层次是关键。学生很容易出现杂乱无章的排列,造成"我摆得有点乱"的结果,不通则痛,就会有不舒服的感觉。

中医上说,"通则不痛",那么哪个地方通了,整节课的教学就会不憋屈,痛点就会消失了呢?答案就在图1-6中:

图1-6 人教版教材图示

图1-6是对两个学生研究过程的对比,第一个学生"我摆得有点乱",第二个学生"我按规律写就不乱了"。为什么会乱,为什么就不乱了呢?关键是第二个学生的建议和做法——"你也按规律摆一摆吧!"。

这句话,也就是这节课思考问题和解决问题的"气眼"所在,一通全通,用得好全盘皆活,是学生学习活动的切入点。摆得有点乱是因为没有按规律摆,写得不乱是因为按规律写,"按规律摆一摆或写一写"就成为了解决数学活动痛点的关键所在。因此这节课的关键问题是:怎样按规律写一写或摆一摆,能找出所有满足条件的两位数吗?

痛点是一种感觉,是一种表现在生理和心理上的憋屈,是一种面对问题无从下手的无助。对于这种感觉的自我觉察和积极寻求方法去解决痛点的活动经验的积累,对于学生提升思维能力和心理水平,无疑具有非常重要的意义。

以上是关键问题寻找的四种策略,总而言之,对于概念课,要从数学概念的本质含义解读出发,去寻找和确定关键问题;对于前后联系紧密的生长课,要从对知识生长的脉络梳理中寻找和确定关键问题;对于问题解决,要从问题解决的决定性事件出发去寻找和确定关键问题;对于数学思维活动,要从思维活动的痛点出发去寻找和确定关键问题。

2 基于关键问题的教材研究

对于关键问题的一个认识是：像这样的关键问题，就是所认为的关键问题。这也就是基于关键问题的教材研读，通过教材研读，可以梳理教材脉络，分析重难点，确定关键问题，这是接下来设计学生学习活动和开展教学设计研究的基础。教材研读有很多方式，可以是细节解读，也可以是整体解读，或者是对比解读。

2.1 基于教材细节研读确定关键问题

细节解读可以帮助我们在细节上把握教材的内容，通过教材细节扫描、细节解读，从而厘清重难点，确定关键问题。

2.1.1 教材细节扫描

细节扫描，就是对教材编排的内容进行一个字一个字、一幅图一幅图、一个练习一个练习的逐行扫描，了解教材细节内容。对教材内容有了细致了解之后，才能够深入研读教材内容内在的逻辑、意图和思想方法。

例如人教版四年级下册在学习了"小数的意义和性质"之后，教材编排了"小数与单位换算"，安排名数改写的内容。这个知识内容涉及低级单位、高级单位、进率、小数点位置移动引起小数大小变化的规律等知识，能提高学生综合应用相关知识解决问题的能力，可以看成是对单位改写的一次总结。

1）扫描问题情境

教材一般都会给出情境，或问题，或生活，或操作，我们首先要扫描教材的情境。我们先来扫描一下本课教材给出的情境。

2 基于关键问题的教材研究

教材先出现的是根据高矮顺序给小朋友排队的问题情境：要给小朋友按高矮排队，教材给出的四个数据单位不同、形式不同，有点乱。为了比较，为了能清楚地用数学的语言进行表达和描述，就需要把数据改写成统一的形式。

这个问题情境给出了我们一个生活中常见的排队情境，当然排队是可以根据高矮目测来确定位置的。但是按照数学的眼光来看，则需要用数学的思维方式来比较身高，从而用从大到小或从小到大的数学语言来描述和表达。因而这个情景就有了数学的意味，有了发展学生数学学科核心素养的价值。

教材从情境中得出结论，这个结论是一个研究和解决问题的数学活动，也是学生多次经历过的数学活动：在实际生活和计算中，有时需要把不同计量单位的数据进行改写。接下来，我们就来细节扫描这个学习活动。

2）扫描学习活动

学习活动，一般是以"经历""体验""探索"的方式进行的，要探索知识的发生发展过程，要经历特定的数学活动，要通过自己的自主活动获得数学思想方法的感悟和数学活动经验的积累。

对于"在实际生活和计算中，有时需要把不同计量单位的数据进行改写"这一数学活动，教材基于上面按高矮排队的实际问题，给出了两种改写不同计量单位数据的思路——改写成用米作单位或者改写成用厘米作单位。教材例1是把数据改写成以米为单位的学习活动，教材例2是把数据改写成以厘米为单位的学习活动。这是两种改写思路的呈现，它们是并列关系。

在改写 80 cm=（ ）m 时，教材呈现了图2-1中的学生小组活动，揭示了单位改写的两种方法。

《 关键问题：一节课里的种子

小林这样想：
$80 \text{ cm} = \dfrac{80}{100} \text{ m}$
$= 0.80 \text{ m}$

小红这样想：
$1 \text{ m} = 100 \text{ cm}$，$80 \text{ cm} = (80 \div 100) \text{ m}$，$80 \div 100$，可以直接利用小数点移动引起小数大小变化的规律。

$80 \text{ cm} \boxed{= 0.80 \text{ m}} = 0.8 \text{ m}$

图 2-1　人教版教材图示学习活动

一种是基于小数的意义，根据计量单位间的关系通过分数形式直接改写成小数。另一种是利用低级单位的数改写成高级单位的数要除以进率进行改写。

展示两种方法后，让学生思考"你是怎样想的？你喜欢哪种方法？"，对方法进行比较、反思和梳理，体会方法内在的过程和表示形式，为接下来学生自主改写复名数"想一想：1 m 45 cm 是多少米"做好铺垫。

例 2 是解决问题的另一种途径，是把米改写成用厘米作单位的数据。第一种方法同样是基于小数的意义，小数 0.95 m 的十分位上的"9"表示 9 dm，百分位上的"5"表示 5 cm，9 dm 和 5 cm 合起来是 95 cm。这是对本单元小数意义学习的回应，可以帮助学生进一步理解小数的意义。第二种方法与例 1 相反，因为 1 m = 100 cm，所以 0.95 m 要乘进率进行改写。

有了例 1 的除以进率，有了例 2 的乘进率，单位改写就有了更简洁的数学化表达方式：乘或除以进率。在乘或除以进率的数学表达过程中，学生对于小数点位置移动引起小数大小的变化也会有更深刻的认识和更熟练的运用。

3）扫描练习设置

通过经历、探索和体验的学习活动获得的知识和技能、经验和思想应当通过习题练习得到更大的收获。正如苏步青所言："学习数学要多做习题，边做边思索，先知其然，然后知其所以然。"

数学教育家傅种孙先生曾言："几何之务不在知其然，而在知其所以然；不在知其然，而在知何由以知其所以然。"这也表明了习题练习和教学递进的三个境界：一是知其然，二是知其所以然，三是知何由以知其所以然。而要做到立足于"知其所以然"而求"知何由以知其所以然"，我们就应该通过扫描和研究教材的习题，进而举一反三，"活题活用"。

教材习题以"做一做"的形式分别在例1和例2后面安排了1道题和2道题。第一题是改写单位，内容包含了分米和米、克和千克、几千米几米和千米、几吨几千克和吨，涉及长度单位和质量单位的4道单名数和复名数的改写。第二题也是改写单位，内容包含了千克与克、平方米和平方分米、千米和米、吨和千克之间的改写，涉及质量单位、面积单位和长度单位之间的相互转化，通过4道题目引导学生进一步巩固改写方法。第三题是通过几种动物体重呈现不同信息，要以数学的眼光去观察，用名数改写的数学思维方式去改写和梳理这些数学信息，使得5种动物之间的体重大小一目了然，从而为按照体重把这些动物由大到小进行排列做好数学语言表达的准备，在巩固改写方法的同时，提高学生的应用意识。

通过对教材学习情境、学习活动和习题设置的细节扫描，我们就可以对教材细节有了深刻的印象，对细节的敏感和重视，有助于为进一步开展细节解读做好铺垫。

2.1.2　教材细节解读

通过细节扫描，我们对教材有了外在的印象。细节解读，则是对教材内在结构、逻辑、意图和思想方法的把握。从看得见的到看不见的，从外在的表象到内在的思想，细节解读让我们可以由外而内深入把握教材。

如果把"小数与单位换算"一课中的例1作为种子课，那么例2就是生长课，需要学生进行生长和迁移。要给小朋友按高矮排队，当然可以纯粹看小朋友的身高，基于情境图所给出的身高来给对应的数据排队。但是这是直观的表示，不是数学的表达方式，我们需要的是有数据支撑的数学描述，这是数学的眼光和数学的思维的体现。

我们把视角落到例1：把上面的数据改写成以米为单位的数。这句话里指的是"上面的数据"，因此我们不能仅仅着眼于80 cm该怎么改写，而应整体关注上面的4个数据，要从中选择确定哪几个数据是需要改写的，

《 **关键问题：一节课里的种子**

哪几个数据是不需要改写的。

在改写 80 cm=（　）m 时，教材在展示两种方法后，引导学生进行比较、反思和梳理，迁移方法内在的过程和表示形式，自主改写复名数 1 m 45 cm。当把 80 cm、1 m 45 cm 改写成用米作单位后，四个数据都成了用米作单位的名数，按高矮排队就有了对应的数据支撑。

例 2 是把米改写成用厘米作单位，它和例 1 的结构是一致的，方法是互逆的，可以放手让学生自主尝试改写。

通过细节解读，我们明确了教材的内在逻辑，弄清了例 1 和例 2 的内在结构，梳理了教材的前后关系，为接下来确定关键问题做好了铺垫。

2.1.3　确定关键问题

那么，在这个教材的脉络中哪个节点是切要的地方呢？是理解和解决单位改写问题的钥匙呢？

通过以前的学习，学生已经掌握了相关单位之间的进率，能用进率关系改写单位。但是用除法算式或乘法算式的形式表达单位改写的过程教材没有呈现过，本课是第一次出现：1 m=100 cm，80 cm=（80÷100）m。

知道进率，用进率去除 80 cm，这种方法和表达方式是学生第一次遇到。但是这种思考路径学生已经很熟悉，只不过以前厘米数改写成米数都是整数，这一次改写之后不是整数。所以这个环节是本课的关键所在，需要深入思考，让学生体会如何确定改写的层级，明确乘除进率的算法。苏教版教材在这个环节的呈现也值得我们思考（如图 2-2）：

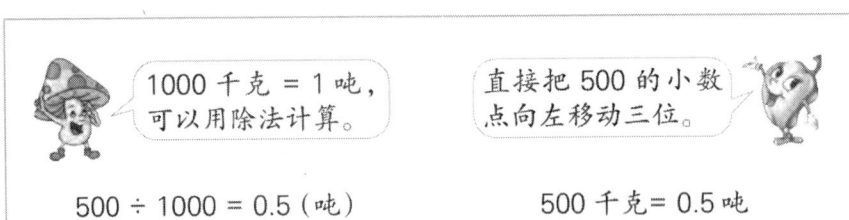

图 2-2　苏教版教材图示

"可以用除法计算"，写成"500÷1000"的算式表达。左边是用除法算式来表示的数学语言，右边是小数点位置移动的数学方法，两者相结合完美地解决了单位换算的数学问题。

改写方法和表达方式掌握了，那么复名数的改写就可以由学生自己去探索改写的方法，生长的力量蕴含在前面播种的环节，播种、浇水、施肥的过程越深刻，生长的力量就越强，对于例2的迁移也就越有力量。

这种改写的模式，按照教参的描述就是：明方向、确进率、移小数点。从这个角度思考，"明方向"是用算式表达的前提，明方向也就确定了改写的方法是用乘还是用除。学生有过这样的经验，但是教材没有明确的比较和联系，教材第一次出现的"用除法计算"或"用乘法计算"就是明方向，这是这节课教学需要思考的问题，也是教材的关键问题：怎样用算式表示单位换算的过程？

2.2 基于教材脉络研读确定关键问题

从一个教材内容系列去观照教材，梳理教材内容的重难点，厘清知识间的脉络，从而确定关键问题，这就是脉络研读教材的思路。

2.2.1 研读教材脉络

教材编排的内容之间是有内在脉络的，这些或明或暗的脉络线串起了教材的情境、活动和习题，串起了不同的例题，串起了不同的单元，犹如"草蛇灰线，马迹蛛丝，隐于不言，细入无间"。通过研读和挖掘这些"草蛇灰线"，能让我们理清脉络，知其先后，从整体上把握教材。

例如五年级上册小数除法单元的起始课"小数除以整数"，人教版教材安排了三个例题，分别从基本算理及算法、除到被除数的末尾有余数、整数部分不够商1等三个方面引导学生学习和探索。

例1呈现的是基于行程问题三要素的数学问题"王鹏坚持晨练，计划4周跑步22.4 km。他平均每周应跑多少千米？"根据数量关系，学生能够正确的列出算式"22.4÷4"，这是一道除到被除数的末尾没有余数，能除尽的小数除法算式。和以往不同的是用4去除22.4，整数部分除后还有余

关键问题：一节课里的种子

数 2，出现的问题是"剩下的 2.4 还能继续往下除吗？"

例 2 与例 1 不同，是整数除以整数"28÷16"，这是学生很熟悉的两位数除以两位数的除法算式。"28÷16"，除到被除数的末尾有余数，根据已有的经验是用有余数的除法算式来表达和描述：28÷16=1……12。但是这种描述方式不能准确的表达平均每周慢跑多少千米，需要进一步往下除，用新的方式和更精确的数据去描述平均每周慢跑的步数。（如图 2-3）

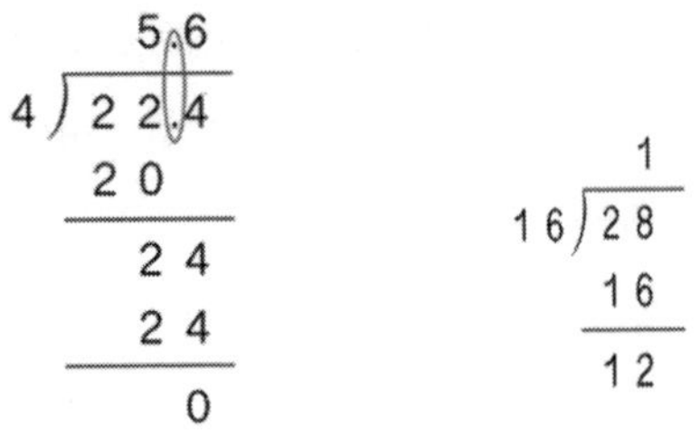

```
    5.6
  ┌─────          
4 )22.4         
   20            1
   ──         ┌─────
   2 4      16)2 8
   2 4         1 6
   ───         ───
    0           1 2
```

图 2-3　除数是整数的除法例题比较

比较例 1 和例 2，都是整数部分除不完，前者是和小数部分合起来继续除，后者是只有整数部分的余数，没有小数部分。还能继续除下去吗？怎样继续往下除呢？例 1 的活动经验就成了例 2 问题解决的基础和生长点。（如图 2-4）

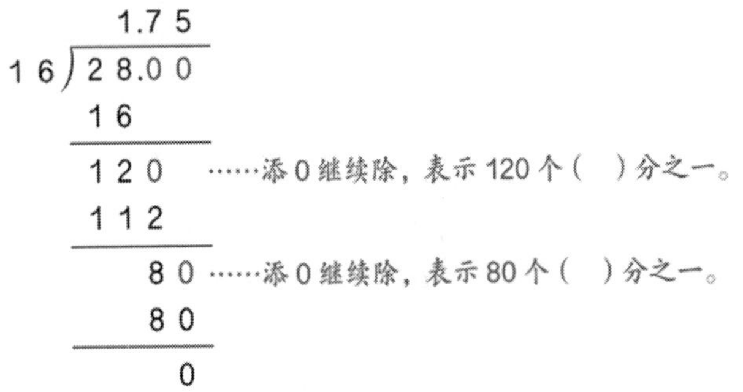

```
      1.7 5
   ┌────────
16 )2 8.0 0
    1 6
    ───
    1 2 0    ……添0继续除，表示120个（　）分之一。
    1 1 2
    ─────
        8 0 ……添0继续除，表示80个（　）分之一。
        8 0
        ───
          0
```

图 2-4　继续往下除的算理与算法

把握了基本算理和算法，就可以去面对和解决有关小数除以整数的问题，去独立探索新情况：例3的算式"5.6÷7"（如图2-5）和"做一做"编排的三组算式。例3的算式是5.6÷7，是被除数比除数小，整数部分不够商1的特殊情况。这是学生第一次遇见被除数比除数小的算式，也是第一次表达和描述"商小于1"的机会。被除数比除数小，整数部分不够商1，还能继续往下除吗？

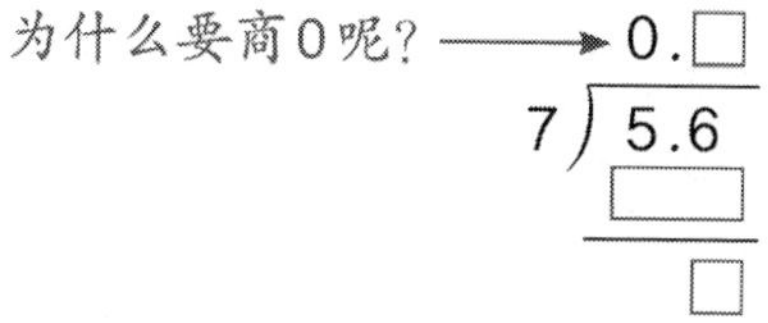

为什么要商0呢？ ⟶ 0.□
　　　　　　　　　7) 5.6

图2-5　整数部分不够除的算理与算法

"为什么要商0呢"？整数部分商0的表达方式是怎么来的？学生已有的整数除法的经验可以有效地帮助学生解决上面的问题，做出相应的对策。进一步体会小数除法与整数除法在算法上的相同点，理解运算的一致性。

2.2.2　梳理教材脉络

弄清楚了教材内容内在的脉络，看到了这些串起了教材的情境、活动和习题，串起了不同的例题，串起了不同的单元的或明或暗的脉络线，接下来我们就可以梳理这些"草蛇灰线"，理清脉络，有效整合，整体把握。

从教材编排的三道例题来看，和学生已有的学习经验最接近的是例2出示的题目"28÷16"。整数除法有"没有余数的除法"和"有余数的除法"两种情况，学生学习了"有余数的除法"之后，就可以用来描述所有的和除法运算有关的数学问题。但是教材呈现的"22.4÷4、28÷16、5.6÷7"让学生有了新的需求，已有的有关除法的知识和技能不能表达新问题、新情况，需要进一步去探索和小数有关的除法。

例2和学生已有的学习经验最相似，但是例2不是最先出现的需要继续往下除的数学现象，因为它可以用有余数的除法去描述。例1是首先需要解决和研究的，例3则是小数除法的变式和拓展。正因为有了例1的学

《 关键问题：一节课里的种子

习经验，对于例2学生就不仅仅局限于用有余数的除法来表示，而是会思考怎样继续往下除。

三者之中，哪个是最关键的呢？如果基于整体和整合的角度，我们会选择哪个式题作为学生学习活动的主角呢？

2.2.3 确定关键问题

教材逐次呈现"22.4÷4、28÷16、5.6÷7"是有内在的逻辑关系和理由的：

"22.4÷4"是基于实际问题出现的，除完整数部分，还有小数部分，自然而然也就产生了怎样继续往下除的需要；

"28÷16"按照以往的经验，可以用有余数的除法来描述。但是有了例1继续往下除的经验，那么例2呢？是不是也可以继续往下除？于是就产生了新的探索的需求和欲望；

"5.6÷7"是特殊情况，是新方法和新技能的拓展和延伸，是基于小数除以整数算理算法的自主生长和探索。

不管是例1还是例2，学生遇到问题都是"怎样继续往下除？"，例2则更为突出了"需要继续往下除吗？怎样继续往下除？"。由此，我们可以确定小数除以整数的关键问题应该是"怎样才能继续往下除？"只有思考"怎样才能继续往下除"，才能有效激活学生已有的关于小数意义和性质的相关知识和经验，驱动除法从整数走向小数。

2.3 基于教材整体研读确定关键问题

对于一个系统的教学单元来说，它上承以前学过的数学知识，下启将要学习的知识内容。在整个知识体系中所处的地位，决定了它的关键问题是什么。对于这样的教材内容，我们在研读时，就需要有整合的眼光，以关键问题的挖掘和强化去梳理教材内容，重组教材结构，凸显关键问题，以点带面，发展学生的数学核心素养。

2.3.1 整体教材分析

例如四年级下"小数的加减法"单元，在学习小数加减法前，学生已经掌握了整数加减法及一位小数加减法的计算方法，理解了整数加减法的算理，积累了大量关于元、角、分的知识。这些知识和经验为学生从整数加减法迁移到小数加减法做好了充分的铺垫。

学生还学习了整数四则混合运算和整数运算定律，通过混合运算和运算定律的学习，有助于学生在加减运算的方法选择、过程简化和挖掘算式相关信息上得到提升，提高灵活运用运算策略进行加减计算的能力。

学生学习了简单的小数加减法，基于元、角、分的支撑，已经掌握了一位小数加减法的算法，对于相同数位对齐相加减的算理理解是基于元、角、分对齐相加减而来的。知其然，不知其"数位对齐"的所以然。

而"小数的意义和性质"单元内容的学习，恰好补上了这块短板，万事俱备，为后续小数加减法的算理理解和算法掌握学习不但知其然，更要知其所以然，同时还要感悟我是如何知道的，积累"何由以知其所以然"的心路历程和思考经验。

2.3.2 单元教材梳理

教材总共编排了小数加减法、小数加减混合运算、整数加法运算定律推广到小数三块内容，小数加减法重在算理理解和算法掌握，混合运算和定律推广则重在运算策略的应用。

教材例 1 呈现的是图书大厦购书的情境，解决购买 2 本书一共要花多少钱的数学问题（如图 2-6）：

$$16.45+14.29=30.74$$

$$\begin{array}{r} 16.45 \\ +\ 14.29 \\ \hline 30.74 \end{array}$$

小数点一定要对齐哦！

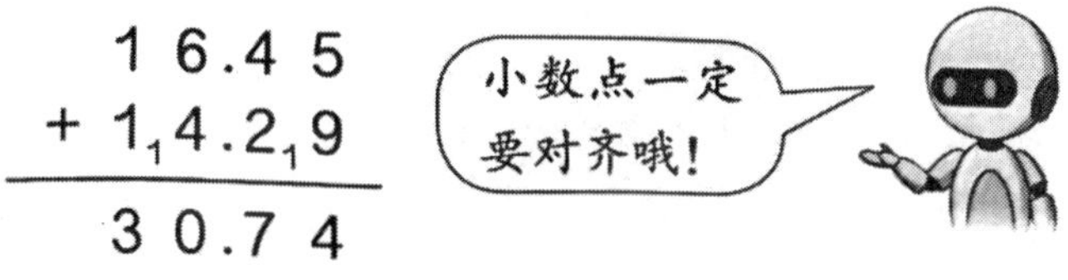

图 2-6 人教版四下教材例题

我们把这个例题和三下简单的小数加减法对比一下（如图 2-7）：

《 关键问题：一节课里的种子

```
0.8+0.6= _____        0.8-0.6= _____
  0.8                   0.8
+ 0.6                 - 0.6
─────                 ─────
  1.4                   0.2
```

为什么小数点要对齐？

图 2-7 人教版三下教材简单的小数加减计算例题

可以发现，从整数到小数，从元角分到个位、十分位、百分位，在竖式笔算的形式上，对于位数相同的小数加减笔算和口算"数位对齐"是自然而然的迁移，这不是本单元的教学重点。

教材例2呈现的小数加法算式和减法算式（如图2-8）：

```
6.45+8.3=14.75              8.3-6.45=1.85
  6.4 5                       8.3 0
+ 8.3                       - 6.4 5
───────                     ───────
1 4.7 5                       1.8 5
```

图 2-8 人教版四下教材例题

可以看出，教材开始出现和以往学习的加减法不同的题目，算式中两个小数的位数不同，怎样计算这样的加减法题目就成了学生经历、探索和体验的新课题。

2.3.3 确定关键问题

从形式上说，这是学生第一次遇见小数位数不同的加法。每个第一次都是值得我们认真对待的节点，这也是学生学习小数加减法的难点，对于小数位数不同的加减法算式算理的理解也就成了小数加减法学习的关键问题。

从加法到减法，因为小数位数不同的算法是一样的，相对而言对于位数不同的加法算式算理的自主探究更有研究意义，对于后续学习减法具有迁移价值。减法竖式笔算重点是要解决"百分位上怎样减"的问题，是基于"相同数位对齐相加减"算理理解上的算法掌握和策略运用。

综上所述，因为学生是第一次遇见小数位数不同的加法，同时从位数不同的小数加法可以迁移到位数不同的小数减法，所以本节课的关键问题应该是"如何理解位数不同的小数相加要相同数位对齐相加的算理"。

2.4 基于教材学情研读确定关键问题

我们在进行教材解读时，要充分考虑学生因素，思考学生会如何看教材内容，这个内容是否适合学生学习，哪个问题或环节是学生学习的难点，要研究学生的学习路径和学习表象。

2.4.1 学生的学习路径

我曾经访谈过张丹教授，她说："孩子学习的路径是很丰富的，从这里走到校门口，路有好几条，但我们教材只提供了一条路，很多孩子的路径是不一样的。各个版本的教材又是不一样的，孩子的想法是很多种的，教材只能提供一种，但是老师必须知道。你得先知道人家有几条路，然后才说怎么办。"

研究教材的时候，我们应该去研读教材提供了一个怎样的学习路径，学生还可以有怎样的学习路径。例如人教版五年级上册的"一个数除以小数"教学内容，从教材内容安排来看，我们可以发现教材提供的学习路径是以问题"想一想：除数是小数怎么计算？"来让学生自主探究，在自主探究的过程中，让学生明白"可以把除数转化成整数来计算"。

对于除数是小数的除法，从计算过程来看，教材提供的学生自主探究的学习路径可以分为三个部分：①理解把除数是小数转化成除数是整数的算理；②把算理在竖式上正确清晰的表示出来；③按除以整数的方法来计算。

在这个学习路径中，第一部分"理解把除数是小数转化成除数是整数的算理"是教学的重点，但不是难点。因为学生对于商不变性质的理解和运用一般不会构成学生的学习困难，特别是在学习小数乘法时学生已经有了类似的活动经验。那么学生在这一学习路径上哪个部分是他的学习困难呢？我们来看看学生的学习表现。

2.4.2 学生的学习表象

学生的学习表象，也就是学生在学习活动中呈现出来的学习作品，其背后隐藏着学生的学习行为、学习态度和价值观。通过对学生学习表象的定量分析和定性分析，有助于我们了解学生的认知水平、思维方式和学习习惯，明确学生的情感、态度和价值观。对每一个个体学习表象的研读和分析，可以让我们更好地把握学生学情，进而更好地理解和把握教材。

根据教材提供的研究问题"想一想：除数是小数怎么计算？"，学生进行自主探究除数是小数的小数除法的计算方法的学习活动。学生在面对算式展开自主探索时，出现了很多凸显学生个性化研究水平的学习作品，主要有以下几种情况（如图2-9）：

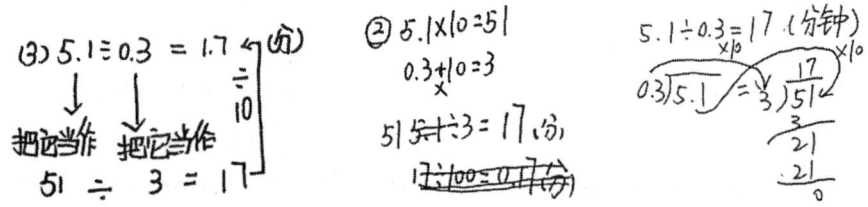

图2-9 除数是小数的除法学生学习表象

从学生的学习表象中可以看出，大部分学生能够想到把小数转化成整数来计算。一种是像学习作品里描述的那样"把它当作"整数，另一种是利用商不变性质把被除数和除数都通过"×10"变成整数。这些学习活动的过程和结果都体现了学生关于除法口算和小数乘法的知识基础和活动经验。

基于小数乘法的活动经验，学生很自然地进行知识的迁移，呈现出对小数除法除数和被除数的整数化的变化。由于思维定式的影响，学生学习作品中也体现了学生对计算结果的犹疑、举棋不定和坚定。部分学生作品就表达了对计算结果的再处理，得数除以10或者除以100，计算得到的

17又变成了1.7或者0.17。除以10是因为被除数和除数都乘了10，除以100是因为被除数和除数合起来乘了100。

从中，我们可以看到从除以小数变成除以整数是重点但不是难点，把这种变化在竖式上表示出来是难点，基于商不变性质来确定除法计算的结果是必须明白的要点。

对于学生学习表象的研究和分析，能够让我们明白学生学习的难点是什么，这也是学生学情研究的重要内容，将在下一章作重点研究。

2.4.3　确定关键问题

基于教材的学生学情研究要注重对学生学习路径和学习表象的分析，确定分析的维度和框架。我们可以从整体框架和细节感知两个维度进行学情研读，把握学生学习活动的共性和个性，从宏观和微观两方面把握学生学习的起点、难点和重点。同时，我们要对一些特殊作品进行深入的质性描述和分析，这些特殊作品将是学习活动推进的重要素材和资源，是确定和解决关键问题的触发器，是课堂肥沃土壤中的强大力量。

在课堂教学实践中，我们也发现学生会合理利用商不变性质进行转化，再根据小数除以整数的算法来计算。难点是什么呢？难点是第二部分对于商不变性质的算法表达——把算理在竖式上正确清晰的表示出来。

学生有过在竖式上表示"进位"或"退位"的活动经验，学习小数乘法时，是在意识中把小数看成整数来计算，再根据因数的小数位数点上小数点，没有也不需要在竖式上表示这种变化的过程。在竖式上表示商不变性质的变化过程是学生第一次遇到的，是学生学习的难点。在实际计算的过程中，我们经常发现学生会出现小数点位置移动错乱的情况，知其然但是不会正确灵活地应用和实施商不变性质。

因此本节课的关键问题是算法形式的表达，是"如何在竖式上表达算理"，用形式凸显变化的本质，这是一种发明，也是一种再创造。需要我们借助课堂教学的土壤，好好播种，好好施肥，好好浇水，让这颗创造的种子生根发芽。

对于学情研究，还要特别强调的是刘加霞老师在专著《小学数学有效

> 关键问题：一节课里的种子

教学》中的一句话"研究学生的背后是对数学知识本质结构的追问"。要有结构有意义地分析学生的学习路径和学习表象，其关键是教师要对相应的数学知识的本质结构有深刻认识。因而前面表达的对于教材细节、教材脉络和教材整体的研读是学情研究的基础，是教师专业素养提升的重要抓手。有了对教材和数学知识本身的把握，我们就可以进入下一章"基于关键问题的学生学情研究"。

3 基于关键问题的学生学情研究

确定了关键问题,也就是确定了课堂教学的核心。围绕关键问题,我们就可以以此来测试学生的学情,了解学生的学习起点,分析学生已经具备的基础知识和基本技能,明确学生已经积累了哪些基本活动经验,感悟了哪些基本思想方法。这些相关的"四基"构成了学生解决关键问题的学习起点。我们想通过教学破解关键问题,达成相应的教学目标,把学生引领到我们想让他们去的地方,那么我们就有必要去研究和检测学生现在在哪里,他们具备怎样的起点。

3.1 学情研究的内容

数学课堂教学的根本目的是基于学生已有的经验、知识水平促进学生数学素养的提升,因此促进学生发展的前提是了解学生、研究学生。学生的学习活动具有内隐性,我们凭借自己的主观判断得出的结论往往是不确切的,所以深入研究学生的学情是非常重要的。学生的学情研究,应当包括对学生基础知识、基本技能、基本活动经验和基本思想方法等相关"四基"的研究,还包括学生的思维路径、理解过程和理解水平等研究。

3.1.1 学生已有的知识和技能

学生已有的知识和技能对新知识的学习具有重要的基础意义,只有具备了相应的知识和技能,学生才能跳一跳摘果子,自己独立去参与学习活动,思考和解决关键问题。

例如"倍的认识"一课是帮助学生构建乘法结构的关键,要用"几个几"的视角去对比两个量之间的关系。用"几个几"的视角去观察两个量,

《 关键问题：一节课里的种子

构建两个量之间的倍数关系，就需要找到标准量，也就是以什么量为标准去刻画和度量另一个量，这本质上和度量物体是一致的，具有相同的结构。

有了这种度量的意识和视角，除了整数倍之外，相应的几倍多几和几倍少几都可以蕴含其中，与学生已有的度量经验和思想方法沟通融合。

根据"（ ）个（ ）"的视角，我们可以设置图 3-1 的学习活动（如图 3-1）：

学习单

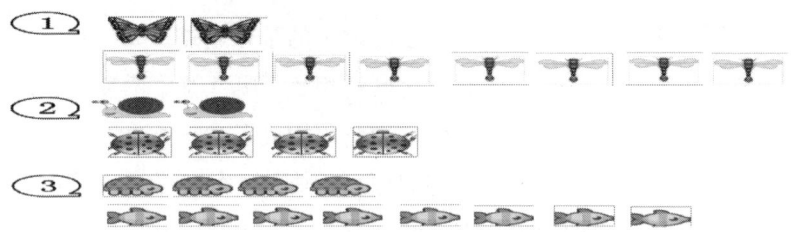

想一想，蝴蝶有（ ）只，蝴蝶的只数和蜻蜓的只数有关系吗？你能用蝴蝶的只数来表达蜻蜓的只数吗？

图 3-1 "倍的认识"学生学习单

这个学习活动有两个关键词：关系、表达。学生在进行学习活动时要从两者关系的角度尝试用蝴蝶的只数去"测量"蜻蜓的只数。根据学生的前测素材，当学生"用蝴蝶的只数表达蜻蜓的只数"时，有以下一些表示方法：

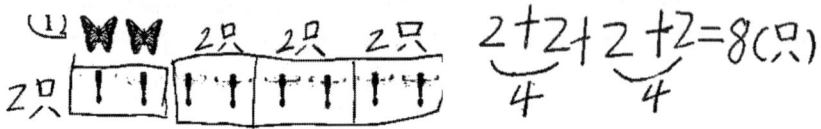

图 3-2 "倍的认识"学生学习作品（一）

如图 3-2，学生 2 只 2 只的数，数蜻蜓一共数了 4 个 2 只，用加法"2 + 2 + 2 + 2"来表示蜻蜓的只数，但是没有明确说出有 4 个 2。

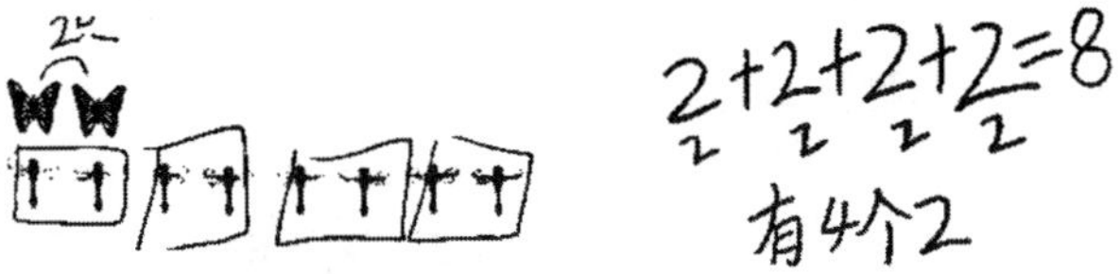

图 3-3 "倍的认识"学生学习作品(二)

如图 3-3,先数了蝴蝶有 2 只,然后以蝴蝶为标准,把蜻蜓圈了 4 次,用加法"2 + 2 + 2 + 2"来表示蜻蜓的只数,明确说出有 4 个 2。

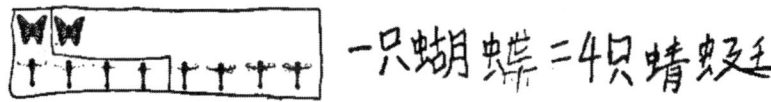

图 3-4 "倍的认识"学生学习作品(三)

如图 3-4,学生把 2 只蝴蝶分成了 2 份,1 只蝴蝶对应 4 只蜻蜓,用"1 只蝴蝶 =4 只蜻蜓"来描述两者的关系。

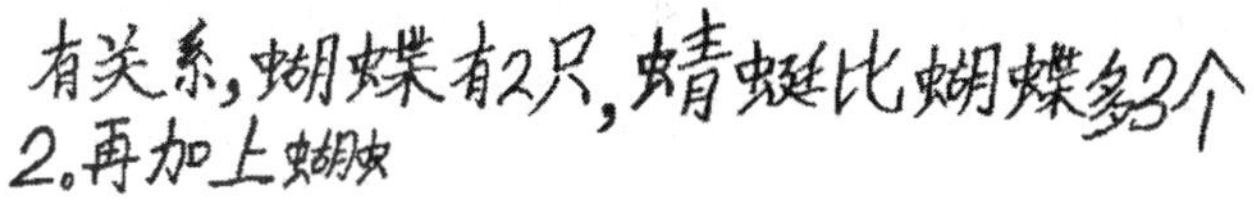

有关系,蝴蝶有2只,蜻蜓比蝴蝶多3个2。再加上蝴蚁

图 3-5 "倍的认识"学生学习作品(四)

如图 3-5,有学生说蝴蝶有 2 只,蜻蜓比蝴蝶多 3 个 2,他已经用几个 2 的视角来描述两者的关系。在没有写完的句子里,是不是在表达蜻蜓的只数还需要再加上 1 个 2。

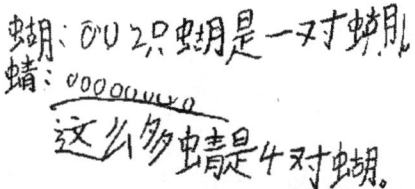

图 3-6 "倍的认识"学生学习作品(五)

如图 3-6,学生表达的很有意思,图文结合形象地描述两者的关系:

关键问题：一节课里的种子

画了○○表示2只蝴蝶，画了○○○○○○○○表示这么多的蜻蜓，2只蝴蝶是一对，这么多蜻蜓可以描述为4对。

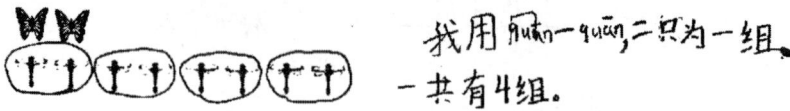

图3-7 "倍的认识"学生学习作品（六）

如图3-7，学生画了个图，然后描述自己是用圈一圈的方式，发现2只为一组，一共有4组。

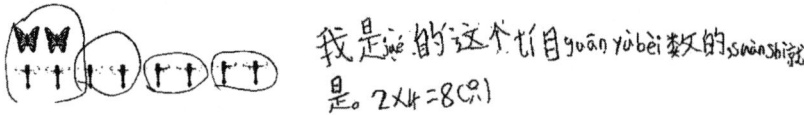

图3-8 "倍的认识"学生学习作品（七）

如图3-8，有学生圈了左边的图，说"我是觉得这个题目是关于倍数的，算式就是2×4=8（只）"，可见对于倍，学生是有一定认识的。

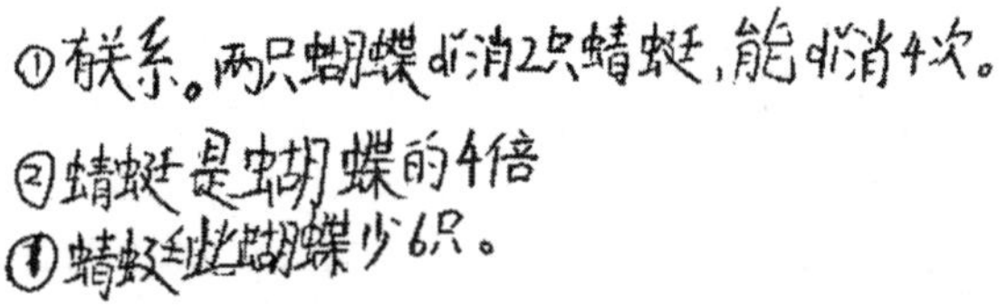

图3-9 "倍的认识"学生学习作品（八）

如图3-9，学生能够知道蜻蜓是蝴蝶的4倍，用了一个很有意思的表达方式：两只蝴蝶抵消2只蜻蜓，能抵消4次，很清晰地表达出了蜻蜓有这样的4份蝴蝶。

在用蝴蝶描述蜻蜓只数的活动中，绝大部分学生能够用图3-10中的算式来表达两者的关系：

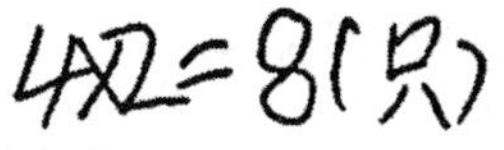

$$4×2=8(只)$$

图 3-10 "倍的认识"学生学习作品（九）

还有学生用了图 3-11 中的形式来表达，这个学习活动实际上是一个需要解决的问题：

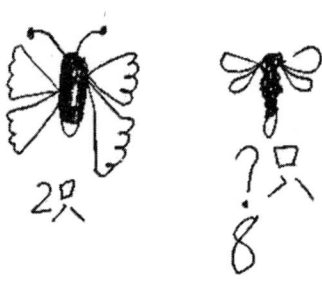

图 3-11 "倍的认识"学生学习作品（十）

在学生的学习活动中，我们可以看到学生具备了用乘法表达物体数量的技能，用画图表示物体数量之间关系的技能和方法。乘法的认识构成了学生学习新知的重要的基础知识和基本技能，为学生构建乘法结构做好了铺垫。

3.1.2 学生已经积累的基本活动经验

数学基本活动经验不仅对学生学习数学具有方法论的指导意义，更具有超学科的引领价值，我们要基于基本活动经验积淀知识建构的土壤，促进学生领悟数学思想方法，帮助学生形成反思的习惯，有效地发挥基本活动经验的价值，给学生的数学学习带来生长的力量。

例如"小数的加法和减法"的关键问题是"理解小数位数不同的小数加减法数位对齐相加减的算理"。基于关键问题，我们设计了如下的学生学习活动（如图 3-12）：

《 关键问题：一节课里的种子

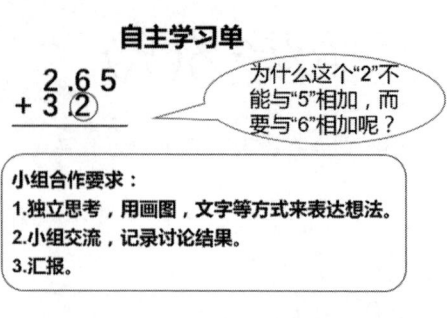

图 3-12 "小数加减法"学生学习单

学习活动要求学生通过独立思考，用画图、文字等方式来描述自己的思考，表达对于"为什么能"与"为什么不能"的理解。

我们来看学生的作品：

作品一：

图 3-13 "小数加减法"学生学习作品（一）

如图 3-13，学生基于小数意义的学习，用自己的方式表达每个数位上的数表示不同的意义，但是没有完整地表达"为什么"。

作品二：

图 3-14 "小数加减法"学生学习作品（二）

如图 3-14，学生分析了 2、6、5 所处的数位，因为十分位要和十分位相加，不能与百分位相加，用数位分析的方法告诉我们 2 要和 6 相加，不能与 5 相加。

作品三：

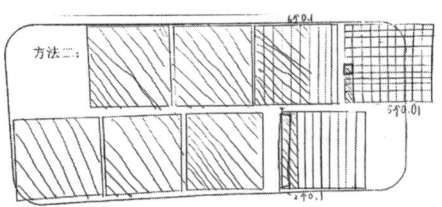

图 3-15 "小数加减法"学生学习作品（三）

如图 3-15，学生用画图的方式表示 2.65 和 3.2，用形象直观的方式告诉我们 2 和 6 是同一类的，可以直接相加。5 的计数单位是 0.01，所以不能和 2 直接相加。

作品四：

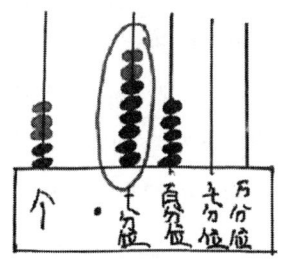

图 3-16 "小数加减法"学生学习作品（四）

如图 3-16，学生用计数器模型描述"2.65 + 3.2"，用数位相同的数合在一起的生动画面，告诉我们 2 与 6 相加的道理。

作品五：

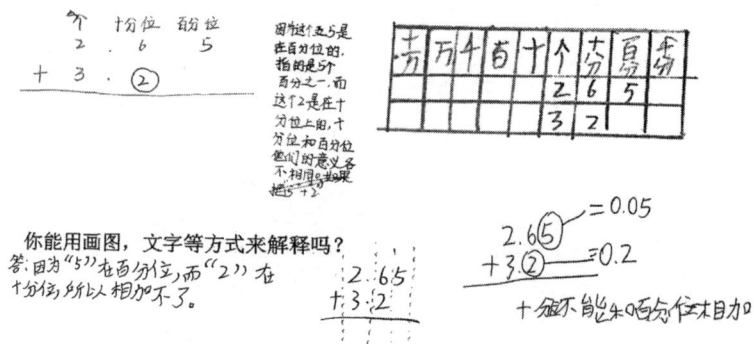

图 3-17 "小数加减法"学生学习作品（五）

如图 3-17，学生用竖式和数位表的模型来描述相同数位对齐的道理，告诉我们 2 和 5 不能相加。

从以上学生的作品来看，小数意义和性质单元的学习有了让学生"知其所以然"的知识基础和活动经验，他们可以用数位和计数单位的角度去分析和描述可以相加和不能相加的理由。具备了以元、角、分单位支撑的对应相加减的算法解释的经验，并迁移到用数位对齐的本质含义去分析和描述数位对齐相加减的算理，把小数加减和整数加减法联系和沟通起来，用整数加法的算理、算法、运算策略同化小数加减法进行解释和说明。

3.1.3 学生已经感悟的基本思想方法

《普通高中数学课程标准（2017 年版 2020 年修订）》提出了"三会"数学核心素养目标，要求"提升学生的数学素养，引导学生会用数学眼光观察世界，会用数学思维思考世界，会用数学语言表达世界"。

数学的眼光就是数学抽象，数学的思维就是逻辑推理，数学的语言就是数学模型，按照史宁中教授的说法，抽象、推理和模型是数学核心素养最重要的三个要素，也是数学的基本思想方法。我们在学情研究中应该关注学生具有了哪些数学眼光，形成了怎样的数学思维，掌握了哪些数学语言。

例如前面提到"一个数除以小数"一课,"理解把除数是小数转化成除数是整数的算理"是教学的重点,但不是难点,难点是把算理在竖式上正确清晰地表示出来。在竖式上表示基于商不变性质的转化思想是学生第一次遇到,是学生学习的难点,这也是学生探索如何用数学的语言去表达数学思考的过程。这就是数学模型思想,在进行学情研究时,我们需要充分地关注和给予学生用数学语言表达自己数学思考的时间和空间。

在学生学习"有余数除法"一课时,学生要用数学的眼光去观察数学现象,寻找和发现其中的数学信息,然后用数学的思维方式去思考内在的数学关系,尝试用数学的语言自主描述和表达这种关系:用算式来表示分的过程,让人一眼就看清楚。

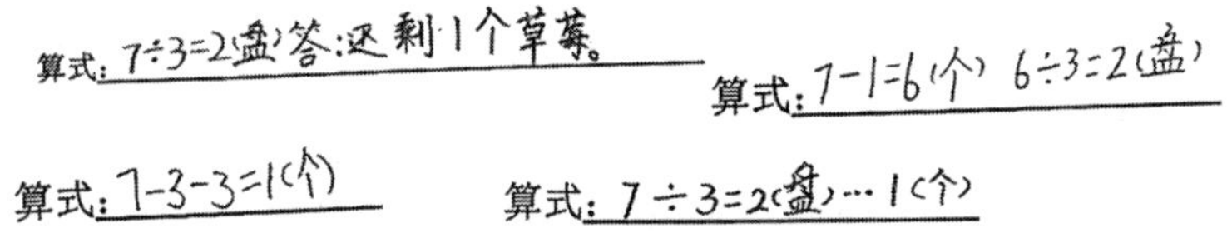

算式:7÷3=2(盘)答:还剩1个草莓。
算式:7-1=6(个) 6÷3=2(盘)
算式:7-3-3=1(个)
算式:7÷3=2(盘)……1(个)

图 3-18 "有余数的除法"学生学习作品

从图 3-18 中学生学习活动的作品来看,他们能够基于已有的知识和技能,用数学的眼光去看日常生活中的数学现象,用数学的思维方式去思考。在已有活动经验的基础上,自主尝试用数学语言去表达平均分的过程和结果,以简洁明了的方式让你一眼就看清楚。这些凸显眼光和思考的数学语言,表达了学生学习活动的过程,强化了对余数的描述和除法算式的应用。

这些个性化的表达为课堂教学中组织学生交流、推进学习活动的有效研究和深度学习提供了很好的素材,是学情研究时值得我们重点关注的要素。因此,研究学生怎样"用数学眼光观察世界、用数学思维思考世界、用数学语言表达世界",就是了解学生已经感悟了哪些数学思想,这是学情研究的重要内容,值得我们去用心谋划、精心设计。

3.2 学情研究的设计

学情研究要基于关键问题展开,在研读教材的基础上确定关键问题,再基于关键问题设计学习活动单,利用学习活动单去测试和研究学生的学情。

3.2.1 学情研究设计要基于关键问题

学情研究设计要基于关键问题的确定,从关键问题出发,着眼于关键问题的有效破解去设计相应的学情研究的内容和形式。

例如退位减法作为"两位数加减两位数笔算"的最后一个学习内容,学生已经积累了丰富的数学活动经验和解决问题的研究方法,能利用已有的知识经验自主尝试和探索退位减法的算理和算法,"退一作十"不是学生学习的难点。本节课的关键问题是学生要基于已有的进位加法的数学活动经验,自主探索两位数减两位数(退位)的计算方法,能从"满十进一"无缝链接到"退一作十",实现进退自如的思维状态。

那么学生能不能在进行退位减法时自主表达"退一作十",去解决个位不够减的数学问题呢?我们学情研究就要根据这样的关键问题来设计。如图 3-19 中的学情研究单:

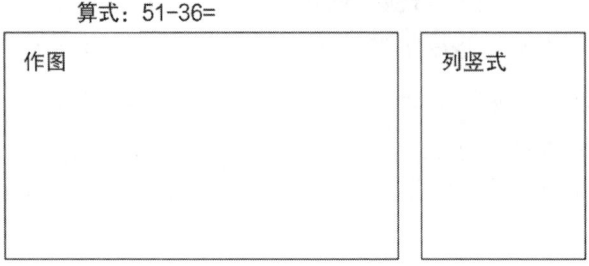

图 3-19 "退位减法"学情研究单

通过这个学情研究单可以检测学生能否画图来研究"个位不够减"的新问题,同时观测学生能否在进位加法的符号表示基础上自主探索退位减法的符号化。

从关键问题出发设计学习单,也就抓住了解决问题的关键,可以更好地了解学生面对关键问题时是如何思考的,他们已有的知识、技能、经验和思想是否能够支撑学生进行新的探索和研究,为开展基于关键问题的学生学习活动做好铺垫和准备。

3.2.2 学情研究内容要凸显关键问题

学情研究的内容不但要根据关键问题来设计,更应当凸显关键问题,让学生自主研究关键问题的思路暴露出来,让我们清晰地看到他们的学情,便于因材施教、因人施教。

例如四年级的"三位数乘两位数的笔算乘法"一课,它与"两位数乘两位数的竖式计算"的算理和算法是相同的。在学习"三位数乘两位数的笔算"时,学生需要利用已有的知识和经验去探索新的问题,通过迁移同化新知,使原有的认知结构得以拓展和壮大,因此它是一节生长课。基于教材研读,和前后知识内容教材的纵向比较,"三位数乘两位数的笔算乘法"这节课的关键问题是"第二部分积该怎样写"。

基于关键问题,我们应当设计基于关键问题的学情研究内容,使内容凸显关键问题:自主尝试计算,想一想积有几部分,每一部分的积是多少?

$$
\begin{array}{r}
1\ 4\ 5 \\
\times\quad 1\ 2 \\
\hline
\end{array}
$$

图 3-20 "三位数乘两位数"学情研究单

如图 3-20,这个学情研究的主题之一是"积有几部分",这是对乘法算式的整体把握,从整体上把握第一部分积和第二部分积,凸显了"第二部分积该怎么写"的关键问题,蕴含了乘法竖式的整体和部分两种视角。主题之二是"每一部分的积是多少"蕴含了对竖式的微观视角,是对乘法笔算竖式结构的分解和重组。第一部分和第二部分的积怎么写,就是笔算要先算什么,再算什么,就是算法的过程。

学习研究围绕关键问题,以数量上的有几部分和质性上的每部分积怎么写,凸显了关键问题中的第二部分积和第二部分积该怎么写的关键信息,有效提高了学情研究的针对性和有效性。

学情研究凸显了关键问题,也就凸显了学生用数学的思维方式研究和解决问题的过程。真实暴露思维过程的学情研究才能真正了解学生,为基于关键问题的教学设计的有效实施做好铺垫。

3.2.3 学情研究形式要围绕关键问题

学情研究的形式有很多,可以是访谈,可以是动手操作,可以是计算,也可以是创作,形式要为内容服务,要围绕关键问题展开。

1)细化学情研究要求

学情研究的要求要细化,要让学生理解要求,明白要做什么,而且要使得学生能基于已有的知识和技能、经验和思想去独立完成学情研究活动。

例如"两位数加两位数的进位加法"一课,关键问题是如何把这种"满十进一"经验和思想在竖式中表示出来,围绕这一关键问题,我们设计了如图 3-21 中的学情检测:

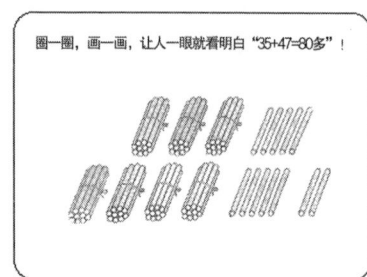 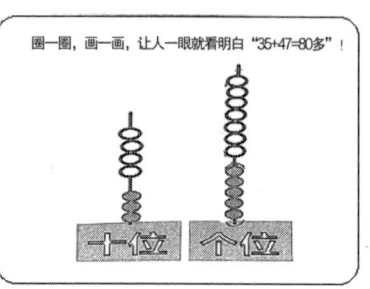

图 3-21 "进位加法"学情研究单

在学习单中,我们细化了学生活动的要求:圈一圈、画一画,让人一眼就看明白是 80 多。在这个活动中,提出了细化的可操作的研究要求:

①研究方式：圈一圈、画一画。

②研究结果：让人一眼就看明白是80多。

有了明确的活动要求，知道了怎么做，做到怎样的结果，学生自然就可以根据活动要求去展开自己的独立思考和研究，提供和展现的学习成果也是真实可信的，能充分暴露学生的思考过程，为我们研判学情，设计基于学生学情的学习活动做好了铺垫。

2）预设学情研究表现

在细化学情研究要求的基础上，我们要对学生可能出现的学情表现有所预设。这个预设来自对学生已有学习经验的了解和教师对教材、对所学数学内容学科本质的把握。

例如人教版教材"三位数加三位数的笔算加法"，本节课的关键问题是："十位满十和百位满十怎样进位？"那么，基于这样的关键问题，学生在自主计算时，可能会出现怎样的情况呢？我们就此展开了学生的学情研究，设计了如下的学情研究单：

竖式笔算：

133 + 158=　　　133 + 185=

这个学习单上的活动要求学生列竖式计算，竖式应该怎么写，对于学生来说就是从"两位数"扩展到"三位数"相加，形式没有变，数位变多了。因此笔算算法不是问题，算理也不是问题。本题学情研究的主要意图是预期学生对于十位上"3 + 8"满十进一会如何表示，会出现怎样的情况，能否依照以前的学习经验类推"十位满十向百位进一"的表示方式。

我们预设学生可能会有以下的表现情况：

①学生把"进位点"点在了十位的右下角，表达十位上满十了，需要进一，但是没有进位。

②学生把"进位点"点在了十位的右下角，表达十位上满十了，需要进一，把进一添加到了个位上。

③学生把"进位点"点在了十位的左腰位置，表达十位上满十了，需要向百位进一，百位上加上进来的1后变成3，结果正确。

《 关键问题：一节课里的种子

④学生把"进位点"点在了十位的正下方，表达十位上满十了，需要向百位进一，百位上加上进来的1后变成3，结果正确。

⑤没有进位点，但是向百位进一，计算结果是正确的。

⑥没有进位点，也没有向百位进一，计算结果是错的。

我们预期学生学习表现的焦点是如何表达"十位上满十"的数学现象，进位点有写在十位的右下角，也有写在十位的正下方，或者写在十位的左下角和左腰位置，表达的方式会各有不同，但是都能个性化地表示自己对"十位上满十需要进一"的数学现象的描述。

对学生学情的充分预设，有利于教师从过程和结果更好地把握数学内容的本质，能有效促进和提升教师研究教材和研究学生的能力，对于教师学科素养提升有着重要意义。

3）分析学情研究结果

对于学情研究结果的分析是基于关键问题的学情研究的重要内容，只有正确细致的分析才能把握学生的真实学情，了解学生的学习起点、学习难点和疑惑点，为基于关键问题的教学设计提供基础和保证。

例如"认识毫米"一课，我们设计了下面的学情研究（如图3-22）：

想一想，你能用自己的方式表示下面线段中比7厘米多的这部分长度吗？有几种方式填几种。

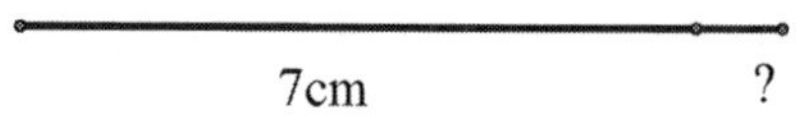

<pre>
        |————————————————|
              7cm   ?
</pre>

方法一：多出的长度是（　　　　　）。
方法二：多出的长度是（　　　　　）。
方法三：多出的长度是（　　　　　）。

图3-22 "认识毫米"学情研究单

对于学生出现的各种方法和学情表现，我们可以进行如下的结果分析：

①作品分类梳理。

第一，基于厘米的长度估计：

多出的长度是大约 1 cm；多出的长度是比 1 cm 短一些，比 0 cm 长一些。

第二，基于厘米的长度推断：

多出的长度是比 0.5 cm 长；多出的长度是比 0.5 cm 多 1 mm；

多出的长度是比 1 cm 短 4 mm。

第三，基于尺子度量的描述：

多出的长度是 6 个空列；多出的长度是 6 个数；

多出的长度是 6 mm；多出的长度是 0.6 cm。

②作品情况分析。

第一，厘米是已有的经验，多出的长度不能用厘米去度量，但是可以用厘米去推断，用大约、短一些、长一些等语言去做质性描述。这些描述凸显了学生基于已有知识和经验进行的自主探索，但是相对会不够精确，而这正是需要毫米作为单位来度量的原因。

第二，学生选择了 1 cm 或 0.5 cm 作为标准，去推断多出来的长度，比前面学生的描述更为精确，更接近具体的长度。这里 0.5 cm 成为一个重要的比较标准，可以很清楚地看到多出来的长度比 0.5 cm 多一点点。在 0.5 cm 的基础上，有些学生已经能用毫米一起作为单位去描述多出来的长度——比 0.5 cm 多 1 mm。比 1 cm 少 4 mm 的描述显然是基于比 0.5 cm 多 1 mm 而来的，两者是对同一长度的不同视角。

第三，学生已经具备用尺子测量的技能，在用尺子度量多出来部分的长度，很自然地会使用尺子上的刻度去描述，所以就会出现 6 个空格、6 个数的表达，以及 6 mm、0.6 cm 等描述。

从学生给出的这些答案来看，他们都能感知到多出的长度不到 1 cm。对于这不到 1 cm 的长度，他们有的基于 0.5 cm 去描述，有的用空格、数、毫米等新的单位去描述，有的用小数去表达。种种不同的描述方式，都体现了学生用自己已有的数学语言和数学思维方式去描述数学现象的思考过程。在这样的过程中，学生可以更深刻地体会要"量比较短的物体的长度或者要求量的比较精确"时，可以用毫米作单位去度量的需求和价值。

> 关键问题：一节课里的种子

学生的学情是以学习作品的形式表现的，对于这些作品的深入分析有助于我们了解学生的认知现状、思考方式和思维路径。分析学情研究结果，首先要确定分析维度和框架结构，其次要基于分析维度和框架进行量化分析或质性描述，最后要基于分析结果对学习作品进行分类梳理和排序，为学情研究的反馈做好准备。

3.3 学情研究的反馈

学情研究成果如何反馈，如何组织学生汇报，如何利用学生学习活动的成果组织学生在分享和交流中进行观察、讨论和思考，是关键问题破解的重要环节，需要我们认真思考，用心筹划。

3.3.1 学情反馈要基于关键问题去表达

学情反馈需要设计，但是很多老师不知道如何去组织反馈，难以发挥学习活动成果的价值。为了充分发挥学生学习活动的价值，我们应强化学情反馈要基于关键问题去表达，合理利用学生学习活动的关键问题。

例如一年级学生在学习"9加几"的进位加法时，学生要研究如何计算"9 + 4"，要理解和掌握相应的算理和算法，本节课的关键问题是"你能把9 + 4也变成10加几来计算吗"，对应的学生学习活动是"试一试，把9 + 4变成10加几来计算，让人一眼就看清楚你是怎么变的"。

根据这样的学习活动，在组织学生进行学情反馈时，我们应牢牢把握关键问题"你是怎样把9 + 4变成10加几来计算的"，让学生来分享自己是如何变的，是用了怎样的方式让别人一眼就看清楚的。这样就有效地凸显了关键问题，展示了学生在面对关键问题时，在学习活动中是如何思考和探索的。

3.3.2 学情反馈要重视关键问题的破解

学情反馈要重视关键问题的破解，不能仅仅展现学生围绕关键问题的分享，更要通过学生的分享和交流，让学生感受关键问题是如何一步一步在学生自己的研究、探索和交流中破解的。

例如人教版四年级上册的"沏茶问题"，关键问题是"等待水开的时间里可以做点什么呢?",相应的学习活动是"请你合理安排事件,让李阿姨尽快喝上茶"。

反馈学生的学习成果,我们可以通过如下的程序组织学生反馈交流:

第一步,观察:他是怎么用图来表示沏茶的过程的?

学生作品一:

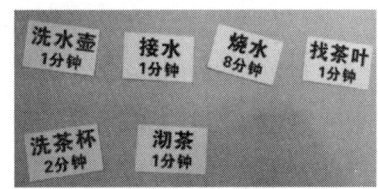

图 3-23 "沏茶问题"学生作品(一)

学生作品二:

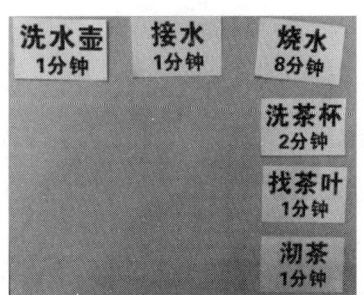

图 3-24 "沏茶问题"学生作品(二)

学生作品三:

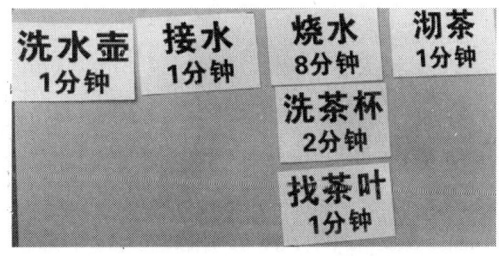

图 3-25 "沏茶问题"学生作品(三)

> 关键问题：一节课里的种子

第二步，比一比：比较这三幅作品，你有什么发现？

第三步，想一想：后面两幅作品有什么共同特点？（引导学生概括得出，他们都是在等待水开的时间里做了点什么，因而节省了时间）

第四步，哪种方法更合理？为什么？

通过这样的学情反馈，就是一个基于学情反馈促进关键问题破解的过程。在学习作品的反馈、分析和评价中，学生感受和体会到只有在等待水开的时间里安排做点别的事，才是既合理又能节省时间，这就是合理安排时间的关键所在。

3.3.3 学情反馈要凸显水落石出的层次感

学情反馈还要注意学生材料呈现的层次性，要层层推进，一步一步地展现关键问题破解的过程，让学生体会水落石出的递进感。

例如人教版四下"小数加减法"一课，学生要自主研究和解决"2.65 + 3.2，为什么2不能与5相加，而要与6相加"的问题。他们在学习活动中通过独立思考，利用画图、文字等方式来描述自己的思考，表达对"为什么能"与"为什么不能"的理解，呈现了各自不同的学习作品。

基于学生的学习作品，我们可以分层安排呈现的顺序，凸显关键问题逐渐被破解的层次感。

作品一：学生基于小数意义的学习，用自己的方式表达每个数位上的数表示不同的意义，但是没有完整地表达"为什么"。（如图 3-26）

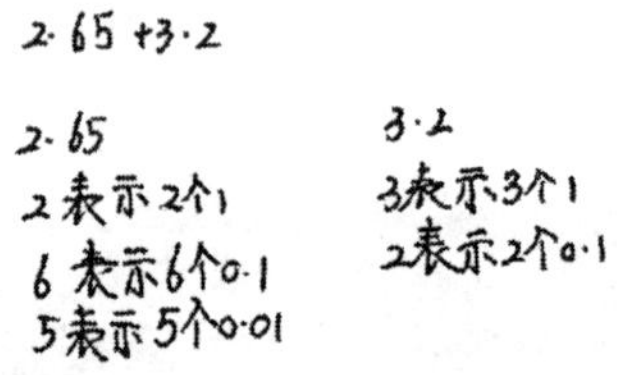

```
2.65 +3.2

2.65              3.2
2表示2个1         3表示3个1
6表示6个0.1       2表示2个0.1
5表示5个0.01
```

图 3-26 "小数加法"学生作品（一）

通过呈现这样的作品，目的是让学生感受到每个数位上的数字表达的意义是不一样的，虽然关键问题还没破解，但是破解关键问题的基础却在被不断强调。

作品二：学生分析了 2、6、5 所处的数位，因为十分位要和十分位相加，不能与百分位相加，用数位分析的方法告诉我们 2 要和 6 相加，不能与 5 相加。（如图 3-27）

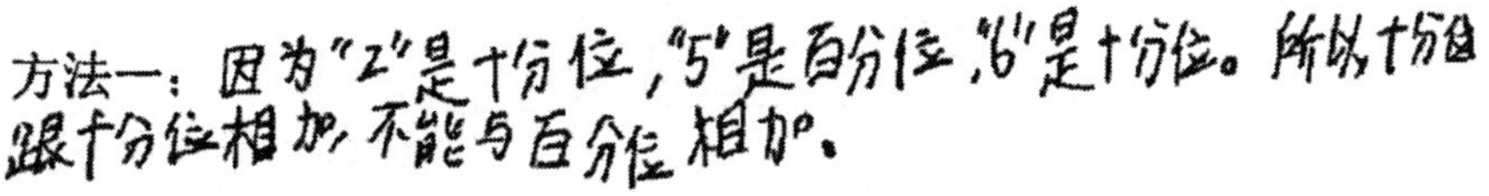

方法一：因为"2"是十分位，"5"是百分位，"6"是十分位。所以十分位跟十分位相加，不能与百分位相加。

图 3-27 "小数加法"学生作品（二）

通过呈现这样的作品，可以让学生感受"2 和 5"不能相加是因为数位不同。理由说清楚了，从作品一递进而来的数位和数位上的数字的意义成了学生破解问题的基础。但是作品二的表达方式不直观，有些学生可能不理解。水落了，但是石头并没有随之显露出来。

作品三：学生用画图的方式表示 2.65 和 3.2，用形象直观的方式告诉我们 2 和 6 是同一类的，可以直接相加。5 的计数单位是 0.01，所以不能和 2 直接相加。（如图 3-28）

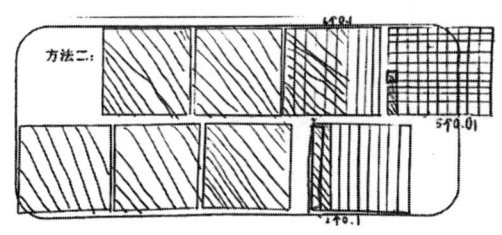

图 3-28 "小数加法"学生作品（三）

相比前面的作品，作品三有了画面感，把作品二的理由用形象生动的方式表达出来。两幅作品相结合，充分体现了层层递进揭露小数加法算理本质的过程。

作品四：学生用计数器模型描述"2.65 + 3.2"，用数位相同的数合在一起的生动画面，告诉我们 2 与 6 相加的道理。（如图 3-29）

《 关键问题：一节课里的种子

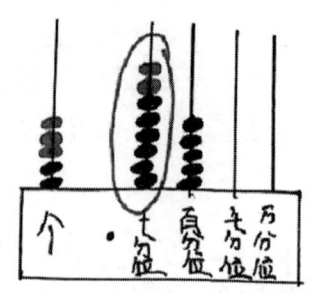

图 3-29 "小数加法"学生作品（四）

相对作品三，这幅作品用了更为简洁的表达方式，把相同数位上的数相加的算理描述得更为形象，生动地凸显了 2 和 6 都是十分位上的数，具有相同的计数单位。

作品五：学生用竖式和数位表的模型来描述相同数位对齐的道理，告诉我们 2 和 5 不能相加，直观地呈现出数位对齐相加减的算理，有概括结论，总结陈词的意味。（如图 3-30）

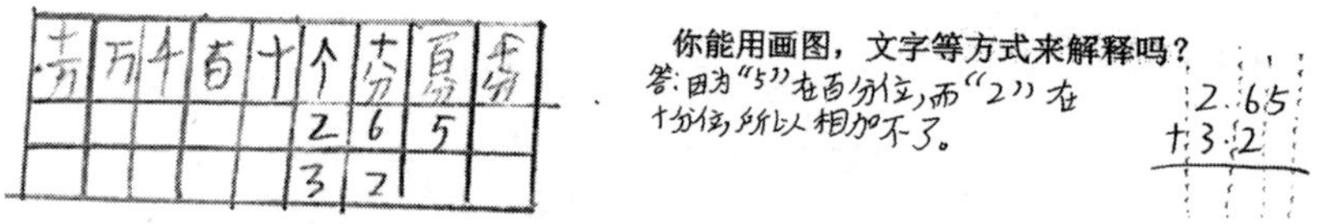

图 3-30 "小数加法"学生作品（五）

通过按序呈现学生的作品，使学生在观察和分享作品的过程中，逐步构建从本质含义去分析和描述数位对齐相加减的算理，用整数加法的算理、算法、运算策略同化小数加减法，获得对加减法的整体性认识。

因此，教师在组织反馈时，要有意识地安排呈现不同的材料，注重学习材料的顺序。根据材料的序引导学生感受关键问题研究和解决的过程，充分暴露学生的思维过程，展现思维过程中的失败案例，以及基于失败和挫折而不断改进的心路历程。

4 基于关键问题的学生学习活动设计

《普通高中数学课程标准（2017年版2020年修订）》提出了数学核心素养目标，并在课程性质中强调"引导学生会用数学的眼光观察世界，会用数学思维思考世界，会用数学语言描述世界"。基于"三会"的数学学习目标，王永春老师在他的专著《小学数学核心素养教学论》中提出我们应当以数学的概念、命题、结构为载体，以基本数学思想、数学核心素养及学生数学认知结构为主线，以学生的发展为本。

课堂教学要凸显教师作为学习过程的组织者、引导者和合作者，凸显学生自主学习、独立思考和合作交流，就应该基于关键问题设计学习活动，让学生充分经历"基于关键问题的学生学习活动"的探索和研究的过程，促进学生积极主动、生动活泼、可持续发展。

4.1 学习活动的含义

有了关键问题，就需要有关键行动，这个关键行动就是学习活动。如果说，关键问题是一节课里的种子，那么学习活动就是给种子浇水施肥的培育过程，需要我们细细体会，用心设计。

4.1.1 什么是学习活动

学习活动是指为了完成学习目标而进行的师生行动的总和。每节课学生都要进行相应的数学学习活动，要在活动中进行独立思考、自主探究和合作交流。教材也提供了学习活动的素材和安排，教师可以根据这些素材设计学习活动，引导学生参与学习活动，完成学习目标。

例如人教版五年级上册教材编排的"长方体的体积"一课，教材就提

> 关键问题：一节课里的种子

供了一个学生的学习活动：

实验：用体积为 1 cm³ 的小正方体摆成不同的长方体？

这个学习活动要求学生摆一摆，说一说自己是怎么摆的，再把相关的数据填一填，然后看一看，想一想有什么发现。它的目的是让学生通过学习活动知道求长方体体积的方法。

4.1.2 什么是基于关键问题的学习活动

和一般意义上的学习活动不同，基于关键问题的学习活动是指为了破解关键问题而进行的师生活动，它着眼于关键问题的解决，是为了找到开门的钥匙而进行的师生活动。下面以举例的方式来说明什么是基于关键问题的学习活动。

例如上面提到的"长方体的体积"一课，本节课的关键问题是"怎样知道一个长方体的体积呢？"，教材提供的学习活动是"用体积为 1 cm³ 的小正方体摆成不同的长方体"的实验。这个实验当然可以让学生在活动中理解和掌握长方体体积的计算方法，但是它和基于关键问题的学习活动有所不同，或者说它对关键问题凸显得不够。

针对本节课的关键问题，我们要关注的是教材的另一句话"如果能把它切成一些小正方体就好了"。怎样把一个长方体切成一些小正方体？教材换了一种视角，是用摆拼的方式把一些小正方体组成长方体来体现这个长方体是由若干个小正方体组成的，但是这样并不能体现数学思考的逻辑。因为想知道一个长方体的体积，只需要把它切成一些小正方体就好了。

因此，"怎样把一个长方体看成是一些小正方体组成的？"这就是本节课学生的基于关键问题的学习活动。有了这样的学习活动，才有了正向的动手切、在脑子里想象切、基于长宽高长度的数学化表达，反向的摆、拼等学生学习活动的多样性和丰富性。

4.1.3 基于关键问题的学生学习活动的特点

根据前面的研究，如果要给基于关键问题的学生学习活动下个定义的话，我觉得可以这样去描述：基于关键问题的学生学习活动是学生进行数学研究、学习和实践活动的总称，是指以解决关键问题为目标，通过观察、实验、猜测、计算、推理、验证等活动手段去研究问题，以画图、计算过程表达、文字描述等方式表达研究结果的数学学习活动。

它具有以下的特点：

1）对象性

关键问题是解决数学问题或研究某一数学知识的开门钥匙，基于关键问题的学习活动的开展是建立在关键问题破解的基础上进行的，因此设计的学习活动要有明确的对象，具有关键问题的特质，能够有效地聚焦和凸显关键问题的特征。

2）目标性

学习活动要着眼于关键问题的破解，活动的指向和目标就是让学生经历数学化的过程，运用数学工具改造数学内容，感受数学化过程的再创造，尝试用自己个性化的方式去描述和表达学习活动的结果。

3）活动性

学习活动应当以生为本，给予学生充分的时间和空间对关键问题进行探究，通过自主研究、动手实践和合作交流，对已有的数学现象进行重新认识、重新发现、重新加工，凸显活动性。

4）成果性

学习活动要凸显关键问题破解的成果，充分展示学生的研究作品，引导师生之间和生生之间针对活动成果进行表述、交流、争辩和修正，在关键问题破解的过程中感受成功和研究的乐趣。

4.2 学习活动设计的策略

基于关键问题设计学生学习活动时，我们应注意设计的学习活动要符合学生的最近发展区，有助于学生自主探索和研究；要贴近学生生活实际，让学生感觉亲切和有趣；要让学生经历完整的数学学习活动的过程，从研究、交流、分享等途径给予学生充分的时间和空间；要突出学生的主体地位，"我的活动我做主"。

《 关键问题：一节课里的种子

4.2.1 学习活动设计要符合学生的最近发展区

维果斯基的"最近发展区理论"认为学生的发展有两种水平：一种是学生的现有水平，指独立活动时所能达到的解决问题的水平；另一种是学生可能的发展水平，也就是通过教学所获得的潜力。两者之间的差异就是最近发展区。

学生学习活动设计应着眼于学生的最近发展区，为学生提供带有一定难度的学习活动，调动学生的积极性，发挥其潜能，超越其最近发展区而达到下一发展阶段的水平，然后在此基础上进行下一个发展区的发展。

例如二年级"两位数加减两位数的不进位加法"一课，不进位加法笔算重要的是学习竖式写法，学习和研究怎样用竖式的形式表示，用笔算的方法计算。因为竖式笔算是第一次出现，在学生的数学学习江湖上占有很重要的地位，所以本节课的关键问题是：如何用竖式的形式把加法的过程表示出来？

学生之前没有接触过加法竖式，即使在生活中见到或听到，也是基于形式的了解，而不是数学化的再创造的过程和结果。对于学生来说，我们可以设计"把 35 + 2 的过程用竖式的形式表示出来"的学习活动。

已有加减法口算的知识技能和摆小棒积累的活动经验支撑着学生新的探索，这是基于学生最近发展区的学习活动，跳一跳就可以摘到果子，有助于学生自主探索和研究。

4.2.2 学习活动设计要贴近学生生活实际

数学学习不应仅仅停留在课堂上，它的更大价值应该体现在学生日常的生活之中。因而学习活动设计要注重贴近学生生活，让学生感受到数学活动的生活化和活动乐趣。

例如人教版四年级上册编排的"沏茶问题"一课，教材提出了一个很明确的问题——"等待水开的时间可以做点什么呢？"，这是理解统筹思想的关键问题。

根据"等待水开的时间里可以做点什么呢？"这一关键问题，我们可以设置如下的学习活动：

请你合理安排事情，让李阿姨尽快喝上茶。

这个学习活动有两个关键词：合理、尽快。需要让学生在审视和理解学习活动时明确"合理和尽快"的活动要求，同时又贴近学生的生活实际。交流、反馈和汇报也要紧扣"合理和尽快"的活动要求，这就有了一个评价活动成果的标准。

从本质上来说，"尽快"的背后隐含的力量就是"等待水开的时间里可以做点什么"。为什么他的方案会快一些，他的方案会慢一些？原因在哪里？关键问题的关键价值就会被凸显出来，成为解决问题的钥匙。

4.2.3　学习活动设计要让学生经历完整的数学活动过程

浙江省嘉兴市南湖区小学数学教研员费岭峰在其专著《课堂的魅力——小学数学活动设计与教学》一书中提出"通过研究，我们发现一个有效的数学活动，一般具备源于数学、思维发生、经验形成以及数学建构等四个方面的基本特征"。这里实际上提出了数学活动的四个阶段，我们要让学生完整地经历数学学习活动的这四个过程。

1）源于数学，展开活动

学习活动要围绕数学展开，基于数学学习的需要展开活动，这是学习活动的第一阶段。例如"认识毫米"一课，学习活动的展开就是因为数学表达的需要：

想一想，你能用自己的方式表示下面线段中比 7 cm 多的这部分长度吗？有几种方式填几种。

这是一条长 7 cm 6 mm 的线段，用尺子去度量，很容易发现它比 7 cm 多，比 8 cm 少。多出来的这一部分的长度怎么表达就成了学生关注的焦点，用厘米和米作为单位去度量显然是不合适的，那么学生就要思考：选择什么单位去度量呢？

缘于数学表达需要的学习活动，就这样展开了。

2）思维发生，深化活动

学习活动任务驱动学生思维的发生，通过分析信息发现问题的焦点所在，然后利用信息间的关系，思考解决问题的方法和策略，采取直觉、顿悟、

《 关键问题：一节课里的种子

想象等非逻辑思维方式或者分类、归纳、类比、联想等逻辑思维方式进行数学研究活动。

例如上面的"认识毫米"，学习活动让学生用多种方式去表达度量的结果，以任务驱动的方式引导学生基于已有的知识和经验去描述度量的结果，体会从厘米到毫米的单位变化过程。在度量和描述的过程中，学生会感觉到需要用一个较小的单位作为标准去度量多出来的长度，因为无法用厘米作为单位去刻画和表达长度。但是如何把这种对于新的较小的单位的感受表达出来，需要学生的自主思考和再创造。

他们都能感知到多出的长度不到 1 cm。对于这不到 1 cm 的长度，他们有的基于 0.5 cm 去描述，有的用空格、数、毫米等新的单位去描述，有的用小数去表达。种种不同的描述方式，都体现了学生用自己已有的数学语言和数学思维方式去描述数学现象的思考过程，思维在活动中深化，活动在思维中走向深入。

3）经验形成，内化活动

经验形成是指学生在独立思考和动手实践的过程中形成的对客观事物或数学现象的表象的认识，具有较强的个体性的感受与体验。在学习活动中，学生反复探索和实践，对数学现象做出自己个性化的表达和描述，同时在与他人的分享和交流中获得一些新的思考，使活动内化为学生的学习活动经验，逐步积累知识理解的经验、技能习得的经验和问题解决的经验。

例如"认识毫米"的学习活动，在凸显对于多出来的部分的度量和描述的任务驱动中，学生对个体的活动逐步内化为经验。学生有的基于厘米的长度去估计多出来的长度，用大约、短一些、多一些等语言去做质性描述；有的基于 1 cm 或 0.5 cm 作为标准，去推断多出来的长度，描述更为精确，更接近具体的长度；有的基于尺子度量的结果去描述多出的长度，在具备尺子测量技能的基础上，很自然地使用尺子上的刻度用 6 个空格、6 个数、6 mm、0.6 cm 等去描述。

通过经历数学学习过程、参与数学学习实践的学习活动，学生激活了已有的经验，形成了新的知识理解的经验、技能习得的经验与问题解决的经验。

4）数学建构，把握活动

数学建构是指学生通过学习活动，在数学知识、数学方法和数学素养三者上获得整体发展，有效地建构数学知识，收获学习活动的成果。

例如"一个数除以小数"的学习活动："怎样清晰正确地把被除数和除数的变化表示在竖式上？"

在这一学习活动中，学生要在竖式上表达算理，凸显商不变性质的应用，描述除数的变化以及由此而引起的被除数的变化。这种把数学性质描述在竖式里的学习任务，学生以前有过类似的经验，但这种描述与刻画显然会有一定的难度，需要学生的再创造和再发明。

从学生的学习活动成果来看，学生能够在自主探索的过程中尝试用个性化的方法去描述小数除法中的商不变性质，从只表示确定的结果，到用过程来刻画性质，再到点对点的表达除数和被除数的变化，最后展现的用小数点的移动来刻画商不变性质的应用。种种不同的个性化的表示方法，都是学生再创造的成果，体现了学生的主动性和创造性，很好地建构了小数除法的算理和算法。

数学学习活动的结果要以学习作品的形式呈现，这些学习作品体现了学生数学建构的过程，以及隐含其中的数学思考、数学表达和思维逻辑。

4.2.4 学习活动设计要突出学生的主体地位

学生是学习活动的主体，作为学习活动的预设者，教师应站在学习者的角度去设计学习活动，突出学生的主体地位，促进学生自主学习、独立思考和合作交流，让学生充分经历"基于关键问题的学生学习活动"的探索和研究的过程。

例如"两位数加两位数的进位加法"需要在竖式上合理简便地表示出"满十进一"，这很显然需要学生的思考和创造。基于教材和学生，针对进位加法的关键问题，我们设计了如图4-1中的学生学习活动：

《 关键问题：一节课里的种子

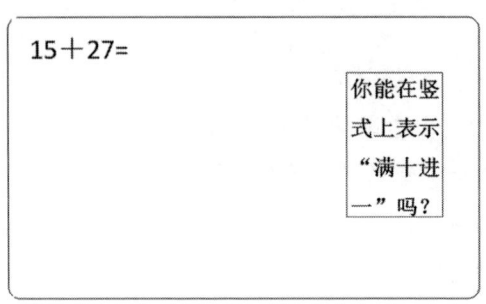

图 4-1 "进位加法"学生学习活动

这个学习活动也就是要学生思考"满十进一"如何在竖式中"变脸"。满十进一是理，个性化的表示是法。学生已有的关于十的认识和两位数加一位数口算的经验支撑了学生对满十进一的"理"的认识和理解，那么如何表示呢？

给学生一个空间，凸显学生学习活动中的主体地位，学生往往会给你惊喜，学生在学习活动中的思考和创造给我们提供了很好的素材（如图4-2）：

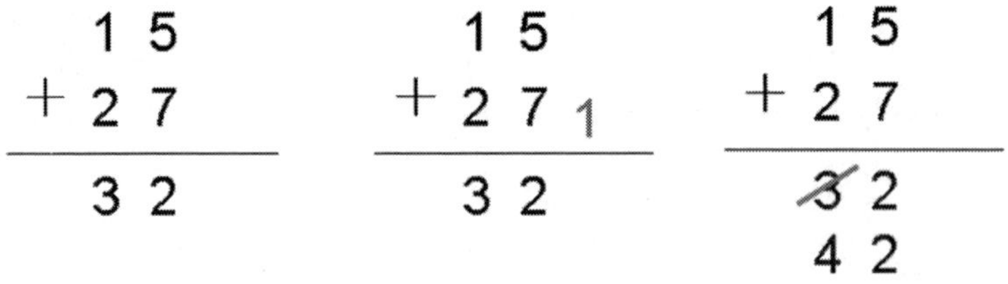

```
   1 5        1 5         1 5
 + 2 7      + 2 7₁      + 2 7
 ─────      ─────        ─────
   3 2        3 2         3̸ 2
                          4 2
```

图 4-2 "进位加法"学生学习活动作品

第一种，我们可以看到学生面对新问题时，他无所适从，没有办法在竖式中去表达和描述"满十进一"，知理而无法；

第二种，学生已有的经验不能支撑他进行新的探索和创造，"5 + 7"后满十进一的"1"无处摆放，只能选择右边的一个角落让"1"栖身；

第三种，我们可以看到学生是先算十位上的 ▦ + ▦▦，再算个位上的

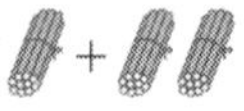

"5 + 7",加完以后发现需要满十进一,十位上显然不仅是🖊+🖊🖊,还得加上个位上相加所得的🖊,这样就有了上面充分展示学生思考和探索过程的法。

当然,我们还有教材展示的标准的体现满十进一的法。不管是哪种法,背后都有一个"理",满十进一是存在于法背后的那种力量。正因为需要满十进一,所以在基于关键问题的学习活动中学生探索了这么多的办法、这么多的外在的"象"去表示内在的"体",取得了良好的学习效果。

学习活动要突出学生的主体地位,也就是要考虑学生作为活动主体的适应性和认可度,必须有利于学生进行数学思考,能积极参与到活动中来,在基于个体研究的基础上能进行群体间的互动和交流,吸收他人的活动智慧,完成个体的活动成果。

4.3　学习活动设计实例举隅

在具体的教学实践中,我们以人教版教材为主,通过反复的研究和改进,确定了课堂教学的关键问题,设计了相应的学习活动,下面介绍的是二年级上册第一单元"长度单位"和第二单元"100以内的加法和减法(二)"的关键问题和学习活动设计实例。

4.3.1　"长度单位"的关键问题和学习活动

1)厘米的认识

关键问题:

为什么需要统一的长度单位?

学习活动:

你能用不同的方式来表示课桌的长度吗?看谁的方法最多。(如图4-3)

图4-3　"厘米的认识"学习活动用图

《 关键问题：一节课里的种子

①有（　）个（　　）的长；
②有（　）个（　　）的长；
③有（　）个（　　）的长；
……

设计说明：

"厘米的认识"是学生正式开始学习长度单位的第一课，学生在生活实践中有过长短比较和描述的经验，对于这些经验而言，体会需要一个统一的标准来度量，用这个标准的数量来描述物体的长度是本节课的关键问题。

因此，本节课基于关键问题设计的学习活动，重在让学生用不同的方式来描述课桌的长度，体会到可以用不同的比较物来描述长度，但是为了表达方便，需要用统一的标准来描述。

2）米的认识

关键问题：

怎样测量比较长的物体的长度？

学习活动：

①动手试一试，用厘米作单位测量家里床的长度。

我的测量结果：床的长度是（　　　）厘米。

②你还有更便捷的测量方法吗？

我的测量结果：床的长度是（　　　　）。

设计说明：

"厘米的认识"是学生正式开始学习长度单位的第一课，是种子课，那么这节"米的认识"就是生长课。学生学习和体会到了需要一个统一的标准"厘米"来度量物体的长度，自然也能体会到如果面对一个较长的物体，用厘米度量不方便，就需要寻找和选择新的标准。这个新的标准来源于对比较长的物体的测量，所以本节课的关键问题就是"怎样测量比较长的物体的长度"。

因此，本节课基于关键问题设计的学习活动，重在让学生在用厘米来描述床的长度,体会到不方便,进而探索和研究更便捷的测量方法和测量单位。

3)认识线段

关键问题:线段有什么特点?

学习活动:

①黑板边、桌子边、书边都可以看成线段,它们有什么共同特点?(如图4-4)

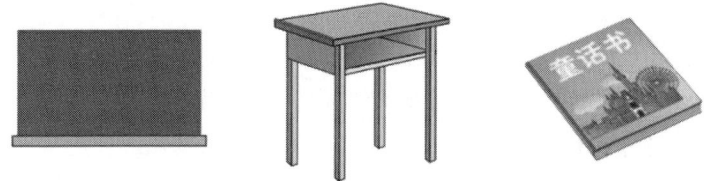

图4-4 "认识线段"学习活动用图

它们的共同特点是:

②还有哪些东西的边可以看成线段?为什么?

(　　)的边可以看成线段;(　　)的边可以看成线段;

(　　)的边可以看成线段;(　　)的边可以看成线段。

……

设计说明:

"认识线段"重点是理解线段的特点,能用数学的眼光去看线段,用自己的语言去概括和归纳线段的共同特征,因此,本课的关键问题是"线段有什么特点"。

基于关键问题设计的学习活动重在引导学生发现和表达线段的共同特点,然后尝试用这种特点去观察周边的世界,寻找和发现哪些东西的边也可以看成线段。这实际上就是数学模型,是用数学的语言去描述周边的数学现象。

4)画线段

关键问题:怎样画线段?

《 关键问题：一节课里的种子

学习活动：
①你能用尺子画出3厘米的线段吗？（如图4-5）

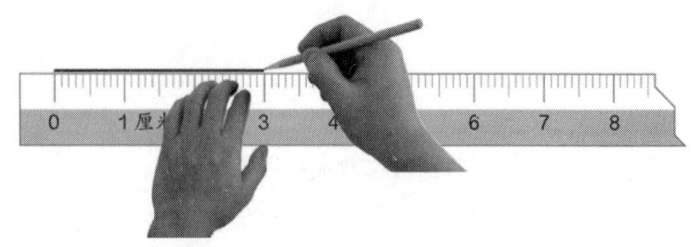

图4-5 "画线段"学习活动用图

②不从0刻度开始画起，你还能画出3厘米吗？
我是这样画的：
从（　　）刻度开始画起，画到（　　）厘米的地方；
从（　　）刻度开始画起，画到（　　）厘米的地方。
设计说明：
"画线段"是学生在理解线段特点的基础上，根据线段的含义去"应象"，把线段画出来的过程，这个过程的关键问题显然是"怎样画线段"。

但是这个画线段的过程，也是一个学生个性化研究的过程，所以学习活动重在你能用尺子画出 3 cm 吗？你能不从 0 刻度开始画出 3 cm 吗？你还可以怎样画？学习活动的过程，更是度量意识培养的过程，引导学生在画线段的过程中建立有几个 1 cm 就是几厘米的数学意识，为以后进一步学习度量做好铺垫。

5）正确使用长度单位
关键问题：怎样判断物体长度的表达是正确的？
学习活动：
① 13厘米和13米的长度有什么不一样？
②一棵树的高度是13（　　）。（选择：厘米或米）
你选择哪个长度单位，为什么？
设计说明：

4 基于关键问题的学生学习活动设计

"正确使用长度单位"的前提是对长度单位的正确理解,只有建构了长度单位的正确表象才能合理地使用长度单位来描述物体的长度,因此本节课的关键问题是"怎样判断物体长度的表达是正确的",判断的过程就是认识表象、构建表象和应用表象的过程。

基于关键问题,设计的学习活动是让学生判断"13厘米和13米有什么不一样",重在让学生用自己的方式去表达不同,在表达的过程中进一步明晰概念,理解长度单位。

4.3.2 "100以内的加法和减法(二)"的关键问题和学习活动

1)不进位加法

关键问题:怎样用竖式来笔算小棒的数量?

学习活动:

① 35 + 32=(   ),你是怎么想的?

②圈一圈,算一算。(如图4-6)

圈一圈	算一算
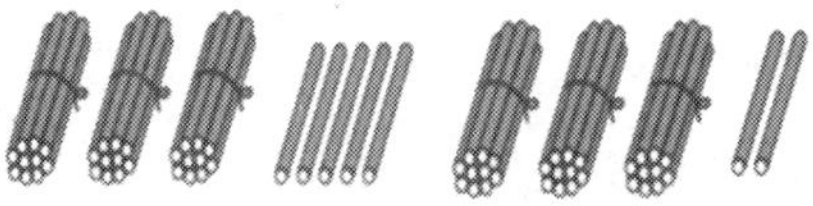	

图4-6 "不进位加法"学习活动用图

设计说明:

"不进位加法"学习的重点是让学生经历竖式的形成过程,因为这是学生第一次认识和使用竖式来进行计算。基于已有的口算经验,个性化地去表达竖式,是本课的关键问题。

基于关键问题,设计的学习活动是让学生"圈一圈,算一算",重在让学生基于图用自己的方式去表达算的过程,在表达的过程中经历竖式形成的过程。

《 关键问题：一节课里的种子

2）进位加法

关键问题：满十进一在竖式上怎么表示？

学习活动（如图4-7）：

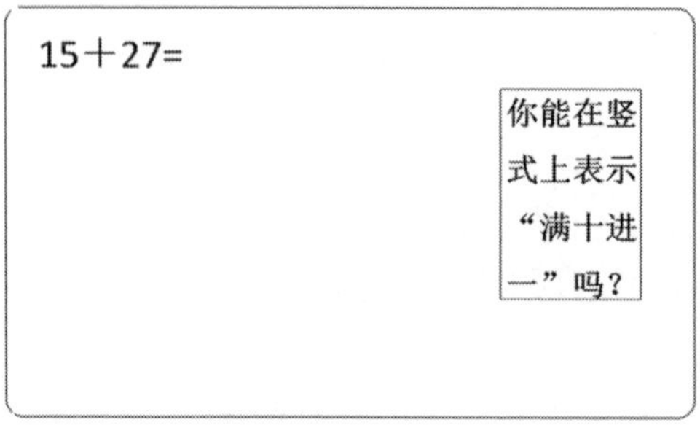

```
15＋27=                你能在竖
                      式上表示
                      "满十进
                      一"吗？
```

图4-7 "进位加法"学习活动用图

设计说明：

"进位加法"的竖式笔算方法不是问题，问题是如何把满十进一的数学现象在竖式上表示出来，这种表示的过程就是数学现象符号化的过程，需要学生的创造和发明。

基于关键问题，设计的学习活动是让学生探索"你能在竖式上表示满十进一吗"，重在让学生用自己的创造去表达满十进一，去体会数学现象符号化的过程。

3）不退位减法

关键问题：怎样进一步理解减法的意义？

学习活动：

①你能在数位图上画小圆片表示36－23吗？试一试。（如图4-8）

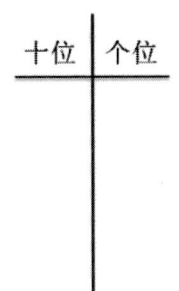

图 4-8 "不退位减法"学习活动用图

②你还能用画小棒、计数器等方法来表示 36 - 23 吗？

设计说明：

"不退位减法"学习的重点是减法的意义如何在竖式上具体化地表达出来。从加法到减法，竖式笔算的形式不是问题，是可以迁移的。如何在竖式的学习中感受和体会到从个位上的 6 个一里面去掉 3 个一，从十位上的 3 个十里面去掉 2 个十，这是本课的关键，因此关键问题是如何在笔算学习过程中进一步体会减法的意义。

基于关键问题，设计的学习活动是让学生探索"你能在数位上画小圆片表示 36 - 23 吗"。在一种表达方式的基础上，进一步跟进让学生思考"你还能用画小棒、计数器等方法来表示吗"，体会多元表征，感受表达方式的开放性和多样化。

4）退位减法

关键问题：42 - 17，个位上 2 - 7 不够减，怎么办？

学习活动：

① 42 - 27 个位上不够减，你能画图表示你的方法吗？试一试。

②除了上面这种画法，你还能再画几种别的表示方法吗？

设计说明：

"退位减法"学习的重点是如何解决个位上不够减的问题，在以前的口算学习中学生已经积累了退位口算的方法，现在需要学生在理解退位减

《 关键问题：一节课里的种子

法的基础上在竖式上表示退一作十进行笔算，因此关键问题是"个位上2－7不够减，怎么办"。

基于关键问题，设计的学习活动是让学生探索"用画图表示自己的方法"。在一种表达方式的基础上，进一步跟进让学生思考"你还能再画几种别的表示方法吗"。作为笔算加减法学习的最后一节课，学习活动应能体现让学生综合运用前面积累的活动经验和思想方法的价值。

5）求一个数比另一个数多几

关键问题：怎么理解一个数比另一个数多几的数学关系？

学习活动：

①小明有12本书，小红比小明多5本。你能画图表示小红的本数吗？试一试。

②观察你画的图，可以发现：

小红的本数是由（　　　）和（　　　）组成的。

设计说明：

本课学习的重点是如何理解加法结构中两个量之间的关系，对于一个数比另一个数多几或少几的关系学生已经积累了一定的经验，同时也学会了用加法或减法的算法表达。那么如何理解这种关系，就成了本节课的关键问题。

基于关键问题，设计的学习活动是让学生探索"用画图表示小红的本数"。表示小红本数的过程也就是理解两个量之间的加法结构的过程，问题解决的过程和结果隐含在表达方式中，要求学生通过观察和比较，用"小红的本数是由（　　）和（　　）组成的"来描述学习活动的结果。

6）求一个数比另一个数少几

关键问题：怎么理解一个数比另一个数少几的数学关系？

学习活动：

①小明有12本书，小李比小明少5本。你能画图表示小李的本数吗？试一试。

②看图思考：小李的本数相当于小明12本书里的哪个部分？

4 基于关键问题的学生学习活动设计

设计说明:

和上节课一样,本课学习的重点是如何理解加法结构中两个量之间的关系,对于一个数比另一个数少几的关系学生已经积累了一定的经验,那么如何理解这种关系,就成了本节课的关键问题。

基于关键问题,设计的学习活动是让学生探索"用画图表示小李的本数"。表示小李本数的过程也就是理解两个量之间的加法结构的过程,问题解决的过程和结果隐含在表达方式中,要求学生通过观察和比较,用"小李的本数相当于小明12本书里的哪个部分"来描述学习活动的结果。

7)连加、连减和加减混合

关键问题:怎么理解连加、连减和加减混合的运算方法?

学习活动:

你能画图表示 28 + 3 - 2 和 28 + 30 - 20,让人一眼就看清楚算式表示的意义吗?试一试。

设计说明:

本节课的关键问题是在加减混合计算的过程中进一步理解两位数加减两位数的含义,提高和发展运算能力,因此我设计了画图表达的学习活动让学生自主表达算式的含义,在理解含义的基础自主发现算法,发展运算策略。

学生理解了加法和减法的意义,知道用图来表示算理,因此所画的加减混合的图也非常有意思,大部分学生都表达得很到位。从这样的图式中学生理解了加多少和减多少是可以先抵消的,为后续的巧算方法奠定基础。

8)简单的两步计算问题

关键问题:要求总人数,需要先知道什么?

学习活动:

花园里有8名男生,女生比男生多5名。男生和女生一共有多少人?

①题目里隐藏了一个数学问题,你能把它找出来吗?为什么你认为它是隐藏的数学问题?

②你能画图表示隐藏问题和题目里直接给出的问题吗?

《 关键问题：一节课里的种子

设计说明：

本节课的关键问题是要理解"需要先知道什么"，对于中间问题的理解和把握是解决问题的重要环节，是培养学生问题解决能力和发展逻辑思维能力的良好契机。

因此设置的学习活动重在"题目里隐藏了一个数学问题，你能把它找出来吗"，学生要找出这个隐藏问题，要说出你为什么认为这是隐藏的数学问题。此外还要画图表示这个隐藏问题和直接给出的问题，在画图表示的过程中理解这两个问题对应的两个量之间的关系，为解决问题做好铺垫。

5 基于关键问题的教学设计研究

有了关键问题，有了学习活动，我们就可以基于关键问题和学生学习活动去构建以学为中心的课堂框架，引导学生在学习活动中自主探索和研究关键问题，经历完整的数学学习活动的过程，给予学生充分的时间和空间进行研究、交流和分享，发展学生的学科核心素养，培养良好的思维品质。

对于课例研究，我们有这样的认识：这节课这样上，就是所认为的关键问题破解。本章研究的课例若无特别说明，均是以人教版教材为例，相关课例在基于关键问题的教材研读和学生学习活动后有些是片段设计和分析，有些是完整教学设计。

课例研究大致按照梳理研读教材、确定关键问题、研究分析学情、设计学习活动、构建教学预案等环节进行分析和描述。为保证阅读和表达交流的方便，部分课例的个别环节可能会和前面有所重复。

5.1 认识乘法：用数学的眼光描述物体的数量

人教版二年级上册在编排了"100以内的加法和减法（二）"之后，开始编排"表内乘法（一）"，正式开启乘法的认识之旅。"认识乘法"作为起始课，对乘法本质意义的深刻理解，有助于学生在后续学习中更好地探索乘法口诀，构建乘法结构。因而，我们需要抓住关键问题有效设计相应的学习活动，让学生通过学习活动理解乘法的本质意义，理解乘法与加法的关系，构建从加法到乘法的认知结构。

5.1.1 教材研读理脉络

教材首先出示的是三幅图（如图5-1），让学生用数学的眼光去观察：

> 关键问题：一节课里的种子

图 5-1 "认识乘法"教材素材图

用数学的语言去描述：

3 + 3 + 3 + 3 + 3=15　　6 + 6 + 6 + 6=24

2 + 2 + 2 + 2 + 2 + 2 + 2=14

在观察和描述的同时，教材还给出了相应的另一种语言和视角：一共有 5 个 3、（　）个 6、（　）个（　）。

这是对生活中等合现象进行数学化体会和感悟的重要视角，也是构建乘法认知结构的重要契机，三幅图的总人数本质上就是"5 个 3、4 个 6、7 个 2"的聚合，其中 3、6、2 就是等量，总人数就是若干个等量的聚。由此教材得出结论"这种加数相同的加法，还可以用乘法表示"。

然后教材给出"7 个 2"用乘法算式表示的写法和读法，让学生体会"用乘法算式表示真简便"，再去尝试把上面的加法算式写成乘法算式。

按照俞正强老师的说法，乘法就是等合现象的数学表达和描述。在上述人教版教材中，我们可以从学习素材中充分地体会到这种等合现象的生活原型：

乘小飞机的小朋友是合进来 3 个，又合进来 3 个，一共合了五次；

坐小火车的小朋友是 6 个 6 个的合在一起，一共合了 4 次。

这种等合的生活现象能让我们感受到这个世界是秩序井然的，是充满规律性的。相对而言，不等合的生活现象的不同就非常明显地体现出来了。

刘加霞老师认为乘法的基本意义是"等量组的聚"，就是解决"几个几的和（等量组的聚）"的问题，这与俞正强老师的观点是一致的。基于这样的认识，我们在引导学生认识乘法的时候，关键问题是什么？相应的学习活动应该如何设计呢？

5.1.2 理清脉络定关键

前面我们已经强调了教材给出的观察视角"一共有5个3、（　）个6、（　）个（　）"是对等合现象进行数学化体会和感悟的重要视角，也是构建乘法认知结构的重要契机，基于"5个3、4个6、7个2"的聚合的本质意义的理解和描述，可以帮助学生更好地构建"7个2的等合就可以写成2×7或7×2"的认知结构。

结合以上的梳理和分析，我认为本节课的关键问题是："你能用（　）个（　）来描述总数量吗？"

如果用"（　）个（　）"的视角来观察世界的话，就可以凸显材料中"等量组的聚"这一乘法最本质的意义，而不仅仅是基于一个数一个数累加所体会到的"加数相同的加法"这一外在形式上的感受。

乘法最基本的意义就是解决"几个几的和"的问题，"你能用（　）个（　）来描述总数量吗？"这一关键问题很好地强化了这一核心，给学生观察世界多了一个新的数学视角，不再是部分的、片段的合并，而是整体的、全面的把握。比如，对于过山车里共有多少人的数学问题：

加法思维是：2个，再加2个，一组一组地往后数，加了7次，是部分的累积；乘法思维是：每组2个，有7个2，7个2相加，是一种整体把握基础上的计算。

从教材编排的练习（见图5-2和图5-3）来看，我们可以进一步体会"你能用（　）个（　）来描述总数量吗？"的价值：

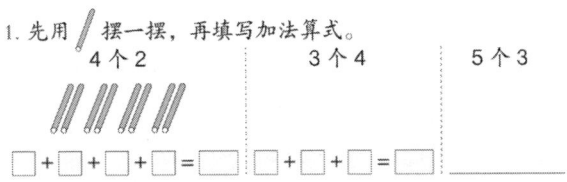

图5-2 "认识乘法"教材编排的练习（一）

不是用"几个几"的视角来描述，而是根据"几个几"来摆一摆、写一写，突出地强调了"几个几"的价值和意义。把"几个几"和加法算式联系起来,放在一起去把握整体,我们可以更好地体会用"几个几"和用加法算式两种数学语言来描述世界的不同,体会新的视角的思维价值。

2.

（　　）个（　　）

加法算式：_____

乘法算式：_____ 或 _____

图 5-3 "认识乘法"教材编排的练习（二）

有了"几个几"的视角,用数学的眼光观察图 5-3,学生可以写成"4 + 4 + 4 + 4 + 4 + 4 + 4 + 4"或者"4×8"。虽然还是"4 + 4 + 4 + 4 + 4 + 4 + 4 + 4",但是我们看到的是 8 个 4 相加,是一种整体的数学把握。同样的视角,不同的数学语言的描述,呈现出来的过程和结果,可以让学生更好地体会教材文本里的那句话——用乘法算式表示真简便！

5.1.3 聚焦关键设活动

关键问题确定为"你能用（　　）个（　　）来描述总数量吗？",接下来就要设计基于关键问题的学习活动。根据"（　　）个（　　）"的视角,我们可以设置如下的学习活动：

请你用自己的方法来描述小飞机里共有多少人。看谁的方法最多。(如图 5-4)

图 5-4 "认识乘法"学习活动图

5 基于关键问题的教学设计研究

这个学习活动有两个关键词：自己的方法、描述。数学的"三会"目标里强调"要用数学的语言来描述世界"，学生在进行学习活动时要尝试用自己的方法去描述总人数。根据学生的前测素材，当学生用个性化的方法来描述自己在这份学习材料里看到的数学世界时，有以下一些表示方法：

①3＋3＋3＋3＋3=15；②6＋6＋3=15；③6＋3＋3＋3=15；④3×5=15；⑤3—6—9—12—15；⑥5个3；⑦3个3个加；⑧5个5个加。

加法源于数数，乘法源于加法，其重点是"等量组"，只有有效凸显"等量组的聚"才能真正建立乘法的概念。用数学的眼光去看这份材料，小朋友首先数一数，有5架小飞机；然后数一数第一架小飞机上有3人，第二架小飞机上有3人，第三架小飞机上有3人，第四架小飞机上有3人，第五架小飞机上也有3人。

因为每架小飞机上都是3个人，3个人就是一个"等量组"。如果是加法思维，那么就是"3个人3个人的加"，加完为止，也是上面的第⑦种表示方法。如果是乘法思维，那么我们要思考的不仅仅是把这些"等量组"聚在一起，更要思考有几个等量组。也就是我们反复强调的"几个几"——几个等量组，这就是第⑥种方法所呈现出来的视角。

5.1.4 梳理素材明概念

对于学生在学习活动中展示的素材，我们在进行梳理和分析后，可以借助这些素材，组织学生分类、辨析和评价，在分析和比较中感受"你能用（　）个（　）来描述总数量吗？"的价值。

第一，观察：比较这些方法，你能给它们分类吗？

显然，我们可以把加法的一类归在一起，其中第⑤种方法"3—6—9—12—15"本质上也是加法，3个3个的加，一直加到15。剩下来的就是乘法和三种不是用算式表达的描述方式，所以讨论就可以深入展开了。

第二，比较这三种方法，有什么不同？

⑥5个3　　⑦3个3个加　　⑧5个5个加

"3个3个加"与图意是相合的，3作为一个"等量组"，是很明显的。而"5

《 **关键问题：一节课里的种子**

个 5 个加"显然是学生看到了五架小飞机，误以为或者是在表述时不小心写成了"5 个 5 个加"，因为在图上 5 不是一个当然的"等量组"，只有经过加工和改造才能成为一个"等量组"，这就相对有点偏离了。

"3 个 3 个加"凸显了等量组，但是没有揭示等量组的个数，强调了加的过程，缺少的是对加数个数的整体关注。"5 个 3"的描述方式比另外两种方式更加全面和完整，既揭示了"等量组"，也揭示了"等量组"的个数。基于"5 个 3"，我们在解决一共有几架小飞机的问题时，就有了两种整体把握基础上的算法：5 个 3 相加可以写成"3＋3＋3＋3＋3=15"，也可以写成"3×5=15"或者"5×3=15"。

不是把加法改成乘法，而是因为是"5 个 3 相加"，上述加法与乘法都是对于"5 个 3 相加"这一"等量组的聚"现象的表达。

第三，你能用（　）个（　）来描述玩小火车和过山车的人数吗？

有了前面的讨论交流的过程，这里学生会利用前面的模型来表达和描述，用"4 个 6"和"7 个 2"来描述小火车和过山车的人数。

第四，观察："5 个 3 相加""4 个 6 相加""7 个 2 相加"，这些加法算式有什么共同特征？

3＋3＋3＋3＋3=15

6＋6＋6＋6=24

2＋2＋2＋2＋2＋2＋2=14

第五，师指出：加数相同的加法，也可以用乘法来表示。

5 个 3 相加——5×3 或 3×5

4 个 6 相加——4×6 或 6×4

7 个 2 相加——7×2 或 2×7

第六，比较两种表示方式，你有什么想法？

引导学生体会用乘法算式表示的简便。

第七，根据"（　）个（　）"先摆一摆，再用加法算式表示。（如图 5-2）

摆一摆和填一填有利于进一步让学生明确"（　）个（　）"的现实意义，用动手操作的直观感受和加法算式的数学表达去体会"（　）个（　）"，强化几个几的观察视角,为乘法算式的表达构建良好的认知结构。

第八,观察是"(　)个(　)",用加法和乘法算式表示。(如图5-3)

先观察是(　)个(　),再用加法算式的表达明确了"几个几"的直观和形象的现实意义,再用乘法算式表达出来,很好地沟通了从"几个几"到加法算式,再到乘法算式的表达路径,建立了三者之间的联系,为乘法概念和认知结构的建立提供了良好的认知背景。

总之,基于"几个几"的视角,着眼于"等量组的聚",引导学生在尝试用自己的方式描述"小飞机里共有多少人"的数学学习活动中理解和感悟乘法的本质意义,有助于学生构建乘法的认知模型,并学会用乘法的语言去表达世界、描述世界。

5.2　倍的认识:用"几个几"的视角看世界

"倍的认识"作为一节典型课,是小学数学教师都很熟悉的。这节课是学生构建乘法结构的关键节点和关键课。在学习"倍"之前,学生头脑中建构的是"加法结构",是数量的合并与分解、多少的比较,未曾学习两个量之间的比率关系。学生在二年级学习"乘法初步认识"时,本质上还是在进行数量的合并,是同一类量的等合,也就是"等量组的聚",并没有涉及两个量之间的比率关系的研究。

对两个量或多个量之间的比率关系问题的真正理解需要在学生头脑中建构起"乘法结构",而"倍"的学习正是建构"乘法结构"的伊始,因此这节课具有非常重要的研究意义和研究价值。

5.2.1　教材研读理脉络

人教版教材首先出示的是一幅主题图,让学生用数学的眼光去观察,可以看到图中有兔子和萝卜,再进一步,可以观察到兔子中有不同数量的灰兔、白兔和黑兔,萝卜中也有不同数量的白萝卜、胡萝卜和红萝卜。

从已有的数学活动经验,学生可以进行梳理和归类,把兔子和萝卜进行分门别类,记录各自品类的数量:

萝卜:胡萝卜2根,红萝卜6根,白萝卜10根;

《 关键问题：一节课里的种子

兔子：小黑兔1只，小灰兔2只，小白兔3只。

从这份材料里，学生可以进行合计，计算出各自品类的总数量，或者进行比较，计算彼此之间的数量差，这些都是学生已有的关于"加法结构"的知识和经验。

乘法结构则是一个概念体系，涉及乘法与除法，以及与之相关的倍、最大公因数、最小公倍数、运算律，甚至面积、体积、表面积、速度等概念和定律。学生已经具备了乘法和除法的相关知识，有了比较两个量的比率关系的知识和能力基础。教材随之出现的学习材料（见图5-5和图5-6）就是在引导学生探究用"乘法结构"来构建两个量之间的倍数关系：

图5-5 "倍的认识"教材素材图（一）

"胡萝卜有2根，红萝卜有3个2根，我们说红萝卜的根数是胡萝卜的3倍。"教材以举例的方式让学生明白"3个2根"就是3倍。然后让学生自己照样子去描述白萝卜和胡萝卜的关系：

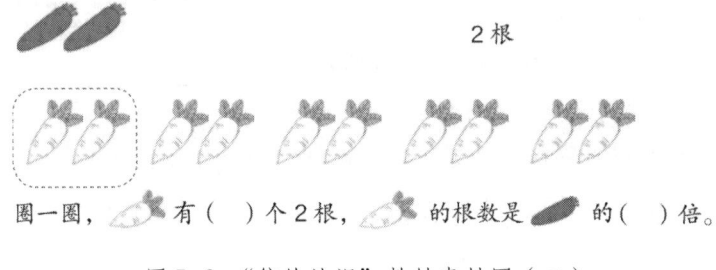

图5-6 "倍的认识"教材素材图（二）

从图5-5和图5-6中，我们可以看出"倍的认识"作为学生构建乘法结构的起始课，其知识和经验的基础是"几个几"。学生在学习"乘法的初步认识"时,已经感受到了"几个几"这样的结构。

通过比较"认识乘法"和"倍的认识"教材素材图,我们可以很清楚地发现两者的不同:认识乘法是基于同一类东西的等合,倍的认识是两个量之间的比率关系。我们在计算小火车上小朋友的总数和比较胡萝卜和红萝卜两者关系时,视角都是"几个几"。但是计算小朋友的总数时,"几个几"可以随着数数方式的不同而有变化;比较胡萝卜和红萝卜两者关系时,"几个几"则相对固定,以胡萝卜的数量 2 根为标准去度量红萝卜的数量,得出有几个 2 根。

5.2.2 理清脉络定关键

从前面教材脉络的梳理和分析比较中,我们发现构建乘法结构的关键是用"几个几"的视角去对比两个量之间的关系。因此,这节课的关键问题是:如何用"几个几"的视角去构建两个量之间的倍数关系?

用"几个几"的视角去观察两个量,构建两个量之间的倍数关系,就需要找到标准量,也就是以什么量为标准去刻画和度量另一个量,这本质上和度量物体是一致的,具有相同的结构。

有了这种度量的意识和视角,除了整数倍之外,相应的几倍多几和几倍少几都可以蕴含其中,和学生已有的度量经验和思想方法沟通融合。

梳理相关"倍的认识"的课例,我发现很多教师在上课的时候,着眼点是让学生观察两个量,思考两个量之间有怎样的关系。当学生说出甲是乙的 2 倍,设置的学习活动是让学生用自己的方式去表达为什么是 2 倍,描述 2 倍在哪里。

画一幅图表示:△的个数是□的 2 倍。

这样的学习活动可以让学生体会到两个量之间的倍的关系,但是缺乏生长性,会局限于具体的两个量,难以迁移到其他的各种各样的量的关系,这也是学生出现学习困难的根源所在。

我们都知道要建立"倍"的概念,其关键和难点是让学生体会"关系""标准"。那么如何让学生体会这种标准的构建呢?如何基于关键问题引导学生建立和体会标准呢?

关键问题：一节课里的种子

5.2.3 基于关键研学情

那么，基于这样的关键问题，学生自主构建两个量之间的关系时可能会出现怎样的情况呢？我们就此展开了学生的学情研究，设计了如图5-7的学情研究单：

想一想，不直接用数来表示，你会怎么说红萝卜的根数？

胡萝卜：_____2根

红萝卜：_____（　　　　　　）

我还有别的说法：_____。

图5-7 "倍的认识"学情研究单

胡萝卜的根数可以直接用数2来表示，红萝卜的根数当然也可以用数6来表示，学习活动提出的要求是"不直接用数来表示，你会怎么说红萝卜的根数"。那么学生可能会出现怎样的描述呢？我们来看学生的表现：

①用乘法：3×2=6，2×3=6 或 1×6=6；

②用描述：2根分一组，2×3=6；左边3根，右边3根；

③画图表达：○○○○○○、△△△△△△；

④圈一圈：两个圈一组，圈3组；

⑤加法表示：3+3=6，2+2+2=6；

⑥和胡萝卜联系：比胡萝卜多4根；

⑦用倍表达：红萝卜是胡萝卜的3倍，胡萝卜=1包，红萝卜1包=2根，2+2+2=6根。

图5-8是学生的两份学习作品：

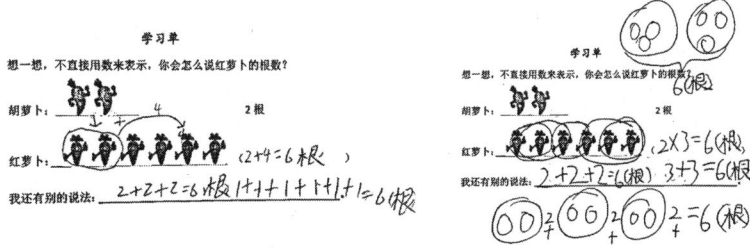

图 5-8 "倍的认识"学生学习作品

可以看到,上面的两位学生都能基于 2 根的视角去看红萝卜的数量,左边的作品是加法结构的呈现:2 + 4=6(根)。当然也有 2 + 2 + 2=6(根)和 1 + 1 + 1 + 1 + 1 + 1=6(根)的凸显"等量组的聚"特征的表示方法。

右边的作品呈现了乘法结构的特征:2 个一组圈在一起,圈了 3 组,恰好是 2×3=6;他还画图表示出 3 个一组和 2 个一组的不同方式来描述红萝卜的根数。

通过学情研究,我们发现学生能够用加法、乘法、圈一圈、画一画等方式来描述红萝卜的根数,但是没有凸显基于胡萝卜的根数去表达红萝卜的根数。学习活动的任务不能有效地驱动学生去自主构建两个量之间的内在的乘法结构。

5.2.4 基于关键设活动

基于关键问题"如何用'几个几'的视角去构建两个量之间的倍数关系?"和前面的学情研究,为了凸显学生学习活动中要基于一个量去构建和另一个量之间的倍数关系,我们设计了如下的学习活动:

量一量:你会用"□□"去"量一量"○的个数吗?

□□

○○○○○○

学习活动采用了度量的形式,驱动学生用"□□"去度量○的个数。两个□在这个学习活动中组成了一把尺子,一把用来度量○个数的尺子。那么,学生对于度量结果会有怎样的表达和描述呢?我们来看学生的作品。

《 关键问题：一节课里的种子

作品1：

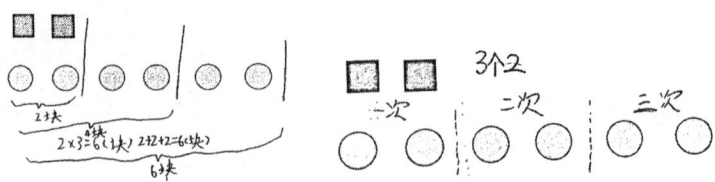

图 5-9　学生学习活动作品（一）

图 5-9 中，左图清楚地表示出从量 2 块，到 4 块，再到 6 块的过程，用分隔线和类似线段图的方式表示量了 3 次，所以就有了对应的算式：2×3=6 和 2+2+2=6。

右图则有所区别，它更突出地表达了度量的次数"一次、二次、三次"，所以就会得到度量结果"3 个 2"。

作品2：

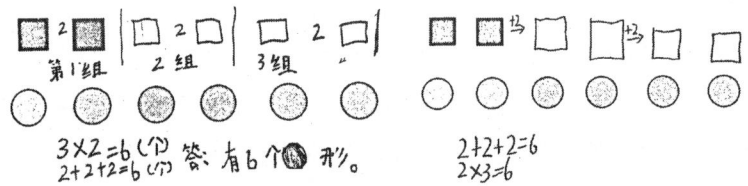

图 5-10　学生学习活动作品（二）

图 5-10 中的两幅图生动地再现了用 2 个□去度量 6 个○的过程，2 个 2 个的量，量了 3 次，所以有这样的 3 组，有 2×3=6。

作品3：

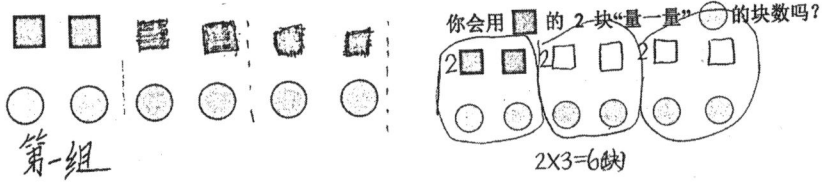

图 5-11　学生学习活动作品（三）

和前面的有所不同，图 5-11 用对应的方式表示○里有"3 组相应的 2"，把2个□和2个○一一对应去描述。

作品4：

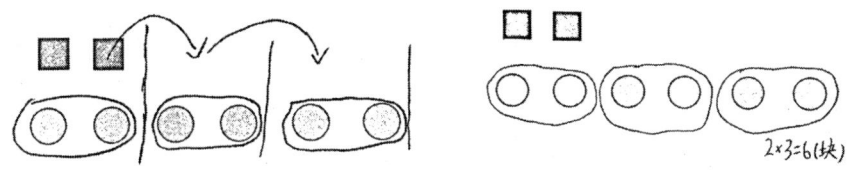

图 5-12　学生学习活动作品（四）

图 5-12 中的作品相对更为简洁，左图用箭头的方式表示量了3次，所以下面的○被圈成了3组。右图则省略了这一过程，直接用圈一圈的方式表示度量的结果。

从学生的这些作品来看，因为"度量"的任务驱动，量了3次，分了3组，有三个一一对应的量，给学生留下了深刻的印象，他们都在用自己的方式去表达和描述3个2、描述有这样的3组的关系，这为接下来倍的意义的学习和概念理解做好了充分的准备。

5.2.5　梳理素材设教学

根据基于关键问题的教材研读和学生研究，在充分解读学生学习活动成果的基础上，我们可以设计基于关键问题破解的教学方案，构建课堂教学的框架。

面对学生在学习活动中展示的素材，我们在进行梳理和分析后，可以借助这些素材，组织学生分类、辨析和评价，在分析和比较中感受"你能用'□□'去'量一量'○的个数吗"这一数学活动的价值。

1）问题引入

①出示：□□。

看到了什么？你能用一个数来表示□的个数吗？

②出示：○○○○○○。

看到了什么？我们不直接用数来表示○的个数，如果把"□□"看成

> **关键问题：一节课里的种子**

一把尺，你能用它来量一量〇的个数吗？

2）学生活动

①出示学习活动单：用你自己喜欢的方式表示你的度量结果。

②学习活动作品分享和交流：思考他是怎么度量的，是怎么表示度量结果的？

a. 展示作品1。（如图5-9）

汇报后，观察：这两幅作品有什么共同特点？（都清晰地表达出度量了3次，〇中有3个2）

b. 展示作品2。（如图5-10）

思考：它们如何表达度量了3次，〇中有这样的3个2的？

c. 展示作品3。（如图5-11）

思考：它们又是如何表达3个2的？

d. 展示作品4：它们有表示出3个2吗？（如图5-12）

③小结：这些作品度量的结果有什么共同特点？（都表示出了〇中有3个2）

3）揭示概念

①引出概念。

通过刚才的学习活动，我们知道了□有2个，〇有这样的3个2个，我们就可以说〇的个数是2个的3倍。（如图5-13）

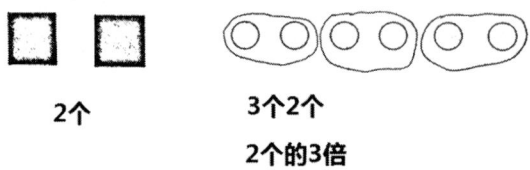

图5-13 构建倍的关系结构图

②想一想："2个的3倍"还可以怎么说？

引出：正方形的3倍，圆形是正方形的3倍。

③出示：你能照样子说一说△和口的关系吗？

口 口

△ △ △ △ △ △ △ △ △ △

引导得出：5个2个，2个的5倍，正方形的5倍，三角形是正方形的5倍。

④概括总结：像这样有圆形有3个2，三角形有5个2，我们就说圆形是正方形的3倍，三角形是正方形的5倍。我们一起来说一说。

引出：这就是我们今天要学习的内容——倍的认识。

4）练一练

①出示图5-14：圈一圈，填一填。

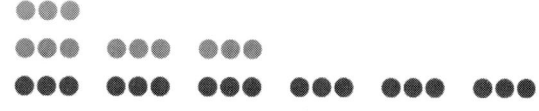

图5-14 "倍的认识"练习图（一）

第二行的个数是第一行个数的（　　）倍，

第三行的个数是第一行个数的（　　）倍。

为什么是3倍？为什么是6倍？（因为第二行有3个3，第三行有6个3）

②出示图5-15：

（1）

的个数是的（　　）倍。

（2）

的个数是的（　　）倍。

图5-15 "倍的认识"练习图（二）

③出示图5-16，把原来的2个口变成3个口。

《 关键问题：一节课里的种子

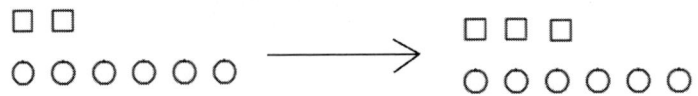

图5-16 "倍的认识"练习图（三）

a. 现在圆形是正方形的（　　）倍。

b. 为什么同样是6个○，原来是3倍，现在是2倍呢？（原来是3个2，所以是正方形的3倍；现在是2个3，所以是正方形的2倍）

④出示图5-17：画一画，填一填。

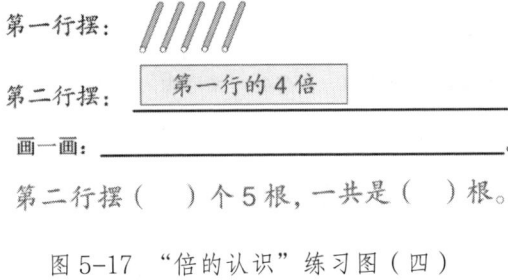

第二行摆（　　）个5根，一共是（　　）根。

图5-17 "倍的认识"练习图（四）

5）总结：通过今天这节课的学习，你有什么收获？

在学生以"几个几"的视角去观察数学现象的基础上，引导学生用数学的语言来描述世界，用数学模型来构建2个□和6个○之间的关系，凸显2×3的乘法结构和"3个2"的图示形式。当学生明晰了概念，我们就可以让学生用"倍"的结构和方式去观察学习素材，去表达自己看到的数学世界。至于如何用算式来描述和表达两者的关系，这就是下一节课需要研究的内容。

总之，我们在对教材的梳理和研读中寻找构建乘法结构的关键点，基于"倍"的概念的建立设计相应的学习活动，以关键问题为切入口引领和组织学生展开自主探索、互动交流和汇报讨论，在经历数学学习活动的过程中感受用数学的语言描述生活中的数学现象，学会用数学的眼光观察世界、思考世界。

5.3 认识毫米：十进制长度模型的第一次亮相

"认识毫米"是三年级上册"测量"单元的起始课，由此开始进入度量学习的第二阶段。在此之前，学生在二年级的时候学习过长度单位"厘米"和"米"及质量单位"克"和"千克"，以后还要继续学习面积单位、体积和容积单位及其测量。

在学习测量的过程中，我们可以发现"认识毫米"是学生第一次体会度量单位间的十进制。对毫米和厘米之间的十进制关系的体会，是学生感受单位间的联系和用复合单位等多种方式描述测量的结果的重要契机，而"认识分米"就是"认识毫米"的延伸，它们内在的本质和结构是一致的。所以，"认识毫米"作为学生理解测量第二阶段学习的启动课，是学生后续学习的重要基础，也是提高学生解决问题能力和实践能力的好时机，值得我们深入思考和研究。

5.3.1 教材研读理脉络

对于"认识毫米"的教学内容，人教版教材安排了如图 5-18 的"估一估"和"量一量"的数学活动：

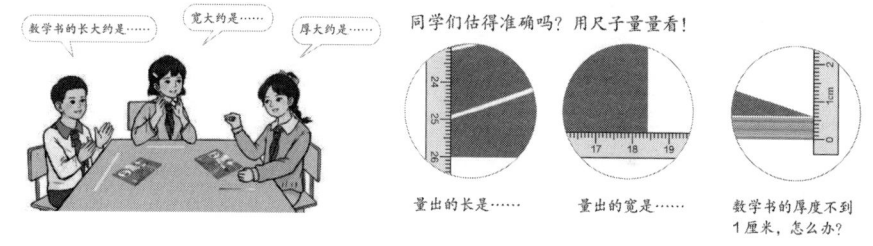

图 5-18 "认识毫米"教材学习活动

数学课本是学生每天都要使用的学习用品，用数学的眼光去看熟悉的数学课本，可以发现很多的数学信息。教材先让学生基于已有的有关"厘米"的表象和度量经验，去估一估数学课本的长、宽和厚的长度。

在用厘米作为单位进行估测的基础上，教材编排让学生用尺子量一量，去验证自己是否估得准确。在"估一估"和"量一量"的对比中，学生会体会到厘米不够用了，不能用厘米来完整的表达数学课本的长、宽、厚，

> 关键问题：一节课里的种子

怎么办呢？问题开始凸显——怎么描述数学课本的长、宽、厚到底有多长？

通过测量，可以发现：

长可以用整厘米数 26 来描述；

宽比 18 cm 多，比 19 cm 少，不能用整厘米数来描述；

厚不到 1 cm，不能用整厘米数来描述。

怎么去准确表达数学课本的宽和厚呢？这就成为学生自主表达和探究的问题，要用数学的语言去描述度量的结果。

教材用下面的一段话来表达，引出了"毫米"："量比较短的物体的长度或者要求量得比较精确时，可以用毫米（mm）作单位。"

"毫米"作为认识对象开始进入数学活动的现场，成为学生建立表象、描述物体长度、构建不同单位之间的关系的研究载体。教材从什么是 1 毫米、厘米与毫米的关系、哪些物品的长度大约是 1 毫米等三个方面去引导学生认识和建构毫米。（如图 5-19）

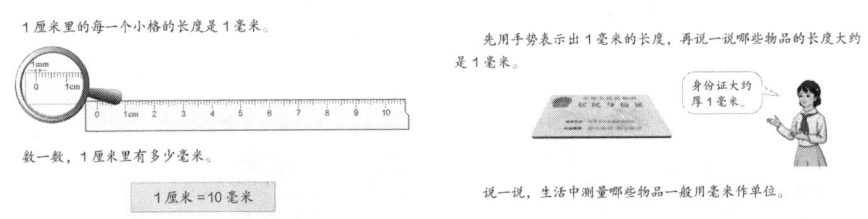

图 5-19 "认识毫米"教材学习素材

从整个教材的编排来看，毫米的出现是因为量比较短的物体的长度或者要求量得比较精确的需要，然后从怎样是 1 毫米，毫米和厘米有什么关系，怎样的物体长度是 1 毫米等角度去认识毫米，建构毫米。接着教材编排"填一填"和"量一量"的数学活动（如图 5-20），让学生运用"毫米"去描述物体的长度：

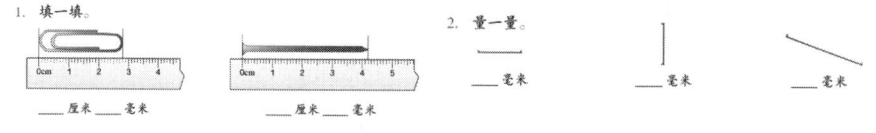

图 5-20 "认识毫米"教材练习题

"填一填"是基于已有的尺子，用厘米和毫米共同表示出测量结果，这种表达方式能让学生感受到厘米和毫米两个单位之间的区别和联系：

数了 2 个厘米，还多一点点，这个多出来的长度可以用毫米来描述；

数了 4 个厘米，还多一点点，这个多出来的长度可以用毫米来描述。

在这个度量和描述的过程中，凸显了从大单位到小单位的数学观察视角，体现了大单位和小单位的各自量的累加，构建了描述物体长度的一种模型。

"量一量"则需要学生利用尺子去度量，并用毫米去描述度量的结果，在应用知识的过程中去体会厘米与毫米的关系，构建十进制的长度模型。

5.3.2 理清脉络定关键

从内容编排来看，教材是先引导学生通过数学活动发现认识毫米的需要，然后再通过"找一找毫米""数一数毫米""比画一下毫米"等数学活动构建毫米的表象，在实践中提高学生的应用能力和度量意识。

回顾学习过程，可以看出在发现毫米和认识毫米两个学习环节中，发现毫米和感受毫米的度量价值更为重要。基于"毫米"的发现和感受，才会有后面的"找一找""数一数""比一比"等数学活动。同时，对于"毫米"作为一个度量单位的发现，有助于学生构建基于长度单位的十进制模型，对于今后进一步学习小数的意义有重要的价值。综上所述，我们可以确定本节课的关键问题是"感受如何用毫米来描述物体的长度？"

因此，在估一估、量一量数学课本长度的数学活动中让学生自主描述和表达长、宽、厚的长度，在自主描述和表达中发现毫米，体会毫米和厘米的关系，感受从厘米到毫米的互生互化的过程，这就成了本节课的关键环节。

5.3.3 基于关键设活动

度量的技能不是问题,感受用比较小的单位去度量多出来的不到 1 厘米的长度是本课的关键,因此本节课的学生学习活动可以设计成:

想一想,你能用自己的方式表示下面线段中比 7 厘米多的这部分长度吗?(如图 5-21)有几种方式填几种。

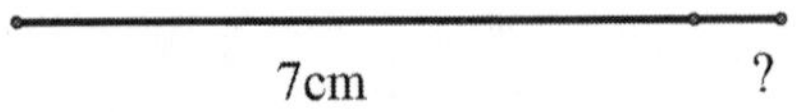

```
●─────────────────●
      7cm              ?
```

图 5-21 "认识毫米"线段图

方法一:多出的长度是(   )。
方法二:多出的长度是(   )。
方法三:多出的长度是(   )。

这是一条长 7 cm 6 mm 的线段,用尺子去度量,很容易发现它比 7 cm 多,比 8 cm 少。多出来的这一部分就成了学生关注的焦点,用厘米和米作为单位去度量显然是不合适的,那么学生就要思考:选择什么单位去度量呢?

学习活动让学生用多种方式去表达度量的结果,以任务驱动的方式引导学生基于已有的知识和经验去描述度量的结果,体会从厘米到毫米的单位变化过程。毫米作为一个名词和概念,部分学生可能听过,但是还是会有相当一部分学生没有听过。在度量和描述的过程中,学生会感觉到需要用一个较小的单位作为标准去度量多出来的长度,因为无法用厘米作为单位去刻画和表达长度。但是如何把这种对于新的较小的单位的感受表达出来,需要学生的自主思考和再创造。

学习活动凸显对于多出来的部分的度量和描述,学生可能会有哪些描述方式呢?我们来看学生的答案:

1)基于厘米的长度估计

多出的长度是大约 1 cm;多出的长度是比 1 cm 短一些,比 0 cm 长一些。

厘米是已有的经验,多出的长度不能用厘米去度量,但是可以用厘米去估计，用大约、短一些、长一些等语言去做质性描述。这些描述凸显了学生基于已有知识和经验进行的自主探索，但是相对会不够精确，而这正是需要毫米作为单位来度量的原因。

2）基于厘米的长度推断

多出的长度是比 0.5 cm 长；多出的长度是比 0.5 cm 多 1 mm；多出的长度是比 1 cm 短 4 mm。

这些学生选择了 1 cm 或 0.5 cm 作为标准，去推断多出来的长度，比前面学生的描述更为精确，更接近具体的长度。这里 0.5 cm 成为一个重要的比较标准，可以很清楚地看到多出来的长度比 0.5 cm 多一点点。在 0.5 cm 的基础上，有些学生已经能用毫米一起作为单位去描述多出来的长度——比 0.5 cm 多 1 mm。比 1 cm 少 4 mm 的描述显然是基于比 0.5 cm 多 1 mm 而来的，两者是对同一长度的不同视角。

3）基于尺子度量的描述

多出的长度是 6 个空格；多出的长度是 6 个数；

多出的长度是 6 mm；多出的长度是 0.6 cm。

学生已经具备用尺子测量的技能，在用尺子度量多出来部分的长度，很自然地会使用尺子上的刻度去描述，所以就会出现 6 个空格、6 个数的表达，以及 6 mm、0.6 cm 等描述。

从学生给出的这些答案来看，他们都能感知到多出的长度不到 1 cm。对于这不到 1 cm 的长度，他们有的基于半厘米去描述，有的用空格、数、毫米等新的单位去描述，有的用小数去表达。种种不同的描述方式，都体现了学生用自己已有的数学语言和数学思维方式去描述数学现象的思考过程。在这样的过程中，学生可以更深刻地体会要"量比较短的物体的长度或者要求量的比较精确"时，可以用毫米作单位去度量的需求和价值。

5.3.4　基于活动设教学

根据基于关键问题的教材研读和学生研究，在充分解读学生学习活动成果的基础上，我们可以设计基于关键问题破解的教学方案，构建课堂教学的框架。

《 关键问题：一节课里的种子

1）复习引入

①我们学了哪些长度单位？

②出示7 cm 6 mm的线段，问：你选择什么单位去度量这条线段的长度？

③估一估：可能是多少厘米？

④引出新课：今天这节课我们继续去研究测量长度。

2）自主探索

①出示线段，聚焦多出来的长度。

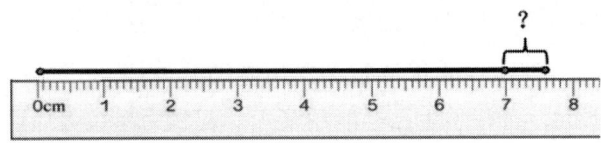

图 5-22 "认识毫米"尺子与线段图

这是度量的结果（如图 5-22），你觉得长度是多少？比 7 厘米多的这部分长度该怎么表示呢？请在自己的学习单（如图 5-23）上写一写，用自己的方式去表达。

②学生活动：独立研究。

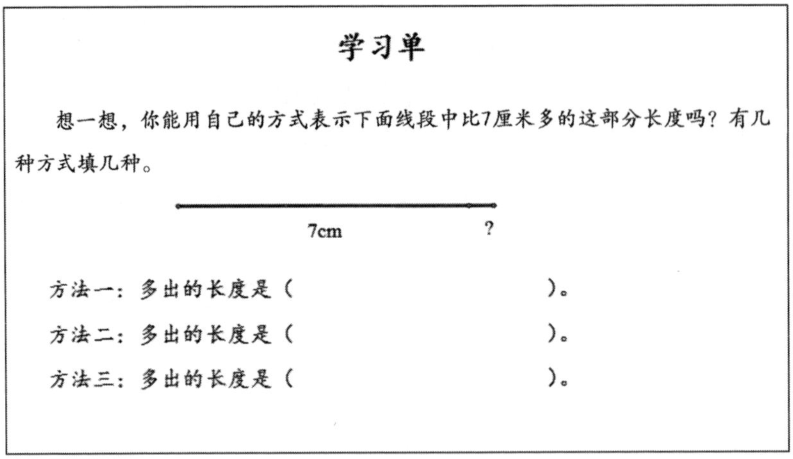

学习单

想一想，你能用自己的方式表示下面线段中比7厘米多的这部分长度吗？有几种方式填几种。

7cm　　　　？

方法一：多出的长度是（　　　　）。

方法二：多出的长度是（　　　　）。

方法三：多出的长度是（　　　　）。

图 5-23 "认识毫米"学习单

③展示学生作品。

a.出示：基于厘米的长度估计。

多出的长度是大约 1 cm；

多出的长度是比 1 cm 短一些，比 0 cm 长一些；

多出的长度是比 0.5 cm 长。

观察：这些同学的表示方法有什么共同特点？（选择厘米作单位来表示，无法精确表示长度）

b.出示：基于厘米的长度推断。

多出的长度是比 0.5 cm 多 1 mm；

多出的长度是比 1 cm 短 4 mm。

观察：这些同学的表示方法有什么共同特点？（选择 1 cm 或 0.5 cm 作单位来表示，能精确表示，但是没有选择合适的数来表示）

c.出示：基于尺子度量的描述。

多出的长度是 6 个空格；

多出的长度是 6 个数；

多出的长度是 6 mm；

多出的长度是 0.6 cm。

观察：这些同学的表示方法有什么共同特点？（用一个数来表示多出来的长度，都和 6 有关）

④概括归纳。

a.怎么想到 6？（多出来的长度正好是 6 个数）

b.思考：选择哪个单位来表示这多出来的 6 个数呢？（引出毫米）

3）自主探索

①我们已经知道多出来的长度是 6 mm，那么你会用自己的方式表示这条线段的长度吗？

②学生独立写。

③展示两种方法：7 cm 6 mm；76 mm。

④沟通厘米和毫米的关系。

《 关键问题：一节课里的种子

图 5-24　厘米与毫米关系图

看图 5-24，你觉得毫米和我们以前学习过的厘米有什么关系？你是怎么发现的？

引导学生发现 10 mm 正好是 1 cm，10 mm 可以用一个大一点的长度单位厘米来表示。

4）体会长度单位的十进制关系

① 观察图 5-25，你有什么发现？

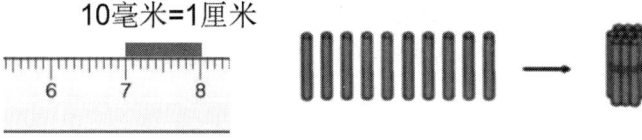

图 5-25　长度单位与十进制关系图

② 毫米和厘米也是"满十进一"的关系，根据这个关系填一填练习题（一）。（如图 5-26）

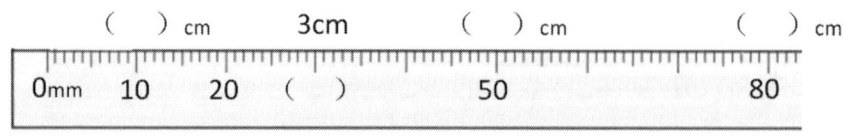

图 5-26　"认识毫米"练习题（一）

③ 如果是下面这样（如图 5-27），你还会填吗？

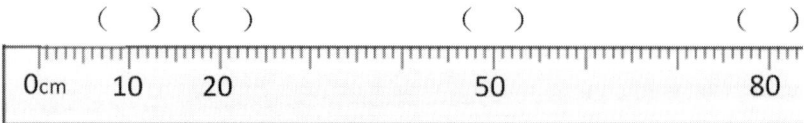

图 5-27　"认识毫米"练习题（二）

这是我们下节课要学习的长度单位。

5）巩固练习

①填一填练习题（三）。（如图 5-28）

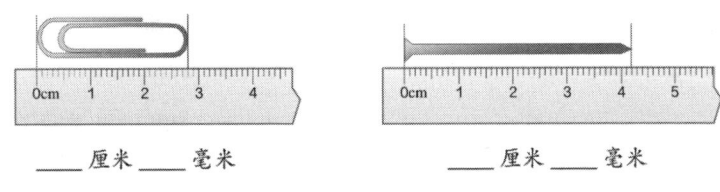

_____厘米_____毫米　　　　　_____厘米_____毫米

图 5-28　"认识毫米"练习题（三）

②量一量以下三条线段。（如图 5-29）

_____毫米　　　　_____毫米　　　　_____毫米

图 5-29　"认识毫米"练习题（四）

6）总结回顾

总之，本课基于毫米和对毫米与厘米关系的理解为关键问题，设计如何表达多出部分的长度的学习活动，让学生在自主研究、探究表示方法的过程中体会毫米和厘米的关系，感受十进制的长度模型，为以后学习分数和小数做好经验积累和方法铺垫。

5.4　三位数乘两位数：基于种子的生长力量

"三位数乘两位数的竖式笔算"与"两位数乘两位数的竖式计算"的算理和算法是相同的，在学习"三位数乘两位数的笔算"时，学生需要利用已有的知识和经验去探索新的问题，通过迁移同化新知，使原有的认知结构得以拓展。因此它是一节生长课，要给学生的学习以生长拔节的体验和感受，激发原来埋下的种子的力量。

《 关键问题：一节课里的种子

5.4.1 教材研读理脉络

人教版教材文本给出的是下面的学习素材（如图5-30）：

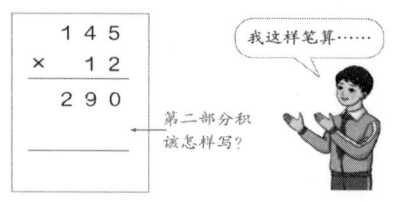

笔算对了吗？用计算器验算一下。

图5-30 "三位数乘两位数"教材学习素材

教材提出的问题是——第二部分积该怎么写？那么其中隐含的前置问题就是第一部分积是怎么写出来的？不管是第一部分的积还是第二部分的积，其内在的算理和算法与以前学习过的两位数乘两位数是完全相同的。

初学"两位数乘两位数的笔算乘法"时，教材首先重点凸显的是可以怎样借助已有的知识和经验去计算"14×12"（如图5-31）。

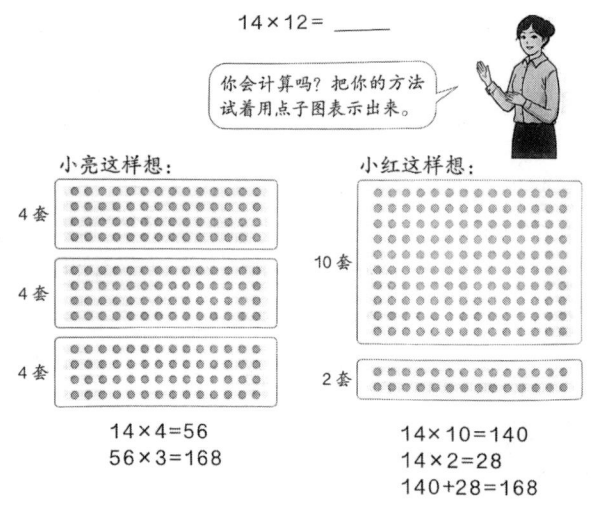

图5-31 "两位数乘两位数"教材学习素材（一）

从算法探索到竖式笔算的呈现时，教材呈现的材料很好地突出了第一部分和第二部分的积的由来（如图5-32）：

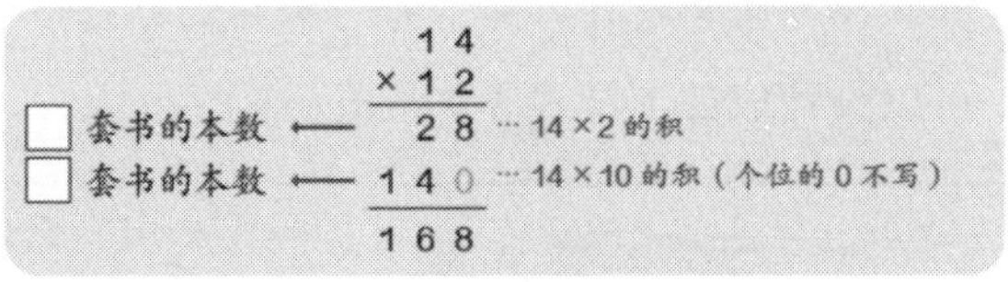

```
                1 4
              × 1 2
    □ 套书的本数 ——  2 8   ⋯ 14×2 的积
    □ 套书的本数 ── 1 4 0   ⋯ 14×10 的积（个位的 0 不写）
              1 6 8
```

图 5-32 "两位数乘两位数"教材学习素材（二）

想一想：怎么用竖式计算？

这个材料也是近段时间学习质量检测喜欢的出题方向和出题内容。从四年级的"三位数乘两位数的笔算乘法"反观三年级的"两位数乘两位数的笔算乘法"，我们是否应当适度凸显"第一部分积"和"第二部分积"的概念，对这个概念的理解有助于学生今后的进一步学习，会促进学生的生长和拔节。

5.4.2 理清脉络定关键

从生长课的角度去思考，这节课的关键问题是什么呢？是"怎样理解三位数乘两位数的笔算算理和算法"吗？对关键问题的概念解读和思考，有一个很重要的因素——它是起决定性作用的事情或者环节，是解决某一个问题的最主要的因素，就像开门的钥匙一样。

那么"三位数乘两位数的笔算乘法"的开门的钥匙是什么呢？我们选择哪个决定性的事件作为关键问题呢？基于对教材的研读，和前后知识内容教材的纵向比较，我认为这节课可以选择"第二部分积该怎样写"作为开门的钥匙。

"第二部分积该怎么写"蕴含了对竖式的整体观和部分观，是对乘法笔算竖式结构的分解和重组。第一部分和第二部分的积怎么写，就是笔算要先算什么，再算什么，即算法的过程。

我们可以把关键问题设置成：积有几部分？每一部分积该怎样写？

5.4.3 基于关键设活动

有了关键问题，更要有基于关键问题的学习活动，基于"积有几部分？每一部分积该怎样写？"这一关键问题，我设计了如下的学习活动：

《 **关键问题：一节课里的种子**

自主尝试计算，想一想积有几部分，每一部分的积是多少。
学习活动单可以设计成如下样式（如图5-33）：

学习单

①算一算：自主列竖式计算145与12的积，想一想积有几部分？每一部分积怎样写？

$$\begin{array}{r} 145 \\ \times\quad 12 \\ \hline \end{array}$$

②说一说：积有（　　）部分，各部分积分别是（　　　　　　）。

图5-33　"三位数乘两位数"学习单

如果把关键问题看成一节课里的种子的话，那么学生的学习活动就是给种子浇水施肥的过程。因此，学生学习活动的设计和成功实施是关系到种子能否发芽成长的重要因素，不可不用心对待。

学生已经学习了"两位数乘两位数的笔算"，已经很清楚地知道了算理和算法。特别是对于先算"14×2"，再算"14×10"，然后把两个积合起来的竖式计算的过程已经掌握，在学习和练习的过程中不断得到强化。可以说具备了丰富的基础知识、基本技能、基本活动经验和基本数学思想。上面设计的学习活动就充分吻合学生的最近发展区，很好地把它与学生的已有"四基"联通，给予学生的学习活动充足的营养和能量来源。

学习活动凸显了学生的自主性和探索性，让学生在已有竖式的基础上带着问题"积有几部分？每一部分该怎么写？"进行自主探索，完成笔算的过程。活动单很好地展现了"有"和"无"的变化（如图5-34）：

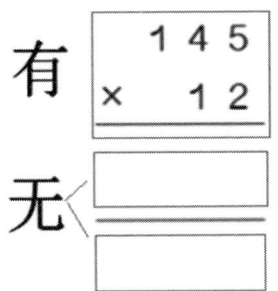

图 5-34 "三位数乘两位数"算法结构图

有——已有的竖式；

无——第一部分和第二部分的积；两个积的和。

老子说"有之以为利，无之以为用"，已有的竖式给了学生探索的起点，没有的"空白"给了学生探索的空间。不是混沌的空间，而是基于关键问题展开探索的可以施展才能"跳一跳摘果子"的空间。

有探索更要有思考，学生开展的学习活动要紧扣关键问题，要不断地思考"积有几部分？每一部分该怎么写？"，要把自己的探索成果说一说，说给同桌听，说给小组同学听，在彼此分享和交流的过程中摘取属于自己的那一份果实。

5.4.4 紧扣关键研问题

在学习活动的过程中，学生经历了自主探索、合作交流、汇报分享的全过程，体会了积主要是由两部分组成的，每一部分积的写法和原来两位数乘两位数的算法是一致的，生长了原有的算理和算法，扩展了原有的认知结构。

为了巩固和深化新的认知结构，就需要紧扣关键问题设计系列的问题，让学生在解决问题的过程中进一步体会核心和关键，促进知识结构的生长和深化。我们可以通过下面系列的问题来引导学生构建良好的认知结构，在理解算理、掌握算法的同时发展思维能力。

关键问题：一节课里的种子

习题一（如图 5-35）：

下列竖式的积有可能是（　　　）

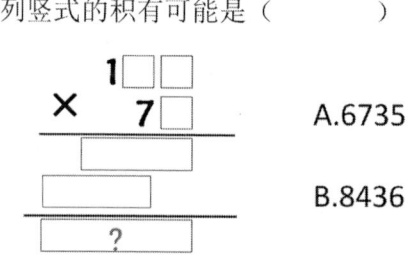

A.6735

B.8436

图 5-35 "三位数乘两位数"练习题（一）

先基于已有的信息推断积可能是多少？而这个可能的积和里面的第几部分积关系最大？是基于哪一部分积来做出推理和判断的？很显然，根据已有的信息，对于积的判断的根据是对第二部分积的认识和理解，第二部分积是要用十位上的 7 去乘，所以肯定会大于 7000，因此就可以推断这个算式的计算结果肯定会比 6735 大，有可能是 8436。

习题二（如图 5-36）：

下列竖式的积有可能是（　　　）

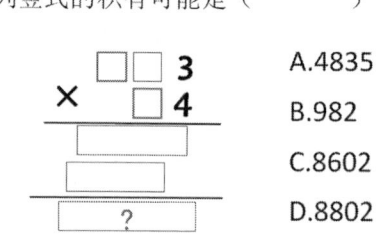

A.4835

B.982

C.8602

D.8802

图 5-36 "三位数乘两位数"练习题（二）

基于哪一部分积来做出推理和判断的呢？很显然，根据已有的信息，对于第一部分积我们马上可以作出判断——末尾是 2，由此就排除了选项 A；基于对算式的整体观察也很容易排除选项 B。那么选项 C 和选项 D 哪个正确呢？都有可能，已有的数据信息显然无法支撑我们作出推断，因此需要给出相关数据，通过笔算来获得结果。而这正好契合教材里的一段文字——"用笔算比较准确"。

习题三（如图 5-37）：

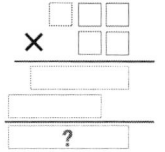

三位数乘两位数的积最多是（　　）位数，最少是（　　）位数。

图 5-37 "三位数乘两位数"练习题（三）

习题三和前面的题目不同，是全空白的。"空不异色，色不异空"，空往往给了学生更多的思考和更大探索的空间。通过对前面两个习题层层递进进行思考，学生对第一部分积和第二部分积的理解更加深刻了，那么"三位数乘两位数的积最大是几位数？最小是几位数呢？"

面对这样的问题，学生需要通过判断和分析，制定解题的方案：要判断最多和最少的位数，就需要找出最大值和最小值；要研究最大值和最小值，就要列出相应的三位数乘两位数的算式。研究方案的制定和执行能力就这样在学生解决问题的过程中得到培养和强化，对于学生的后续学习具有重要的生长意义和价值。

习题四（如图 5-38）：

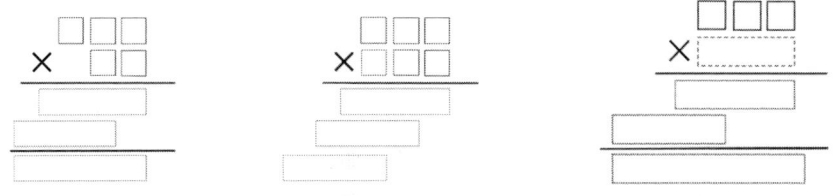

图 5-38 "三位数乘两位数"练习题（四）

学习了"三位数乘两位数的笔算乘法"，学生还需要继续学习"三位数乘三位数"吗？答案显然是否定的。知识的生长需要学生自己去感悟和体会，只有真正地埋下了具有旺盛生命力的种子，在合适的环境下才能生根发芽。

« 关键问题：一节课里的种子

从乘两位数到乘三位数，再到乘若干位数，在两部分积的基础上增加了第三部分积、第四部分积……，算理和算法没有变化，只是结构得到了拓展，形式变了，但是内核没有变。通过这样的习题，一方面进一步凸显了关键问题，另一方面提升了学生迁移学习的能力。

子曰："不愤不启，不悱不发，举一隅不以三隅反，则不复也。"我们期待学生提升自我的学习能力，在基于关键问题的学习活动中体会如何"用数学的眼光观察世界，用数学的思维思考世界，用数学的语言描述世界"。

5.5 沏茶问题：等待水开的时间可以做点什么

"沏茶问题"作为一个典型例子，教材把这个生活中常见的事例用来让学生活动和思考如何合理安排各种事情的顺序，让客人在最短的时间里喝上茶，从而体会统筹安排的方法和思想，初步学会用数学的眼光去观察世界，寻求最合理、最省时、最节约的方案。

5.5.1 教材研读理脉络

人教版教材文本给出的是下面的学习素材（如图5-39）：

图5-39 "沏茶问题"教材素材图

要让客人喝上茶，需要完成6件事，而完成这个任务的6件事是有过程的，可以用流程图来表示出这个过程。教材很明确的提出——这个过程可以用图来表示，而且做了流程图的示范（如图5-40）：

图5-40 "沏茶问题"教材流程图

流程图揭示了这项任务的活动过程,一般来说,从这个过程中我们可以寻找和发现其中的关键环节,这个关键环节就是这节课的关键问题所在。因为这个关键环节就是开门的钥匙,是关系到能否尽快完成任务的节点。那么这个关键节点是什么呢?

5.5.2 理清脉络找节点

这个关键节点应该是烧水。教材提出了一个很明确的问题——"等待水开的时间可以做点什么呢?",我觉得这就是这节课的关键问题。

安排相关事情尽快完成沏茶任务,要做到既合理又省时,那么首先就需要确定合理的流程,顺序不能前后颠倒,顺序如果乱了,整个事情就乱了。其次再思考哪些地方可以省时,这就需要在各个节点上去观察和分析,去统筹安排。而"等待水开的时间可以做点什么呢?"很好的点出了"课眼"所在,课堂结构的安排和推进应以此为基点步步推进,才能让学生不断地去体会合理和省时的要求,理解统筹优化的核心思想。

有了这个关键问题之后,我们去看其他的事例,就可以很好地找出其中的关键,例如教材"练习二十"第1题(如图5-41):

爸爸开车和妈妈一起从家外出办事。爸爸要去办公室取资料,妈妈要去商场购物。

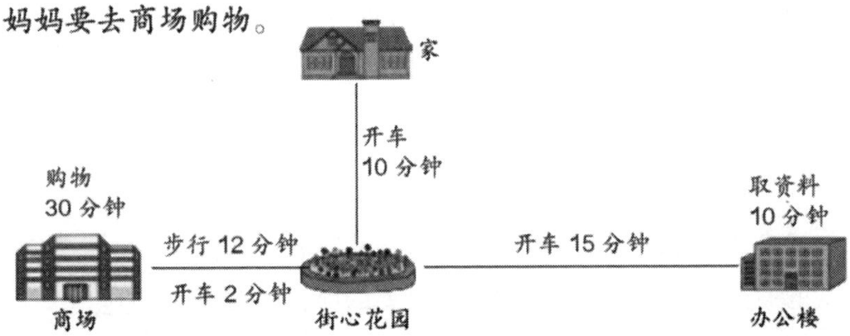

购物 30分钟　商场　步行12分钟／开车2分钟　街心花园　开车15分钟　办公楼　取资料 10分钟

家　开车10分钟

上面是他们的行走路线和所用时间。他们办完这些事回到家,至少需要多长时间?

图 5-41　教材练习题"练习二十"

> 关键问题：一节课里的种子

思考的焦点就是：妈妈购物的30分钟里爸爸可以做点什么呢？有了这样的问题意识，统筹优化就有了支点，便于学生更好地理解和把握。

5.5.3 聚焦节点设活动

有了关键问题，更要有基于关键问题的学习活动，根据"等待水开的时间里可以做点什么呢？"这一关键问题，我们可以设置如下的学习活动：

请你合理安排事情，让李阿姨尽快喝上茶。

这个学习活动有两个关键词：合理、尽快，需要让学生在审视和理解学习活动时明确"合理和尽快"的活动要求。交流、反馈和汇报也要紧扣"合理和尽快"的活动要求，这就有了一个评价活动成果的标准。

从本质上来说，"尽快"的背后隐含的问题就是"等待水开的时间里可以做点什么"。为什么学生A的方案会快一些，学生B的方案会慢一些，原因在哪里？关键问题的关键价值就会凸显出来，成为解决问题的钥匙。

我们来看学生的学习活动成果：

学生作品一：如图3-23。

学生只是安排了事件，把6件事按照一定的顺序进行了排列，也没有标出事件的流程顺序，但是已经很好地表达了沏茶必要的"序"：要烧水，必须先洗水壶，接水。洗茶杯和找茶叶不构成先后顺序，可以根据个人喜好自主安排，由此这位学生的学习活动成果很好地凸显了"合理"，但是"尽快"的要求呢？很显然，没有很好地完成所有的学习活动要求。

学生作品二：如图3-24。

很显然，学生考虑了要尽快，所以他把"洗茶杯、找茶叶、沏茶"3件事都安排在"等待水开的时间里"来一起完成，抓住了让李阿姨"尽快"喝上茶的关键节点，但是却忽略掉了重要的前置因素——合理。

学生作品三：如图3-25。

这位学生的作品既符合合理的要求，又满足尽快的要求，属于优秀的学习活动成果，而这种方案的重点是在等待水开的时间里还可以洗茶杯、找茶叶，这就是统筹安排的核心和关键。

5.5.4 紧扣关键明缘由

知其然，更要知其所以然。当学生明白了"在等待水开的时间里可以做点什么"是让任务尽快完成的关键之后，我们应当进一步引导学生用数学的方法去研究和解释其中的道理，树立用数学的思维思考世界的习惯。

为什么三种方案用了不一样的时间？为什么第三种方案既合理又尽快呢？你能用下面的时间轴（如图5-42）来解释吗？

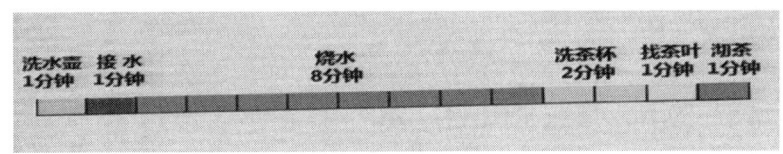

图5-42 "沏茶问题"事情安排时间轴

为什么"在等待水开的时间里可以做点什么？"这个时间轴（如图5-43）可以直观清晰地展示出来，让学生明白在这一时间段里可以做点什么，需要花多少时间。

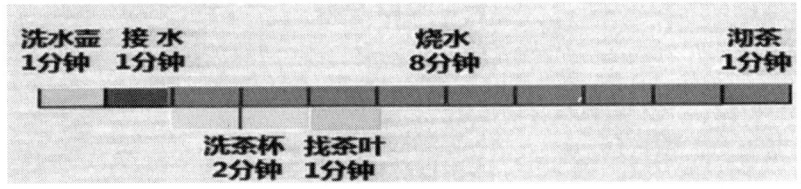

图5-43 "沏茶问题"时间轴统筹安排模型图

在合理安排事情流程的前提下，在等待水开的8分钟时间里，洗茶杯和找茶叶花了3分钟时间，离水开还有5（8-3=5）分钟时间，是不是还可以做点什么呢？我们可以继续给出问题：

如果总时间还是11分钟，还能做以下哪几件事情？

A.放音乐1分钟　　B.拿点心2分钟　　C.切水果3分钟

面对问题，学生需要选择和推断，而问题的关键所在还是——在等待水开的时间里还可以做点什么呢？剩余的时间还可以做点什么、不够做什么，学生需要基于时间的前提去判断和选择事情，去计算和比较。学生的

> 关键问题：一节课里的种子

个性也在这里得到了释放——我想安排同时做些什么，充分凸显了学生的主体地位。

总之，我们应基于教材研读寻找解决问题的重要节点，在对节点的观察和研究中确定关键问题，再设计相应的学习活动，以关键问题为基点引领和组织学生展开自主探索、互动交流和汇报讨论，在参与数学学习活动的过程中发展"四基"，感受"用数学的眼光观察世界，用数学的思维思考世界，用数学的语言描述世界"。

5.6 搭配问题："数学广角"的第一次亮相

"数学广角"作为人教版教材独有的内容，二上的"搭配（一）"是它的第一次亮相，"搭配"作为渗透排列与组合思想方法的教学内容被编排在第一课。排列与组合的数学思想方法在现实生活中应用非常广泛，是学生以后学习概率统计知识的基础，也是发展学生抽象能力和逻辑思维能力的好素材。因而，我们需要抓住关键问题有效设计相应的学习活动，让学生通过学习活动，在操作、观察、猜测中理解和感悟有序、全面思考问题的意识，发展探索数学问题的兴趣和欲望，体会如何进行有条理的思考。

5.6.1 教材研读理脉络

教材首先出示的是一个数学问题，让学生去阅读和理解：用1、2和3组成两位数，要求每个两位数都没有重复数字，能组成几个两位数？

这是一个与数字顺序有关的排列问题，首先需要理解问题提供的信息。既要写出所有满足条件的两位数，也要数出满足条件的两位数的个数。按照教参的说法，写出所有满足条件的两位数是第一个层次，数出个数是第二个层次。因为第一个层次是关键，教材以两组图（如图5-44和图5-45）来呈现学生寻找所有满足条件的两位数的过程：

图 5-44 "搭配问题"教材学习活动(一)

第一组图呈现的是学生独立思考和研究的过程,有摆一摆数字卡片来呈现数的,也有借助数位表来写数的,无序和有序的思考路径有机地融合在图里。

图 5-45 "搭配问题"教材学习活动(二)

第二组图呈现的是学生对自己研究过程的反思,第一个学生说"我摆得有点乱",第二个学生说"我按规律写就不乱了",然后对"摆得有点乱"的学生提出自己的建议"你也按规律摆一摆吧!"。这是一个很重要的建议,可以说是学生有序思考的基点。

当学生交流与反思后,教材用一句话来凸显第二层次的思考"能组成□个两位数?"。这既是问题,也是解决问题的结论。有几个呢?梳理学生的结论,有可能有重复的,也有可能有遗漏的,那么小精灵的话就成了课堂操作和思考的焦点:怎样做才能不重不漏?

这既是对结果的检验,也是对学习活动过程的反思,通过回顾和反思

《 关键问题:一节课里的种子

可以更好地帮助学生构建有序思考的思想方法。

那么,按照教材的脉络哪个节点是切要的地方呢?是理解和解决搭配问题的钥匙呢?又应该如何基于这个节点挖掘和提炼关键问题,设计相应的学习活动呢?

5.6.2 理清脉络定关键

前面我们已经梳理了教材的脉络,在教材的整个脉络中,借用中医的一句话来表达,就是"通则不痛"。哪个地方通了,整节课的教学就不憋屈了呢?答案就在图5-45中。

这是对两个学生研究过程的对比,第一个学生"我摆得有点乱",第二个学生"我按规律写就不乱了"。为什么会乱?为什么就不乱了呢?关键是第二个学生的建议和做法——"你也按规律摆一摆吧!"。

这句话,也就是这节课思考问题和解决问题的"气眼"所在,一通全通,用得好全盘皆活,是学生学习活动的切入点。摆得有点乱是因为没有按规律摆,写得不乱是因为按规律写,"按规律摆一摆或写一写"就成了解决问题的钥匙。因此我认为这节课的关键问题是:怎样按规律写一写或摆一摆,找出所有满足条件的两位数?

如果用"有规律"的视角来操作和记录的话,就可以凸显材料中"怎样才能不重复不遗漏"这一排列与组合的要义。有规律地写和摆,首先需要思考可能会有怎样的规律?怎样按规律写?这就需要学生激活原有的找规律的知识,按照自己理解的规律去摆和写。

确定了关键问题,学生的学习活动就有了基点。那么根据这样的关键问题,我们应该设计怎样的学习活动呢?

5.6.3 聚焦关键设活动

关键问题确定为"怎样按规律写一写或摆一摆,找出所有满足条件的两位数?",接下来就要设计基于关键问题的学习活动,根据"按规律"的任务要求,我们可以设置如下的学习活动:

用1、2和3组成两位数,要求每个两位数都没有重复数字,能组成几个两位数?请你按规律写一写或摆一摆所有满足条件的两位数,看谁的方法最有规律。

这个学习活动只有一个关键词:规律。学生在进行学习活动时要尝试按规律去写数,按规律去表达自己的思考。根据学生的学习活动,当不同的学生按规律写一写的时候,有以下一些表示方法:

①不完整,但是有固定一边,变化另一边的意识。学生所谓左边是没有跳着的,也就是左边是按顺序从1、2再到3,右边可以是2、3、1这样不按顺序来,有变化和不变的意识,但是表达和操作得不够完整和规律。(如图5-46)

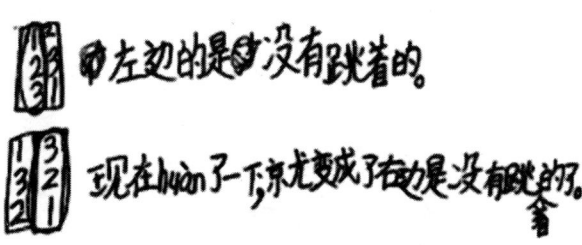

图5-46 "搭配问题"学生学习活动作品(一)

②学生用连线的方法,依次写出12、13、23,相对应的每个数交换位置得到另外的21、31、32,秩序井然,不重复不遗漏。(如图5-47)

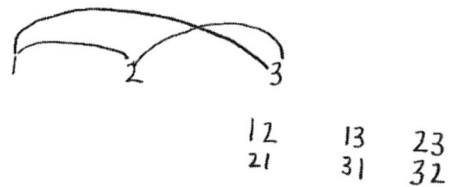

图5-47 "搭配问题"学生学习活动作品(二)

③这位学生很好地凸显了反着写的方法,强化了自己对反着写的理解和表达。(如图5-48)

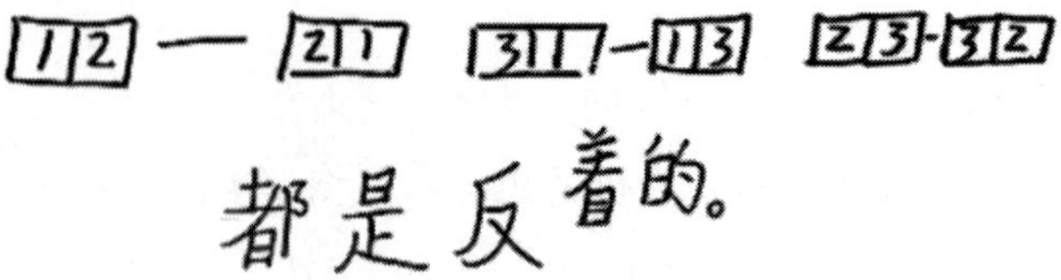

> 关键问题：一节课里的种子

$$\boxed{12} \to \boxed{21} \quad \boxed{31} \to \boxed{13} \quad \boxed{23} \text{-} \boxed{32}$$

都是反着的。

图 5-48 "搭配问题"学生学习活动作品（三）

④学生懂得怎样搭配写数，能进行基本的操作，但是不知道如何按规律写。（如图 5-49）

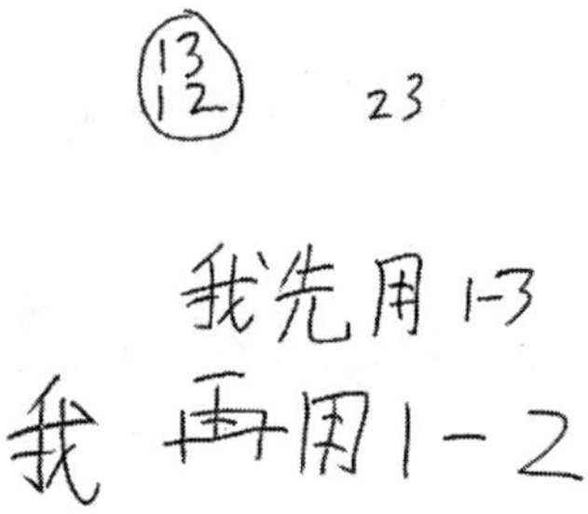

我先用 1-3
我 再用 1-2

图 5-49 "搭配问题"学生学习活动作品（四）

⑤学生知道有规律必须要有顺序，那么按照怎样的顺序呢？从小到大排列是他们积累的活动经验和方法，是自然而然就会想到的序。（如图 5-50）

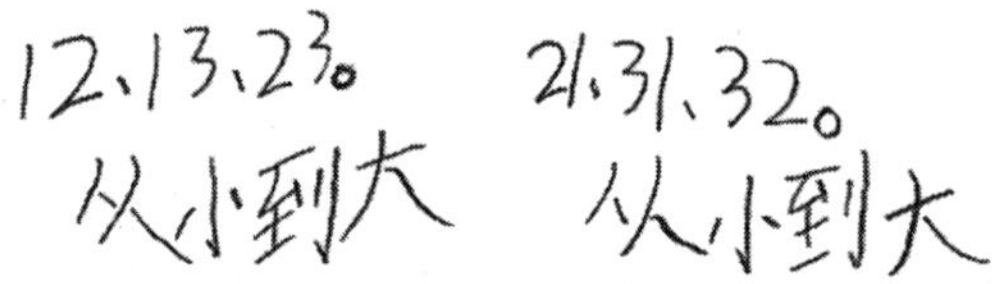

12、13、23。　21、31、32。
从小到大　　　从小到大

图 5-50 "搭配问题"学生学习活动作品（五）

⑥这个学生因为其中的序乱了，所以就有了遗漏。（如图 5-51）

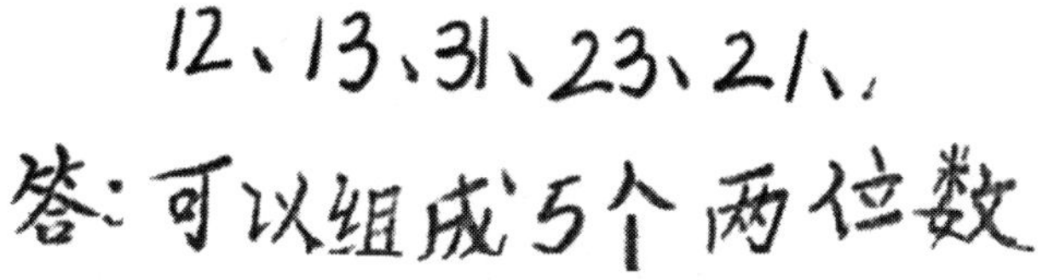

12、13、31、23、21、
答：可以组成5个两位数

图 5-51 "搭配问题"学生学习活动作品（六）

⑦这位学生无遗漏、无重复地写出了所有满足条件的两位数。（如图 5-52）

21、12、13、31、23、32。

图 5-52 "搭配问题"学生学习活动作品（七）

因为是"有规律"的数学活动，学生要从已有的对于规律的认识和理解入手，他们的活动成果也就体现了自己对规律的理解和运用：有从小到大的，有左边没有跳着的，有右边没有跳着的，有先用 1~3 再用 1~2 的，有连线表达规律的，有都是反着的。

在这些表达方式中，充分体现了如何有规律地写数的思考路径和策略：要固定一个数位上的数不动，让另一个数位上的数进行变化，变化最好是有序的，可以从小到大，当然也可以从大到小，也可以是左右位置互相交换。

那么基于以上学生的学习活动成果，我们该如何组织交流，如何引导学生从中进行观察、分析和构建有规律的排列的数学思维方法呢？

5.6.4 梳理素材悟思想

面对学生在学习活动中展示的素材，我们在进行梳理和分析后，可以借助这些素材，组织学生分类、辨析和评价，在分析和比较中感受"你能有规律地写一写吗？"的价值。

①观察：这些同学的作品是有规律地写吗？出示学生作品（如

> 关键问题：一节课里的种子

图 5-53）：

12、13、31、23、21、
答：可以组成5个两位数

我先用1-3
我再用1-2

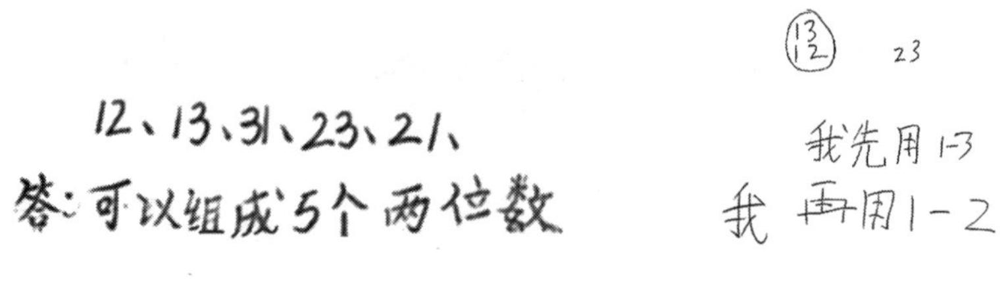

图 5-53 "搭配问题"学生学习活动展示交流作品（一）

②观察：这个同学的作品（如图 5-54）是有规律的吗？

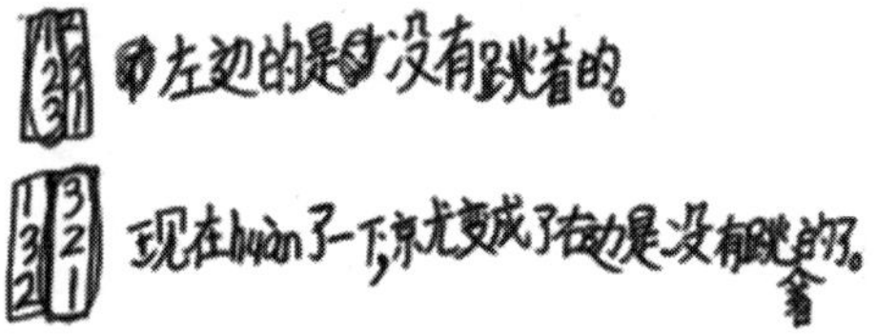

①左边的是①没有跳着的。
现在换个子一下就变成了右边是没有跳的。

图 5-54 "搭配问题"学生学习活动展示交流作品（二）

第一，思考："左边的是没有跳着的、右边是没有跳着的"是什么意思？

第二，"没有跳着的"有几种样式？

③观察：下面同学是按怎样的规律写的？（如图 5-55）

12、13、23。21、31、32。

图 5-55 "搭配问题"学生学习活动展示交流作品（三）

④比较这两种方法，你有什么发现？引导学生讨论和交流，发现以下两点：

第一，所选择的规律可以是不同的。

学生发现有规律地写可以是不同的，可以固定个位从小到大写，也可以固定十位从小到大写，也可以个位和十位交换位置写。每个人可以选择自己喜欢的方法有序地写。

第二，有规律地写可以让写出来的数不重复、不遗漏。

"有规律地写",因为有规律,所以不乱,让人一眼就看清楚有多少个,没有重复,也不会遗漏。这种有规律操作的习惯和思想对于学生后续的学习具有非常重要的意义和价值,需要我们不断培养和强化。

5.6.5 明晰方法看世界

不重复、不遗漏是我们在进行列举和表达数量多少的时候需要强调的重要标准,当学生体会和感悟了"有规律地写"的数学方法可以不重复、不遗漏之后,我们可以引导学生用有规律地写一写、涂一涂、摆一摆等多种方式去体验和感受怎样是有规律,强化有规律的不同表达方式。

①涂一涂。

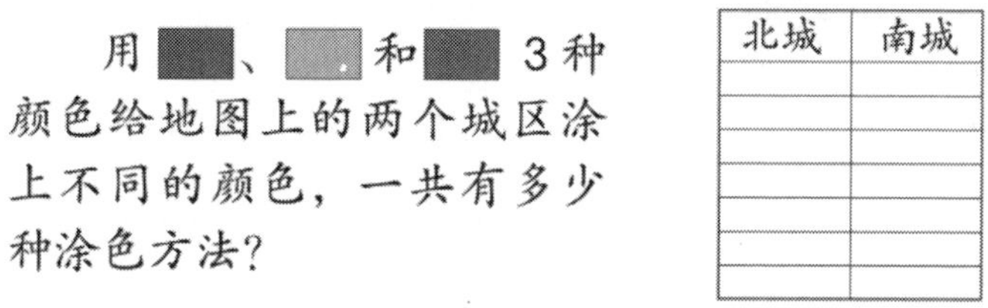

用 ■、■ 和 ■ 3种颜色给地图上的两个城区涂上不同的颜色,一共有多少种涂色方法?

北城	南城

图 5-56 "搭配问题"学生练习(一)

前面是写一写,这里是涂一涂(如图 5-56)。从数字变成了颜色,不变的是学生需要有规律地涂一涂,这样才不会让涂色方法的数量遗漏和重复。不同的形式和表达方式,体现的都是有规律的思考方法。

②排一排。

3名同学坐成一排合影,有多少种坐法?

图 5-57 "搭配问题"学生练习(二)

从写一写、涂一涂到排一排(如图 5-57),从数字、图形到生活中的合影问题,学生可以感受到数学和生活的紧密联系。"有多少种坐法",只有有规律地排,才能不遗漏、不重复地得到准确的数据。当学生把人转化成用符号、用数字去描述,就有了用数学的眼光去看待和思考世界的意识。

总之,基于"有规律"的视角,着眼于"不遗漏、不重复"的数量结果,引导学生用自己的方式去有规律地写一写、涂一涂、排一排,在描述"一共有几个数、几种涂色方法、几种坐法"的数学学习活动和问题解决中理解和感悟有规律地表达的数学思想和方法,有助于学生培养有规律地思考和研究数学问题的习惯,并学会用这种习惯去观察和描述世界。

5.7 三位数加三位数:遇见加法进位的多种样态

人教版教材把"万以内的加法和减法"编排在三年级上册第二单元和第四单元,这也是学生学习整数加、减法的收官阶段。作为整数加、减法学习的最后一个阶段,通过这部分内容的学习既要使学生整体把握加减法的算理、算法和运算策略,能熟练地进行口算和笔算,同时还要能通过迁移解决更多位数的加、减法计算,为以后进一步学习小数加、减法和多位数乘、除法打下基础。

那么教材编排的"三位数加三位数的笔算"内容有什么特点?关键问题是什么?我们应该如何基于学生已有的知识和技能、活动经验和思想方法组织教学呢?

5.7.1 教材研读理脉络

对于"三位数加三位数笔算"的教学内容,人教版教材安排了三道例题,三道例题出现了几种不同的加法样式(如图5-58):

图5-58 "三位数加三位数"教材例1和例2

例 1 是不进位加法，学生在两位数加两位数的笔算和几百几十加几百几十的笔算基础上可以迁移学习，自主理解算理算法，明白"三位数加三位数的笔算"和"两位数加两位数的笔算"除了位数不同以外，算理算法是一样的。使学生的笔算加法从两位数拓展到多位数，可以应对各种不同位数的加法。

例 2 是进位加法，呈现的算式有两种情况：十位上满十和百位上满十。这是学生第一次遇见"非个位满十"的进位加法。

例 3 则出现了连续进位的笔算加法"445 + 298"，既"个位满十"又"十位满十"，增加了笔算的复杂性，很容易忘记进位"1"的相加。

三道例题后教材配备的"做一做"中则出现了"个位满十和百位满十"的算式"365 + 825"、"个位、十位和百位都满十"的算式"746 + 268"，学生开始直面进位加法的多种样态。

原来学生遇见的仅仅是"个位满十，向十位进一"的数学问题。如何用数学的方式表达和处理"十位上"和"百位上"满十的数学问题，就成了学生知识迁移和生长的重要节点。所以教材在例 2 学习之后做了专门的算法概括，特别强调了"哪一位上的数相加满十，要向前一位进一"，这是学生处理进位加法多种样态问题的基点。

5.7.2 理清脉络定关键

从教材内容编排来看，教材是从不进位加法到进位加法，重点是进位加法。在进位加法的多种样态中,最基础的是"十位上满十"的算式和"百位上满十"的算式,因为两者和以前学习的"两位数加两位数"搭起了"三位数加三位数"个位、十位、百位满十进位的完整拼图。学生从中可以举三反一,万法合一归其根,合为一个法则"哪一位上的数相加满十，就向前一位进一"。

由此，就可以从三位数加法推广到更多位数的加法，同时也是以后小数加法学习的基础。在拼成加法算理算法拼图的各个板块中，三位数加二位数具有整体观照的意义，要把以前学习和掌握的加法运算方法进行整理，形成新的系统的认知结构，引导学生在整体上把握加法的算理和算法。

《 关键问题：一节课里的种子

在人教版教材提供的三位数加三位数的三道例题中，例2用两个算式呈现了"十位上满十"和"百位上满十"的进位样态。这是学生掌握三位数加法的关键，只有把握了这两个算式的算法，才能够形成对于进位加法"哪一位上相加满十，就向前一位进一"的算理把握。在对学生的测试中，我们发现有不少的学生出现下面的情况（如图5-59）：

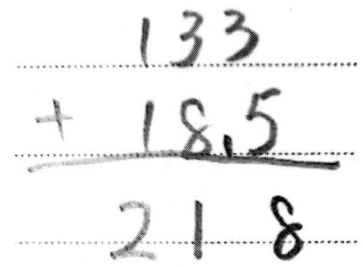

图5-59 "三位数加三位数"学生学情作品

知道满十进一，但是不知道十位上满十进一向哪里进位，这是部分学生容易出现的问题。而对于百位上满十怎么进位，出现的问题会更多。因为百位满十向千位进一是学生从来没有过的经验，千位上是空的。

因此，我们可以确定本节课的关键问题是"十位满十和百位满十怎样进位？"

5.7.3 基于关键研学情

那么，基于这样的关键问题，学生在自主计算时，可能会出现怎样的情况呢？我们就此展开了学生的学情研究，设计了如下的学情研究单：

竖式笔算：

133 + 158=   133 + 185=

这个学习单上的活动要求学生列竖式计算，竖式应该怎么写，对于学生来说就是从"两位数"扩展到"三位数"相加，形式没有变，数位变多了。因此笔算算法不是问题，算理也不是问题。

本题学情研究的主要意图是预期学生对于十位上"3 + 8"满十进一会如何表示，会出现怎样的情况？能否依照以前的学习经验类推"十位满十向百位进一"的表示方式。我们来看学生的表现情况：

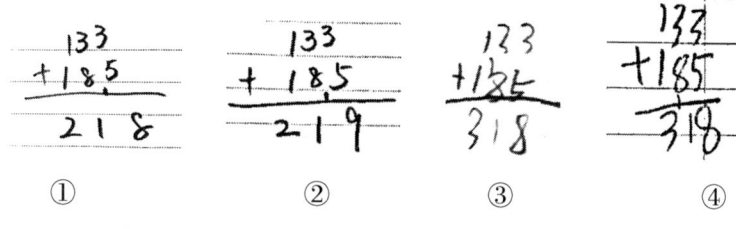

图 5-60 "三位数加三位数"学生学情研究作品

在图 5-60 中，图①学生把"进位点"点在了十位的右下角，表达十位上满十了，需要进一，但是如何进位和怎么表达，他没有在竖式上表示出来，结果错了；图②学生把"进位点"点在了十位的右下角，表达十位上满十了，需要进一，他把进一添加到了个位上，个位上"3＋5=8"变成了9，结果也错了；图③学生把"进位点"点在了十位的左腰位置，表达十位上满十了，需要向百位进一，百位上加上进来的1后变成3，结果正确；图④学生把"进位点"点在了十位的正下方，表达十位上满十了，需要向百位进一，百位上加上进来的1后变成3，结果正确。

从学生的学习表现来看，他们自主探索和研究的焦点是如何表达"十位上满十"的数学现象，进位点有写在十位的右下角，也有写在十位的正下方，或者写在十位的左下角和左腰位置，虽然表达的方式各有不同，但是都表示出了"十位上满十需要进一"。

出现的问题主要是这个进位的"1"如何处理，有的学生把"1"放在那里没有处理，也有的是把"1"进到个位上，当然更多的是把"1"进到百位上。可见学生对满十进一没问题，关键是对于十位上满十进一如何处理和表达，这也是学生学习的焦点所在。

5.7.4 基于关键设活动

本节课的关键问题是"十位满十和百位满十怎样进位？"学生要独立研究和思考十位上进位"1"的处理办法。为了凸显这一关键问题，需要把十位满十的数学现象进行强化和放大，进而引导学生思考和研究解决问

《 关键问题：一节课里的种子

题的方法，把问题解决的过程展示出来。我们设计了如图5-61的学习活动：

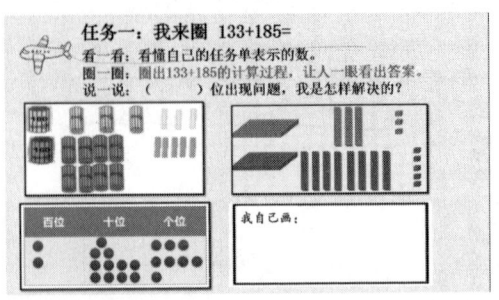

图5-61 "三位数加三位数"学生学习活动

这个学习活动实际上包含了四种情况，学生可以自主选择小棒图、第纳斯方块或者结合数位的圆片图，这些都是学生在以前的学习过程中接触过的学习素材，当然学生也可以选择"我自己画"。

第一，看一看。学生要看懂任务单上的图和图所表示的数，只有看懂形又看懂数，才能数形结合完成接下来的学习任务。

第二，圈一圈。圈一圈的过程既是表达算法和算理的过程，也是对加法意义的进一步理解，同时在圈一圈的过程中才能凸显"十位上满十"的数学现象和学习矛盾，为学生进一步的活动提供表象和支撑。

第三，说一说。活动之后的汇报和交流能凸显学习活动的思考过程，说一说可以引导学生去思考自己在活动中遇到的问题，并反思自己是如何解决的，有助于发展学生的问题意识和研究能力。

我们来看学生学习活动的成果：

①小棒图。

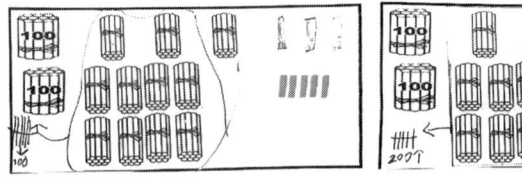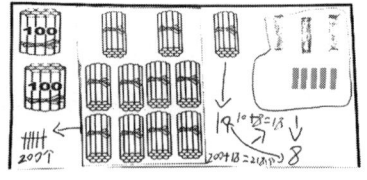

图5-62 "三位数加三位数"学生学习作品（一）

图5-62中的两幅小棒图都圈出了十位上的满十进一，把10捆小棒变

成一个"100",放到了以"100"为单位的一类小棒中。右图中进了1个"100",但是算式没有表示出这个变化,结果依然是218。

②数位图。

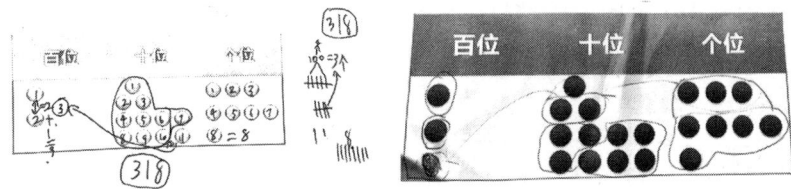

图5-63 "三位数加三位数"学生学习作品(二)

图5-63中的两幅数位图体现了学生能圈出了十位上的满十进一,把十位上的10个圆圈变成一个"100",放到了百位。左图学生还在右边用图清晰地表示出有3个百、1个十和8个一。

③第纳斯方块。

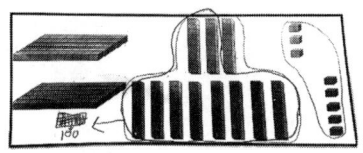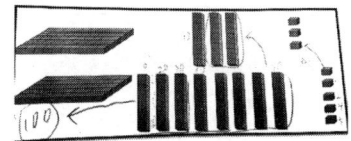

图5-64 "三位数加三位数"学生学习作品(三)

从图5-64中的两幅图中可以看到,学生能利用第纳斯方块圈出"十位上满十向百位进一"的数学现象,把10个"十"变成1个"百",和已有的2个"百"合在一起。

④学生自己创作的图。

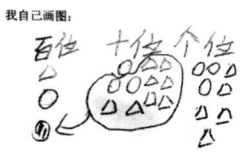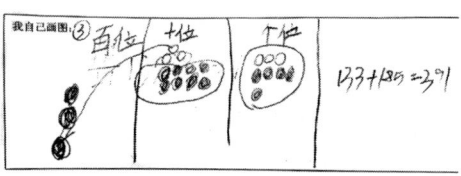

图5-65 "二位数加三位数"学生学习作品(四)

分析学生自己创作的作品(如图5-65),可以发现学生在利用计数单位和计数单位的数量来描述和表达算式的算法和算理,以前学习积累的经验和感悟的方法在发挥作用,支撑学生新的研究和发现。

5.7.5 基于活动设教学

根据基于关键问题的教材研读和学生研究,在充分解读学生学习活动成果的基础上,我们可以设计基于关键问题破解的教学方案,构建课堂教学的框架。

1)引入

①出示图5-66:明白什么意思吗?

图5-66 "三位数加三位数"引入素材

②出示学校"光盘行动"调查数据。(如图5-67)观察:你发现了哪些数学信息?能提出什么数学问题?

年级	光盘数量
三年级	133份
四年级	158份
五年级	185份

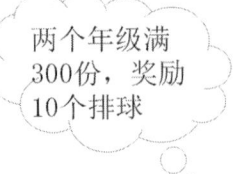

两个年级满300份,奖励10个排球

图5-67 "三位数加三位数"学生学习素材

③思考:你能列出哪些数学算式来解决数学问题?

a. 三、五年级一共有几份:133+185。

b. 三、四年级一共有几份:133+158。

c. 四、五年级一共有几份：158+185。

④比较，这些算式和我们以前学习过的加法有什么不同？（引出三位数加三位数）今天这节课我们就来研究三位数加三位数的算法。

2）学情展示

①课前我们曾经对"133+185"和"133+158"两道题进行了笔算，猜一猜哪道题的正确率高。

②出示计算正确人数的统计数据（如图5-68）。

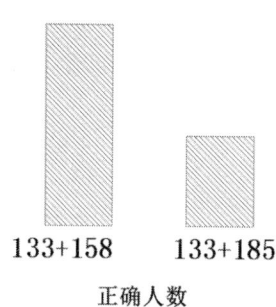

图5-68 "三位数加三位数"学生学习前测情况统计

③为什么两道算式的正确率会相差那么大？（有进位，满十进位的位置不同）

3）学习活动

①到底是什么原因造成的呢？我们自己来研究。（出示学习活动单，如图5-61）

②学生独立研究：圈一圈，画一画。

③反馈展示：哪一位上遇到了问题，你是怎么解决的。

4）竖式表示

①学生自主列竖式笔算，用自己的方法表示十位满十进一。

②观察，你最喜欢图5-69中哪种表示方法？有清楚地表示出十位上满十向百位进一吗？

《 关键问题：一节课里的种子

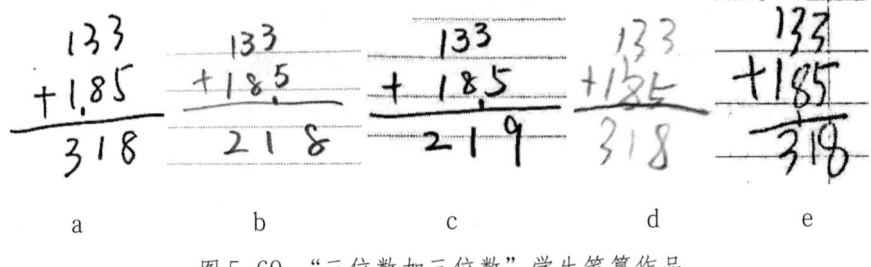

    a   b   c   d   e

图 5-69 "三位数加三位数"学生笔算作品

③小结：第 e 种方法很好地表示出了"十位满十向百位进一"。

④试一试：想一想，百位上满十怎么办？（如图 5-70）

$$\begin{array}{r}252\\+151\\\hline\end{array}\qquad\begin{array}{r}532\\+551\\\hline\end{array}$$

图 5-70 "三位数加三位数"学生练习（一）

概括方法：百位上满十向千位进一，在千位上直接写 1。

5）概括方法

①思考：我们以前学习过个位上满十向十位进一，今天我们又自己研究了十位上满十向百位进一，百位上满十向千位进一。谁能用一句话来概括进位加法中满十的处理方法吗？

②出示：哪一位上满十就向前一位进一。

6）练习巩固

①图 5-71 中，选择 3 + 6=9 和 8 + 1=9 作为计算方法来计算的算式有哪几道？

$$\begin{array}{r}86\\+13\\\hline\end{array}\qquad\begin{array}{r}686\\+313\\\hline\end{array}\qquad\begin{array}{r}8686\\+1313\\\hline\end{array}$$

图 5-71 "三位数加三位数"学生练习（二）

可以发现：每一道算式都是利用"3 + 6=9"和"8 + 1=9"作为计算方法来计算的，只不过因为数位不同，计算的结果不一样。

②判断：图5-72中，5 + 5=10个"十"的算式是（ ）；5 + 5=10个"百"的算式是（ ）。

```
    2 5        2 5 2        5 3 2
  + 1 5      + 1 5 1      + 5 5 1
  ─────      ───────      ───────
```

图5-72 "三位数加三位数"学生练习（三）

③比较：如图5-73，以前学习的和今天学习的加法算式有什么共同特点？

昨天知识　　　　今天知识

```
    2 5        2 5 2        5 3 2
  + 1₁5      + 1₁5 1      + ₁5 5 1
  ─────      ───────      ───────
    4 0        4 0 3        1 0 8 3
```

图5-73 "三位数加三位数"知识梳理

7）总结回顾

学习三位数加三位数，学生开始直面进位加法的多种样态，在已有知识和经验的基础上，探索如何用数学的方式表达和处理"十位上"和"百位上"满十的数学现象，这是学生知识迁移和生长的重要节点。我们应放手让学生自己去研究，去推动种子生长力的绽放。

5.8　小数除以整数：还能继续往下除吗？

"小数除以整数"是五年级上册"小数除法"单元的起始课，是本单元后续学习的基础。作为学生运算能力发展的重要组成部分，日常生活中需要运用小数除法计算的实际问题非常丰富，通过对"小数除法"的研究和探索，能有效提升学生的研究能力，发展学生的思维。

> 关键问题：一节课里的种子

5.8.1 教材研读理脉络

对于"小数除以整数"的教学内容，人教版教材安排了三个例题，分别从基本算理及算法、除到被除数的末尾有余数、整数部分不够商 1 等三个方面引导学生学习和探索。

图 5-74 "小数除以整数"教材例题

图 5-74 中，例 1 呈现的是基于行程问题三要素的数学问题，根据数量关系，学生能够正确地列出算式"22.4÷4"，这是一道除到被除数的末尾没有余数、能除尽的小数算式。和以往不同的是用 4 去除 22.4，整数部分除后还有余数 2，出现的问题是"剩下的 2.4 还能继续往下除吗？"

教材展现了两种不同的方法。一种是把千米数转化为米数，把"22.4 千米 ÷4"转化成"22400 米 ÷4"，就变成了已有的整数除法的范式（如图 5-75）。这种解决问题的方法在学生的学习活动中经常会遇到，有助于促进学生对于计量单位和计量单位个数的理解，进一步加深对小数意义和性质的把握。

图 5-75 "小数除以整数"教材素材（一）

另一种是用竖式计算的方法（如图 5-76），关键点在于理解整数部分余下的 2 和小数部分的 0.4 合起来组成的 2.4 还能继续除下去吗？这是理解算理和确定商的小数点位置的节点，需要学生展开自主探索，用自己的方式去描述和表达的关键问题。因此，在这个节点我们要给予学生充分的时间和空间，着力引导学生体会算理，理解为什么可以继续往下除的道理，把握怎样继续往下除的方法。

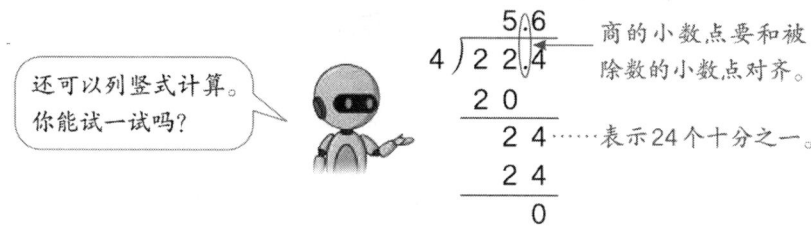

图 5-76 "小数除以整数"教材素材（二）

教材编排的"做一做"安排了三道题（如图 5-77）：

图 5-77 "小数除以整数"教材练习

这三道题的结构和例题是一致的，都是整数部分除了有余数，和小数部分合起来继续除能除完的类型。对小数意义和小数计数单位的理解是学生继续往下除和确定商的小数点位置的知识基础。

图 5-78 中，例 2 与例 1 不同，是整数除以整数"28÷16"，这是学生很熟悉的两位数除以两位数的除法算式。"28÷16"，除到被除数的末尾有余数，根据已有的经验是用有余数的除法算式来表达和描述：28÷16=1……12。但是这种描述方式不能准确地表达平均每天慢跑多少千米，需要进一步往下除，用新的方式和更精确的数据去描述平均每天慢跑

123

的路程。

例1:
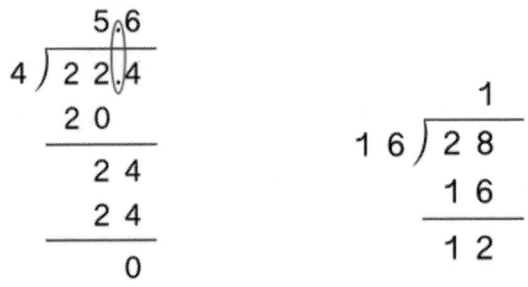
例2:

图5-78 "小数除以整数"教材素材(三)

比较图5-78中的例1和例2,都是整数部分除不完,前者是和小数部分合起来继续除,后者是只有整数部分的余数,没有小数部分。还能继续除下去吗?怎样继续往下除呢?例1的活动经验就成了例2问题解决的基础和生长点。(如图5-79)

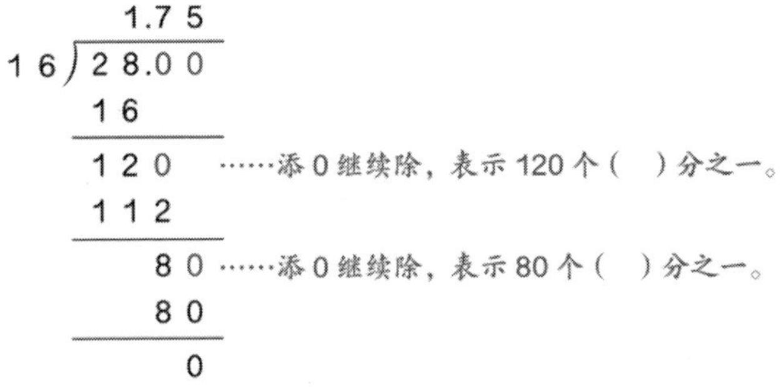

```
      1.7 5
16)2 8.0 0
     1 6
     1 2 0    ……添0继续除,表示120个( )分之一。
     1 1 2
         8 0  ……添0继续除,表示80个( )分之一。
         8 0
           0
```

图5-79 "小数除以整数"教材素材(四)

把握了基本算理和算法,就可以去面对和解决有关小数除以整数的问题,去独立探索新情况:图5-80中例3的算式"5.6÷7"和图5-77中"做一做"编排的三组算式。例3的算式是"5.6÷7",是被除数比除数小,整数部分不够商1的特殊情况。这是学生第一次遇见被除数比除数小的算式,也是第一次表达和描述"商小于1"的机会。被除数比除数小,整数部分不够商1，还能继续往下除吗？

例3：

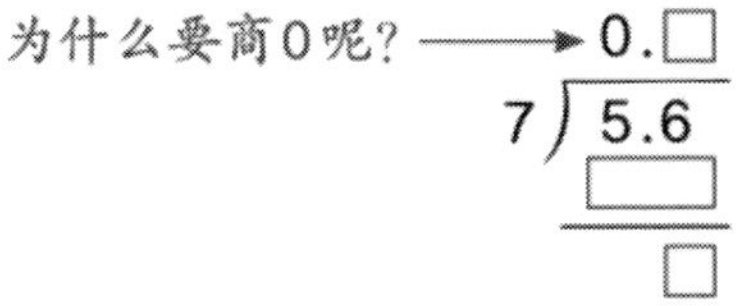

为什么要商0呢？⟶ 0.□
7) 5.6

图5-80 "小数除以整数"教材素材（五）

"为什么要商0呢"？（如图5-80）整数部分商0的表达方式是怎么来的？学生已有的整数除法的经验可以有效地帮助学生解决上面的问题，作出相应的回答。

做一做：

列竖式计算。

（1）72÷15　　14.21÷7　　25.5÷6

（2）7.83÷9　　0.54÷6　　6.3÷14

（3）86÷16　　1.26÷28　　0.416÷32

图5-81 "小数除以整数"教材练习题

"做一做"编排的9道式题中包含了已有的类型，还包括了商中间有0、商连续商0的类型。（如图5-81）对于种种问题变式的应对，有助于发展学生的思维能力和运算能力。

5.8.2 理清脉络定关键

从教材编排的三道例题来看，和学生已有的学习经验最相似的是例2式题"28÷16"。整数除法有"没有余数的除法"和"有余数的除法"两种情况，学生学习了"有余数的除法"之后，就可以用来描述和除法运算有关的所有的数学问题。但是教材呈现的"22.4÷4、28÷16、5.6÷7"让学生有了新的需求，已有的有关除法的知识和技能不能表达新问题、新情况，需要进一步去探索和小数有关的除法。例2和学生已有的学习经验最

关键问题：一节课里的种子

相似，但是例2不是最先出现的需要继续往下除的数学现象，因为它可以用有余数的除法去描述。例1是首先需要解决和研究的题目，例3则是小数除法的变式和拓展。

教材逐次呈现"22.4÷4、28÷16、5.6÷7"是有内在的逻辑关系和理由的。这在本书第二章已有详细阐述，此处不再赘述。

由此，我们可以确定小数除以整数的关键问题应该是"怎样才能继续往下除？"只有思考"怎样才能继续往下除"，才能有效激活学生已有的关于小数意义和性质的相关知识和经验，驱动除法从整数走向小数。

而以例2作为学生学习的首要任务，没有了例1的承前，如何用例2作为关键活动引导学生承前启后，也是需要特别关注和思考的问题。我们以例2为题对学生进行了研究：

"把16元平均分给5个人，每人分到多少元？"

我们来看学生的处理：

作品1（如图5-82）：

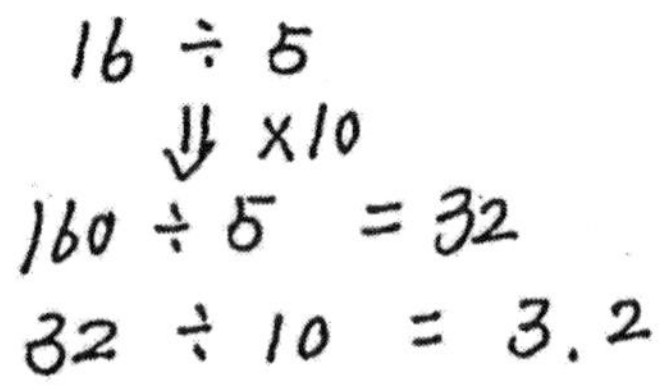

$$16 \div 5$$
$$\Downarrow \times 10$$
$$160 \div 5 = 32$$
$$32 \div 10 = 3.2$$

图5-82 "小数除以整数"学生学情研究作品（一）

"16÷5"显然除不完，怎么办呢？

学生想到了个好办法，把"16÷5"变成了"160÷5"，能除完了，结果是32，然后根据商的变化规律，被除数乘10，除数不变，商变大了，所以除得的结果要除以10，就得到了每人分得3.2元。

作品2（如图5-83）：

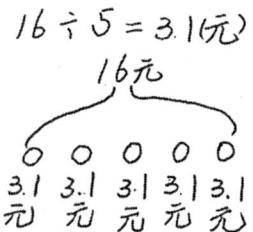

图 5-83 "小数除以整数"学生学情研究作品(二)

学生没有经历对剩余的 1 元处理的经验,所以对于剩下的 1 元直接用 0.1 来表示平均分给 5 个人的结果,这显然是没有深入思考的结果。但是学生能够想到每个人分到的肯定不是整元,是一个小数,这也是一种新的自主性表达。

作品 3(如图 5-84):

图 5-84 "小数除以整数"学生学情研究作品(三)

这位学生用了有余数的除法来表达,但是没有彻底地解决问题,所以他又写了一道"16÷5=3.2"来表示平均每人分得的结果,同时后面的计量单位也用错了。

作品 4(如图 5-85):

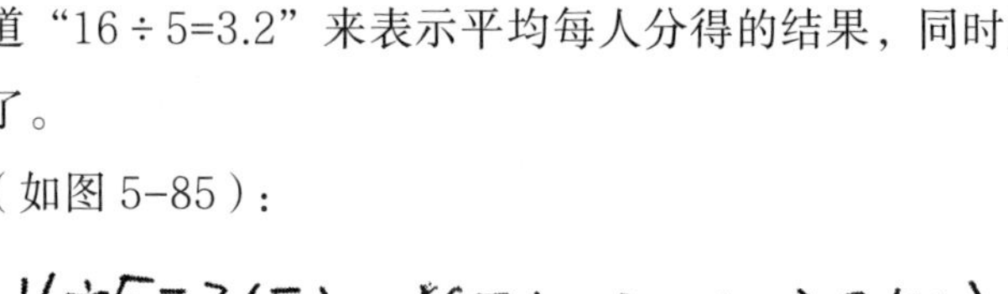

图 5-85 "小数除以整数"学生学情研究作品(四)

学生先用有余数的除法去表达,再根据单位的改写,把剩余的 1 元转换成 10 角,求得每人分到 0.2 元,合在一起每人分到 3.2 元。

从以上学生的研究情况来看,继续往下除的重点在于对剩余的 1 元的处理,把 1 元看成 10 角、10 个 0.1 元的描述和表达成了继续往下除的关键环节。这也是小数除以整数的算理,对算理的理解既是重点也是难点,需要着重引导学生。

5.8.3 基于关键设活动

明白了"小数除以整数"的重点和难点,确定了以"可以继续往下除吗"为关键问题的设计思路,我们就可以基于关键问题"如何继续往下除"来设计相应的学生学习活动,并以此构建课堂教学的框架和结构。

根据关键问题,我们可以把学习活动设计为:"把 16 元平均分给 5 个人,每人分到多少元?用画图、算式等方法表达你的想法。"

学生在熟悉的生活情境中理解问题、分析问题,用自己的方式去表达和解决问题。在任务驱动中,逼迫他们用自己已有的知识和经验去思考"怎样继续分",怎样用自己的方式去用画图或算式等表达方式来描述自己数学活动和数学思考的过程和解决问题的结果。我们来看看学生都是怎样来表达自己的思考的:

作品 1(如图 5-86):

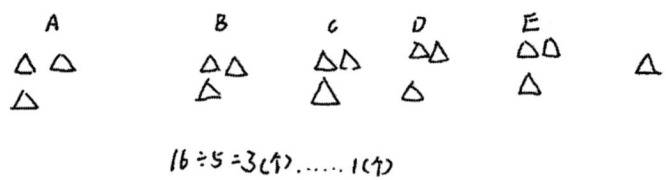

图 5-86 "小数除以整数"学生学习活动作品(一)

学生画图表示"16÷5"的结果,用有余数的方式描述剩下的 1 元,没有进一步平均分,止步于此。

作品 2(如图 5-87):

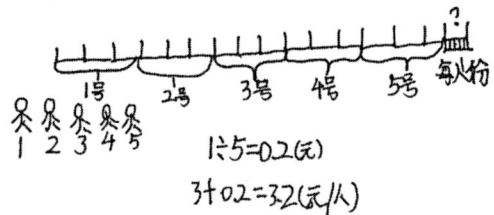

图 5-87 "小数除以整数"学生学习活动作品(二)

学生用画图的方式来表达自己把剩下的1元继续分给5个人,每人1份,就是1÷5=0.2(元),所以合在一起是每人分到3.2元。

作品3(如图5-88):

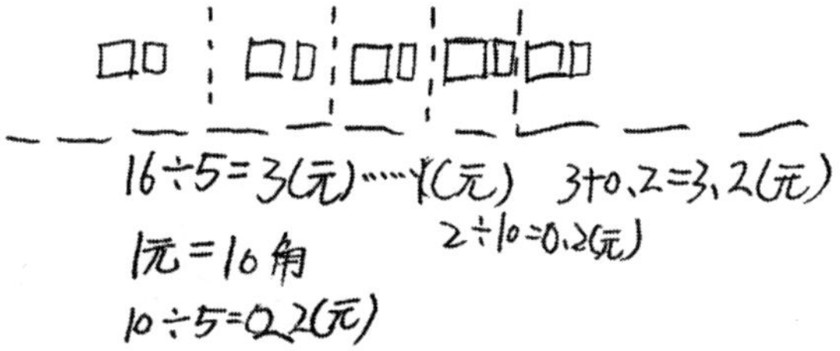

图 5-88 "小数除以整数"学生学习活动作品(三)

学生没有画16是怎么分的,而是把描述的重点放在对1元是如何处理的问题上,他把1元看成了10角,然后画图表示把10角平均分成了5份,得到2角,也就是0.2元,从而得到3.2元的平均分结果。

作品4(如图5-89):

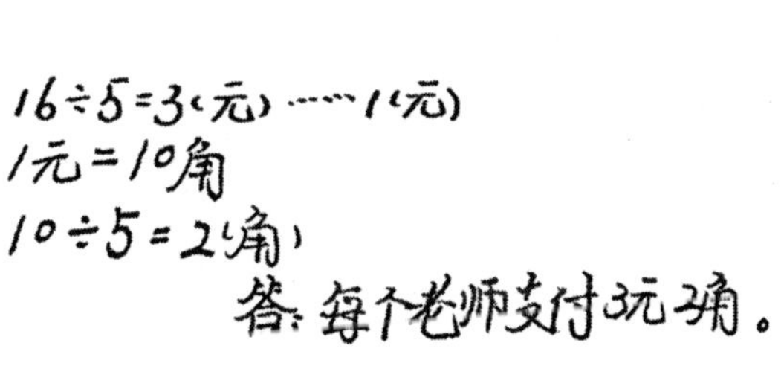

图 5-89 "小数除以整数"学生学习活动作品(四)

同样是对于1元的处理，这位学生是以整数化的方式来表达，用"10÷5"，每人得到2角，最后合起来每个人分到3元2角。

作品5（如图5-90）：

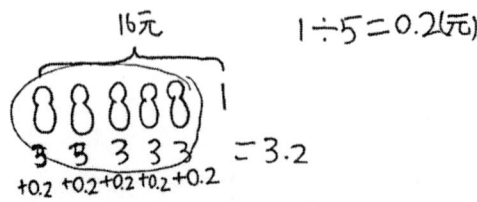

图5-90 "小数除以整数"学生学习活动作品（五）

这幅作品也是聚焦于1元的处理，"1÷5=0.2"，每个3加上对应的0.2，合起来每人平均分到3.2元。

作品6（如图5-91）：

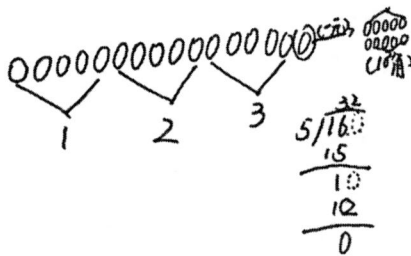

图5-91 "小数除以整数"学生学习活动作品（六）

1元变成10角，相对应的竖式里的1也变成了10，就有了商32的结果。学生很好地用图和式结合描述了自己思考和解决问题的过程，不足的是对于结果的处理，需要进一步表达。

作品7（如图5-92）：

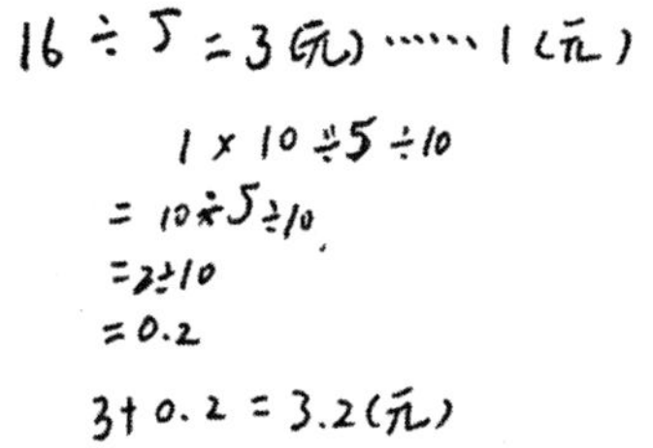

$$16 \div 5 = 3(元) \cdots\cdots 1(元)$$
$$1 \times 10 \div 5 \div 10$$
$$= 10 \div 5 \div 10$$
$$= 2 \div 10$$
$$= 0.2$$
$$3 + 0.2 = 3.2(元)$$

图 5-92 "小数除以整数"学生学习活动作品（七）

用算式的方式描述剩余1元平均分给5个人，突出了从1元到10角，从每人2角到每人0.2元的变化过程。

从学生学习活动的成果来看，他们能基于关键问题"怎样继续往下除"，用画图描述和算式表达的方式去解决问题，凸显了自主探索的过程，既有成功的体验，也有失败的挫折。各种个性化的自主表达，都是主动学习和研究的成果，有助于发展学生的学科核心素养，提升思维能力。

5.8.4 基于活动设教学

根据基于关键问题的教材研读和学生研究，在充分解读学生学习活动成果的基础上，我们可以设计基于关键问题解决的教学方案，构建课堂教学的框架。

1) 复习引入

出示问题：老师办公室进行布置，一共花了16元，办公室的4位老师平均每人需要支付多少钱？

$$16 \div 4 = 4（元）$$

引出：要知道平均每人支付多少元，就需要用到除法。这节课我们继续来研究除法。

2) 算理探究

①出示问题：如果是5个人花了16元，平均每个人要支付多少钱？

a. 怎么列式？（16÷5）

b. 问：结果是几？用你自己的方法试一试。

《 关键问题：一节课里的种子

c. 展示方法：

作品1（如图5-93）：

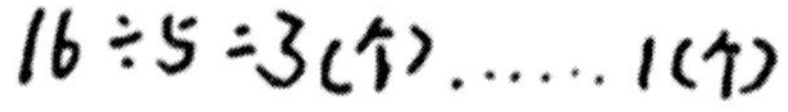

$$16 \div 5 = 3(个) \cdots\cdots 1(个)$$

图5-93 "小数除以整数"学生展示作品（一）

你觉得他的方法怎么样？（用了有余数的除法来表示，但是没有表示出平均每个人要支付多少钱）

作品2（如图5-94）：

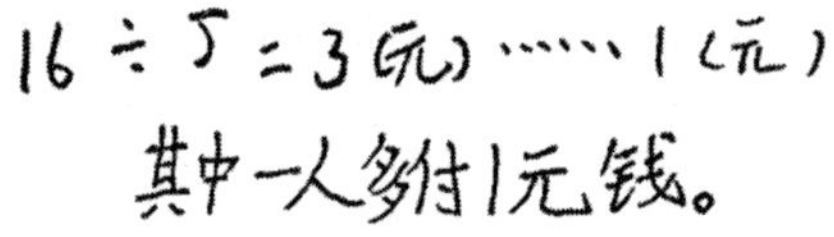

$$16 \div 5 = 3(元) \cdots\cdots 1(元)$$
其中一人多付1元钱。

图5-94 "小数除以整数"学生展示作品（二）

观察：你有什么想说的？（其中一个人多付了1元钱，还是没有表达出平均每个人要支付多少钱）

作品3（如图5-95）：

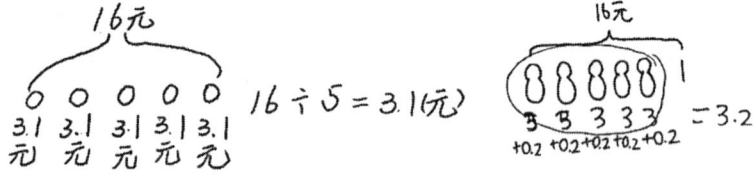

图5-95 "小数除以整数"学生展示作品（三）

观察，这两个同学的作品和前面的有什么不一样？（继续往下除了，结果用小数来表示）

②那么，怎样继续除呢？除得的结果到底是多少呢？我们一起来研究。

a. 出示学习活动。

"把16元平均分给5个人,每人分到多少元?用画图、算式等方法表达你的想法。"

b.学生自主研究。

③组织交流。

作品1(如图5-96):

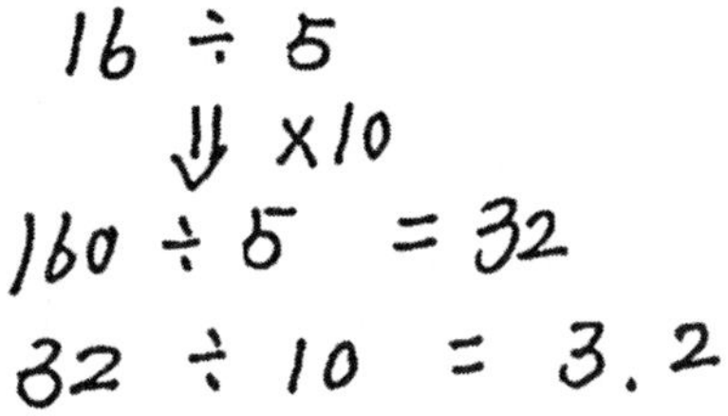

$$16 \div 5$$
$$\Downarrow \times 10$$
$$160 \div 5 = 32$$
$$32 \div 10 = 3.2$$

图5-96 "小数除以整数"学生学习活动展示作品(一)

观察:他是怎么继续往下除的?

反馈:把16变成了160,看成"160÷5=32",然后根据商的变化规律把"32÷10",得到3.2。

作品2(如图5-97):

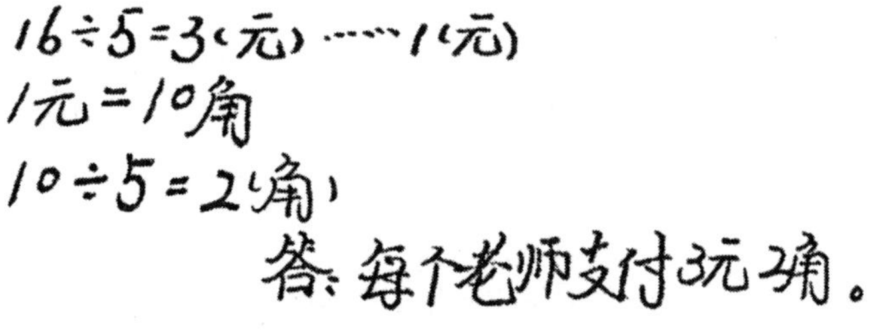

$$16 \div 5 = 3(元) \cdots\cdots 1(元)$$
$$1元 = 10角$$
$$10 \div 5 = 2(角)$$

答:每个老师支付3元2角。

图5-97 "小数除以整数"学生学习活动展示作品(二)

观察:他是怎么继续往下除的?

反馈:把剩下的1元钱转换成10角,"10角÷5",每人得到2角,所以每个老师要支付3元2角。

作品 3（如图 5-98）：

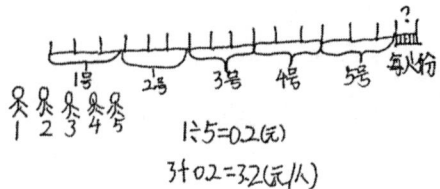

图 5-98 "小数除以整数"学生学习活动展示作品（三）

观察：他是怎么继续往下除的？

反馈：剩下的 1 元还要平均分给 5 个人，每人一份，也就是"1÷5"，每人得到 0.2 元，所以每个老师要支付 3 + 0.2=3.2 元。

作品 4（如图 5-99）：

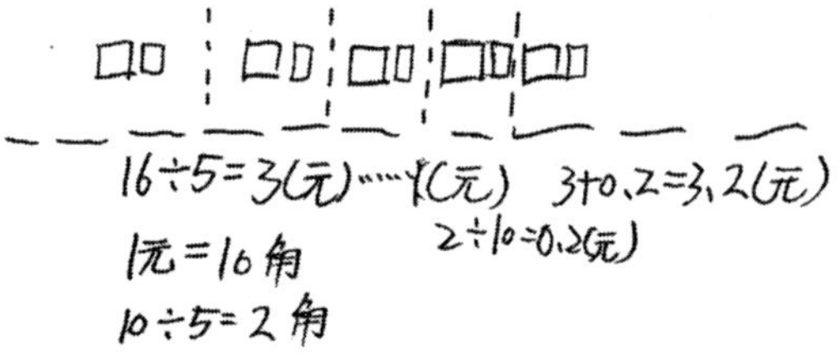

图 5-99 "小数除以整数"学生学习活动展示作品（四）

观察：他是怎么继续往下除的？

反馈：剩下的 1 元还要平均分给 5 个人，1 元 =10 角，也就是"10÷5=2（角）"，每人得到 0.2 元，所以每个老师要支付 3 + 0.2=3.2 元。

④比较概括。

你发现这些方法为什么都可以继续往下除？有什么共同特点？

反馈：都是把余下的 1 看成 10 继续除，除得的结果是 0.2。

3）算法表达

我们知道了可以把余下的 1 看成 10 继续除，那么你能在竖式上表达计算的过程和结果吗？试一试。

①学生竖式计算。

②组织交流。

学生作品（如图5-100）：

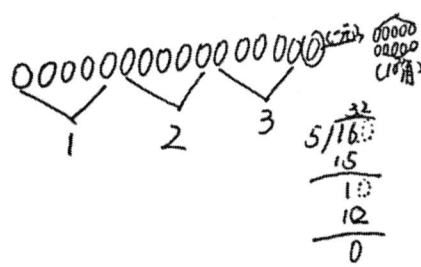

图5-100 "小数除以整数"学生竖式表达（一）

观察：他是怎么在竖式上表达过程和结果的？需要补充吗？

反馈：用竖式计算，除到余1，因为余下的1元也就是10角，所以剩下的1可以添上0变成10继续除。

反馈：添0后除得的"2"是2角，也就是0.2元，所以要在3的右下角添上小数点。

③试一试：竖式计算"16.5÷5"。

a.学生自主计算。

b.呈现学生作品（图5-101），完善算法表达。

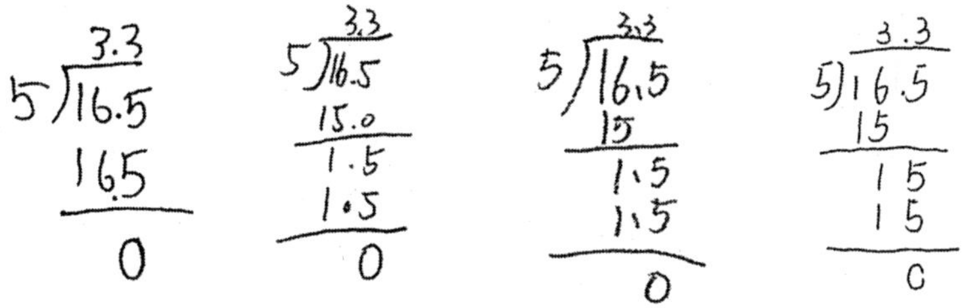

图5-101 "小数除以整数"学生竖式表达（二）

观察：这些竖式有表达出计算的过程和结果吗？

比较：你最喜欢哪个竖式的表达？为什么？

小结板书竖式计算的过程和方法。

《 关键问题：一节课里的种子

4）练习巩固

①综合练习（如图5-102）：

亮亮去了三家店买笔记本，

A店：42元7本　　B店：32.5元5本　　C店：25元4本

图5-102 "小数除以整数"学生练习素材（一）

a.估一估：哪家店的笔记本最便宜？

b.算一算：B、C两家店笔记本的单价。

②沟通比较（如图5-103）：

```
      6              6.5             6.25
  7)4 2         5)3 2.5          4)2 5.0 0
    4 2             3 0              2 4
    ———             ———              ———
      0             2 5              1 0
                    2 5                8
                    ———              ———
                      0              2 0
                                     2 0
                                     ———
                                       0
```

图5-103 "小数除以整数"学生练习素材（二）

整数除法和小数除法有什么相同和不同之处？

5）总结

（略）

总之，当我们确立了关键问题，就可以着眼于关键问题的解决，设计相应的学习活动，让学习活动为解决关键问题提供原料和动力，让学生在自主探索和合作交流中学会用数学的语言描述数学现象。

5.9 一个数除以小数：用形式凸显本质

"小数除法"是五年级上册第三单元的内容，学生在此之前已经学习了"小数的意义和性质""小数的加减法""小数的乘法"等相关知识和技能，积累了一定的活动经验和思想方法。

在学习"一个数除以小数"之前，教材先安排了"小数除以整数"，学生在自主探究算法的过程中，理解和掌握了"整数部分除完了，小数部分还可以继续除"的算理和算法，能够确定商的小数点的位置，用竖式表达"小数除以整数"的除法计算过程，明晰了小数的计数单位在算法表达中的价值和意义。在此基础上，学生接下来要研究的"一个数除以小数"的关键问题是什么？又应该设计怎样的学生学习活动呢？

5.9.1 教材研读理脉络

教材首先呈现的是一个奶奶编"中国结"的问题情境（如图5-104）：

4 奶奶编"中国结"，编一个要用0.85 m丝绳。用7.65 m丝绳可以编几个"中国结"？

7.65÷0.85=

图5-104 "一个数除以小数"教材例题

要求能够编多少个"中国结"，也就是求7.65里面有多少个0.85，所以学生可以根据除法运算的意义列出算式"7.65÷0.85"。

"想一想：除数是小数怎么计算？"就成了学生需要直接面对的新问题。和"小数除以整数"不同，"一个数除以小数"需要把除数转化成整数，转化成旧知识，用一个数除以整数的方法来计算，也就是教材里面的一句话"可以把除数转化成整数，同时……"

要把新知识转化成旧知识，就要有变化，除数的变化进而引起被除数的变化。商不变性质的理解和运用，对于学生来说不是难点，难点在于怎样把商不变性质表示在竖式上，让自己或者他人一眼就看清楚被除数和除

« 关键问题：一节课里的种子

数是怎样变化的，变化的过程和结果是否正确。用形式的变化凸显算理的本质和算法的表达，这显然是学生需要重点关注的关键问题和关键活动。

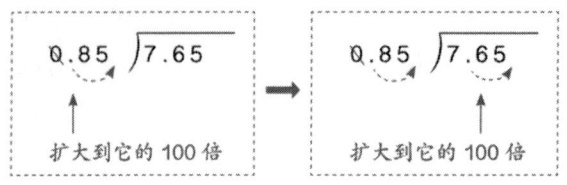

图 5-105 "一个数除以小数"算法示意图

图 5-105 中的第一幅图是除数到整数的变化，图 5-105 中的第二幅图是被除数随着除数的变化而变化，其中的关键是除数转化成整数的变化。这种变化能体现商不变性质的运用，体现了"被除数和除数同时乘或除以一个相同的数（0 除外），商不变"的规律，左边的"扩大到它的 100 倍"和右边的"扩大到它的 100 倍"清楚地表达了这种变化（如图 5-106）。

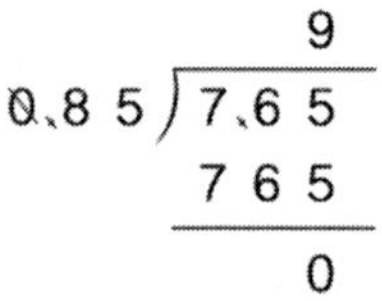

$$0.85\overline{)7.65} \quad \begin{array}{r} 9 \\ 7\,6\,5 \\ \hline 0 \end{array}$$

图 5-106 "一个数除以小数"算法

但是，要把这种变化表示在竖式上，要在竖式上清晰地表示出"都扩大 100 倍"的变化，这似乎是一个比较困难的操作。学生有过很多在竖式上表示进位、退位等数学现象的活动经验，这些活动经验的积累对于学生在竖式上尝试表达"商不变性质"应该会有积极的影响。教材编排的"做一做"（如图 5-107）旨在让学生尝试和练习"怎样移动小数点"，熟练技能，掌握方法。

做一做

先说出下面各题的除数和被除数需要同时扩大到原来的多少倍，怎样移动小数点，然后再计算。

$2.6\overline{)62.4} \qquad 0.34\overline{)2.38} \qquad 0.16\overline{)0.544}$

图 5-107 "一个数除以小数"教材练习题

"一个数除以小数"对于这个"小数"来说,有三种情况:被除数的小数位数比除数的小数位数多、被除数的小数位数和除数的小数位数相等、被除数的小数位数比除数的小数位数少。"做一做"的三道题中,已经包含了前面两种情况,第三种情况以例题(如图5-108)的形式出现。

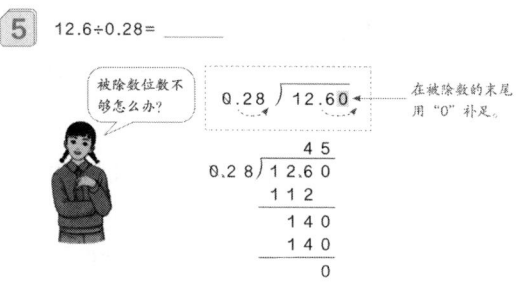

图 5-108 "一个数除以小数"教材例题 5

背后的算理都是一致的,关键是算理的呈现形式的描述和表达,为了凸显被除数和除数都要扩大到原数的 100 倍,所以在表达上要在被除数的末尾用"0"补足,使得两者的小数点向右移动两位。那么,除数是小数的除法是怎样计算呢?教材组织的讨论环节(如图 5-109)就是以此为主题,让学生进行合作交流,并得出结论:

大家来讨论:除数是小数的除法应该怎样计算?

1. 先移动除数的小数点,使它变成_____;
2. 除数的小数点向右移动几位,_____的小数点也向右移动几位(位数不够的,在被除数的末尾用_____补足);
3. 然后按除数是整数的小数除法进行计算。

图 5-109 "一个数除以小数"教材算法总结

其算法的主体就是在讲如何移动小数点,如何用形式化的表达凸显把除数转化成整数来计算的过程。对算法过程进行总结和反思,有助于提高学生的计算技能。

5.9.2 理清脉络定关键

从教材内容安排来看,我们可以发现教学的重点是学生自主探究——

> 关键问题：一节课里的种子

"想一想：除数是小数怎么计算？"在自主探究的过程中，让学生明白可以把除数转化成整数来计算。对于除数是小数的除法，从计算过程来看，可以分为三个部分：

①理解把除数是小数转化成除数是整数的算理。②把算理在竖式上正确清晰地表示出来。③按除以整数的方法来计算。

"理解把除数是小数转化成除数是整数的算理"这是教学的重点，但不是难点，因为学生对于商不变性质的理解和运用一般不会构成学生的学习困难。学生在面对算式展开自主探索怎么计算时，出现了以下几种情况（如图5-110）：

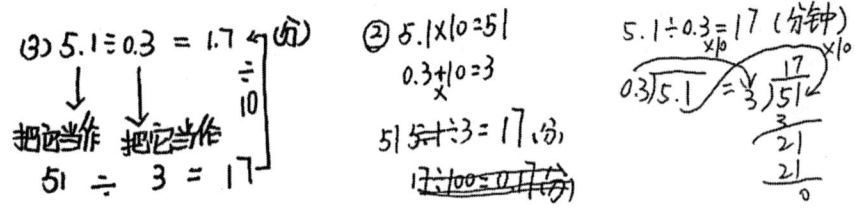

图5-110 "一个数除以小数"学生学情研究

可以看出，学生能够想到把小数转化成整数来计算，不管是"把它当作"整数，还是把被除数和除数都"×10"变成整数，都体现了学生基于小数乘法的活动经验迁移而来的对小数除法的自主探索的成果呈现。当然也有负迁移，就是添加了对计算结果的再处理——缩小至$\frac{1}{10}$，计算得到的17又变成了1.7。

在课堂教学实践中，我们也会发现学生会合理的利用商不变性质进行转化，再根据小数除以整数的算法来计算。难点是什么呢？难点是第二部分对于商不变性质的算法表达——把算理在竖式上正确清晰地表示出来。

学生有在竖式上表示"进位"或"退位"的活动经验，学习小数乘法时，是在意识中把小数看成整数来计算，再根据因数的小数位数点上小数点，没有也不需要在竖式上表示这种变化的过程。学生第一次遇到在竖式上表示商不变性质的变化过程，是学生学习的难点。在实际计算的过程中，我们经常发现学生会出现对小数点位置移动情况的错乱，知其然，但是不会正确灵活地应用和实施商不变性质。

因此本节课的关键问题是算法形式的表达，是如何在竖式上表达算理，用形式凸显变化的本质，这是一种发明，也是一种再创造。

5.9.3 基于关键设活动

明白了"一个数除以小数"的重点和难点，确定了以形式凸显本质的设计思路，我们就可以基于关键问题"如何在竖式上表达算理"来设计相应的学生学习活动，并以此构建课堂教学的框架和结构。

根据关键问题，我们可以把学习活动设计为：

怎样清晰正确地把被除数和除数的变化表示在竖式上？

在这一学习活动中，学生要在竖式上表达算理，凸显商不变性质的应用，描述除数的变化以及由此而引起的被除数的变化。这种把数学性质描述在竖式里的学习任务，学生以前有过类似的经验，但这种描述与刻画显然会有一定的难度，需要学生的再创造。

我们来看学生在学习活动中呈现的成果：

①以不变应万变——竖式不变（如图 5-111）。

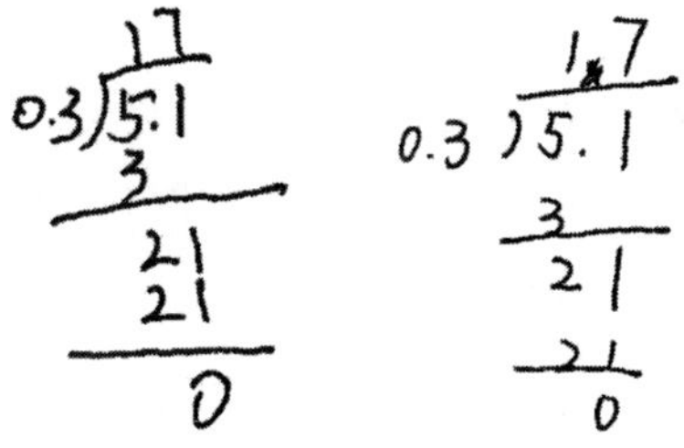

图 5-111 "一个数除以小数"学生学习活动作品（一）

学生知道被除数和除数要变，但是不知道怎样在竖式中表达和描述这种变化，因而呈现的是计算的结果，没有凸显算理，没有通过形式的变化表达算法背后性质的力量。

②从过程到结果：用两个式子呈现变化（如图5-112和图113）。

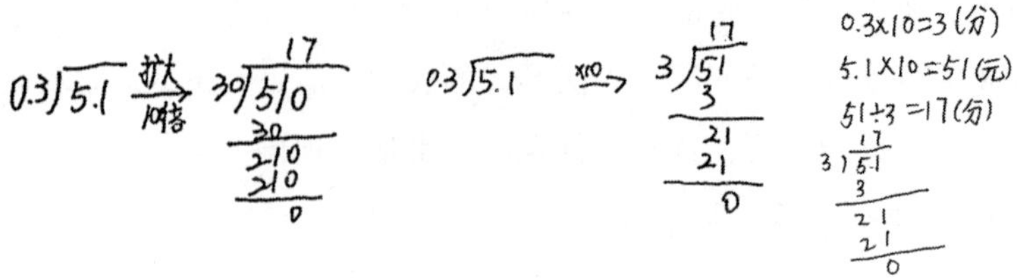

图5-112 "一个数除以小数"学生学习活动作品（二）

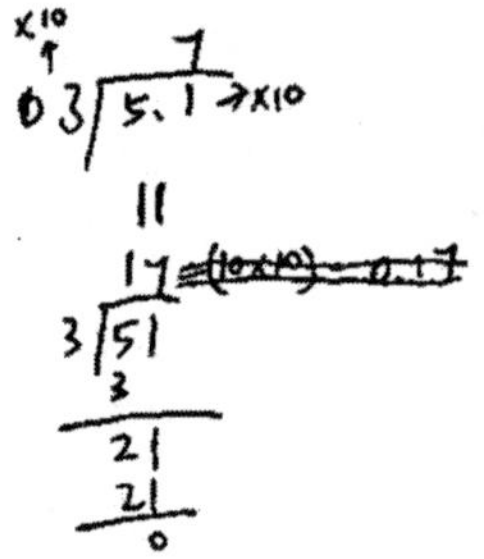

图5-113 "一个数除以小数"学生学习活动作品（三）

由此到彼，不是在一个竖式上表达和刻画商不变性质，而是用一个过程去表达和呈现被除数和除数是怎样变化的，并把变化的结果用除以整数的方式记录下来。有的学生甚至在变化中用"="号连接前后的竖式，表达被除数和除数的变化，凸显商不变。

③从竖式到竖式：凸显形式的本质（如图5-114）。

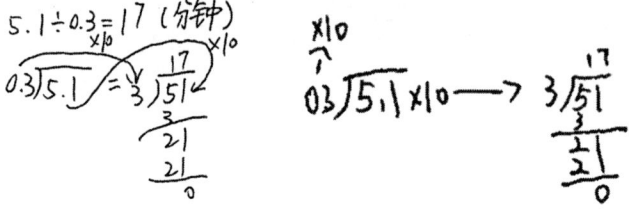

图5-114 "一个数除以小数"学生学习活动作品（四）

和从过程到结果的变化不同，这里的竖式更明显地突出了点对点的变化：除数从0.3变成3，被除数从5.1变成51。两者的变化被动态地、生动地呈现出来。

④合二为一：以符号的变化刻画商不变性质（如图5-115）。

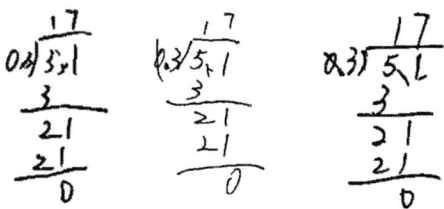

图5-115 "一个数除以小数"学生学习活动作品（五）

从左到右，图5-115中的第一幅图中被除数和除数都去掉小数点，第二幅图除数去掉了0，被除数去掉了小数点，第三幅图除数去掉了0和小数点，被除数去掉了小数点。三种竖式都在尝试以符号的变化来表达商不变性质。

⑤动态刻画：以小数点的移动刻画商不变性质（如图5-116）。

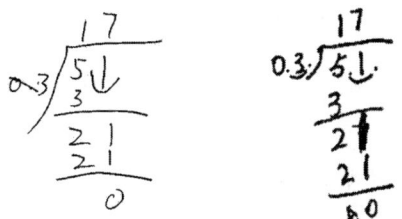

图5-116 "一个数除以小数"学生学习活动作品（六）

这是具有后续学习价值的表示方式，除数和被除数向右移动小数点，移动相同的小数位数。商不变性质被表示为小数点的位置移动，把数学性质和数学活动紧密结合在一起，凸显了两者变化的一致性，对后面遇到的各种不同样式的"一个数除以小数"计算具有迁移价值。

从学生的学习活动成果来看，学生能够在自主探索的过程中尝试用个性化的方法去描述小数除法中的商不变性质，从只表示确定的结果，到用过程来刻画性质，冉到点对点的表达除数和被除数的变化，最后用小数点的移动来体现商不变性质的应用。种种不同的个性化的表示方法，都是学

《 关键问题：一节课里的种子

生再创造的成果，体现了学生学习的主动性和创造性。

5.9.4 基于活动设教学

根据基于关键问题的教材研读和学生研究，在充分解读学生学习活动成果的基础上，我们可以设计基于关键问题破解的教学方案，构建课堂教学的框架。

1）问题引入，促发思考

①出示问题情境（如图5-117）：

图5-117 "一个数除以小数"课堂教学引入问题

观察：你获得了什么数学信息？你能提出什么数学问题？

②这个问题你能列式解决吗？（根据学生回答板书：5.1÷0.3）

为什么用除法计算？（就是求5.1元里面有几个0.3元）

③比较：这道算式和我们以前学的算式有什么不一样？（除数是小数）

引出：今天我们就一起来研究一个数除以小数。（板书：一个数除以小数）

2）自主探究，理解算理

①出示学习活动：

5.1÷0.3 = ？请尝试着用你自己的方式解决，并说明原因，把你的方法记录在学习纸上。

②反馈交流：展示学生作品，集体评议。

作品1（如图5-118）：

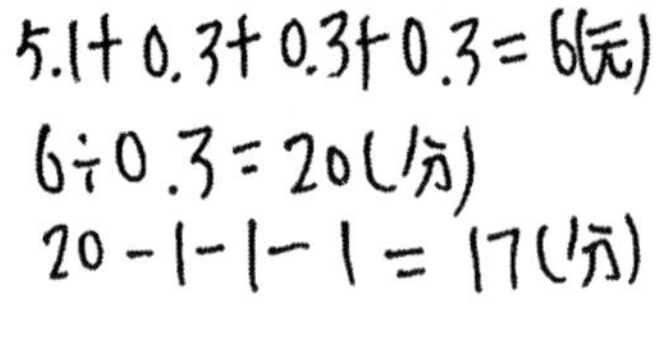

$$5.1 \div 0.3 + 0.3 + 0.3 = 6(元)$$
$$6 \div 0.3 = 20(分)$$
$$20 - 1 - 1 - 1 = 17(分)$$

图5-118 学生研究作品（一）

说一说：为什么这样计算？

生：把 5.1 + 0.3 + 0.3 + 0.3 凑成 6 元，这样题目就把被除数变成了整数 6，6 元除以 0.3 元，正好是 20 分钟，然后再去掉 3 个 0.3 元，也就是 3 分钟，所以结果是 17 分钟。

作品 2（如图 5-119）：

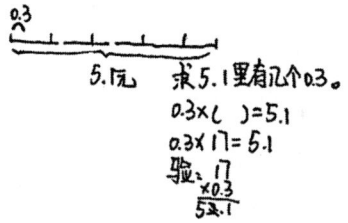

图 5-119　学生研究作品（二）

说一说：为什么这样计算？

生：根据乘除法的关系，想 0.3 ×（　　）=5.1，所以推断 5.1 ÷ 0.3=17。

作品 3（如图 5-120）：

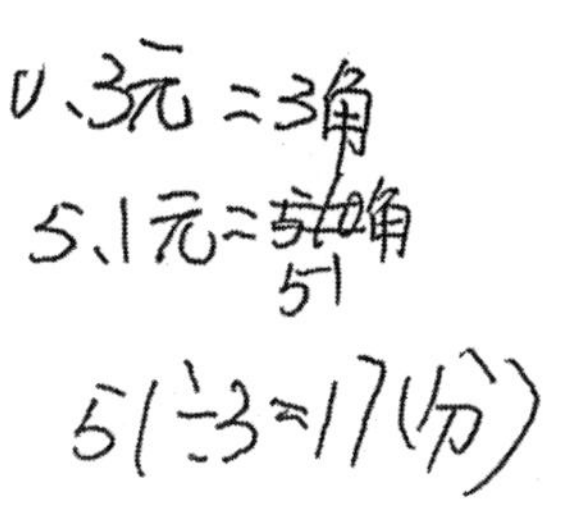

图 5-120　学生研究作品（三）

学生表达自己的思考：借助单位之间的转换解决了这个计算问题，5.1 元 =51 角，0.3 元 =3 角，51 ÷ 3=17。

评价：和作品 1 比较，这幅作品有什么不同？（既把被除数变成了整数，也把除数变成了整数）

看到这份作品，你还想到了什么？（商不变性质）

作品 4（如图 5-121）：

(3) 5.1÷0.3 = 1.7 (分)
把它当作
把它当作
÷10
51 ÷ 3 = 17

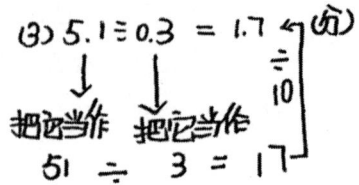

图 5-121　学生研究作品（四）

看到这幅作品，你有什么想说的？（用到了商不变性质，被除数和除数都变成了整数）

计算结果是要除以 10 呢，还是不用除以 10 呢？（强调商不变）

作品 5（如图 5-122）：

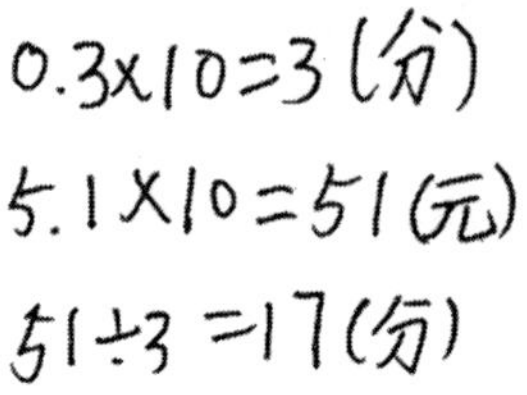

0.3×10=3 (分)
5.1×10=51 (元)
51÷3 =17 (分)

图 5-122　学生研究作品（五）

③小结共同点。

观察作品 3、4、5，思考有什么共同的地方。

这几种计算方法都是利用商不变性质，把除以小数转化成除以整数，把新知变成旧知。

3）探究竖式上表达商不变性质

①通过刚才的交流探讨，我们知道了可以运用商不变性质把除数是小数的除法转化成除数是整数的除法。那么，我们怎么把这种转化的过程合理、简洁地表示在除法竖式中呢？愿意试一试吗？

②学生活动：你能在竖式中合理简洁地表示被除数和除数的变化，让人一眼就看清楚吗？

③展示学生的作品。

作品1（如图5-123）：

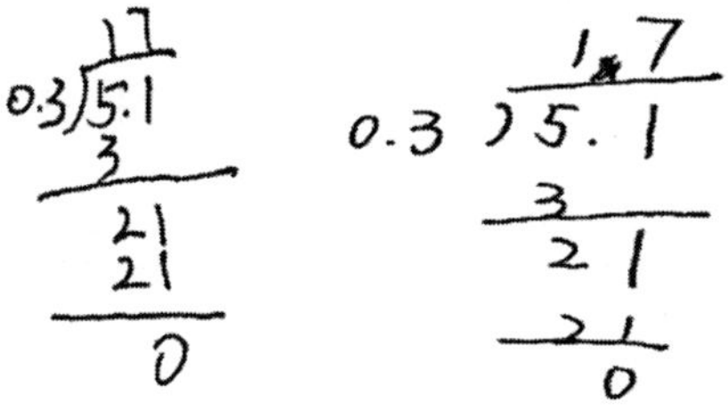

图5-123　学生竖式表示研究作品（一）

观察：他的竖式有合理、简洁地表示出转化的过程吗？为什么？
反馈：有结果，但是没有表达出被除数和除数变化。

作品2（如图5-124）：

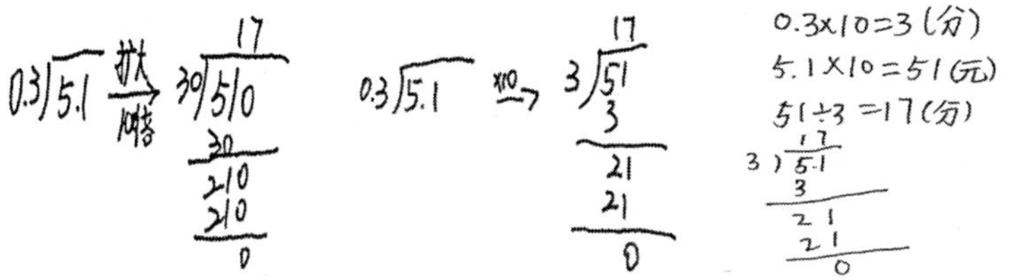

图5-124　学生竖式表示研究作品（二）

观察：有没有表示出商不变性质？你觉得他表示得怎样？
反馈：用两个算式表示出了变化的过程，但是还不够简洁。

作品3（如图5-125）：

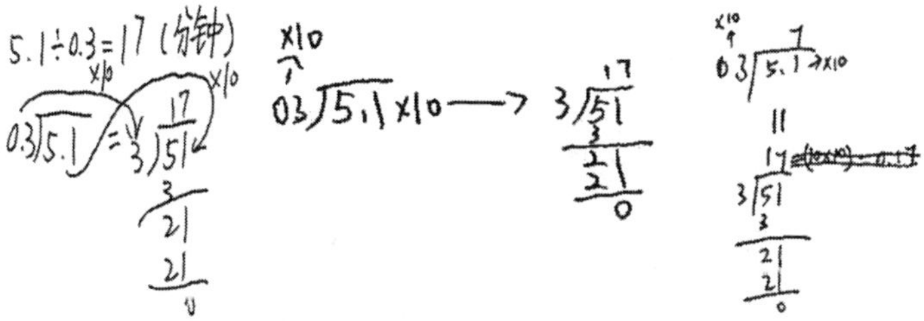

图5-125　学生竖式表示研究作品（三）

《 关键问题：一节课里的种子

观察：同样都是用两道算式来表示变化的过程和结果，比较一下，和前面的表示方法有什么不一样？

反馈：通过点对点的方式，表达了除数和被除数各自的变化过程。

作品4（如图5-126）：

看来，要在竖式上分别表示出除数和被除数的变化，我们来看看下面这几幅作品有没有表达清楚：

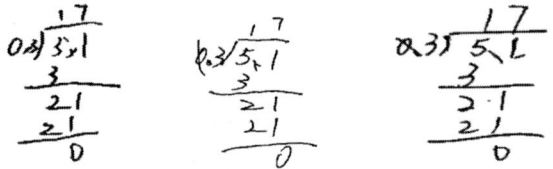

图5-126 学生竖式表示研究作品（四）

观察：这三道竖式有合理、简洁地表示被除数和除数的变化过程吗？他们是用什么方式来表示这种变化的？

反馈：通过去掉或划去小数点和整数部分中的0的方式，表示出被除数和除数都扩大到原数的10倍，变成了整数。

作品5（如图5-127）：

用去掉小数点的方式，我们把小数变成了整数。看到这个，你还想到什么不一样的方法吗？

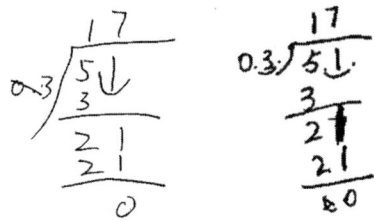

图5-127 学生竖式表示研究作品（五）

比较：有什么不一样？（用小数点的位置移动表现商不变性质）

小结：我们在竖式上表示商不变性质，可以用去掉小数点和移动小数点的方式来表达。

5 基于关键问题的教学设计研究

④我们一起来完整地说一说"5.1÷0.3"的笔算过程。（学生说，教师板演）

因为除数是小数，所以我要先把除数转化为整数，除数要扩大10倍，小数点向右移动一位，要想商不变，被除数也要扩大10倍，小数点也要向右移动一位。然后就可以按除数是整数的除法进行笔算。

4）练习巩固，凸显关键

①请仔细观察，思考下面各题（如图5-128）的被除数和除数需要同时扩大多少倍？

$$0.34\overline{)2.38} \qquad 0.16\overline{)0.544} \qquad 0.28\overline{)12.6}$$

图5-128 学生课堂练习（一）

用竖式来表示这种变化，并计算这三道题。

②反馈交流。

a.思考：竖式表示正确的是（　　）。（如图5-129）为什么？

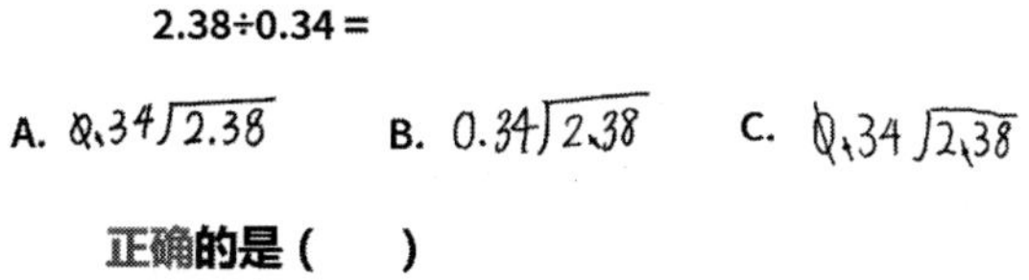

2.38÷0.34=

A. $0.34\overline{)2.38}$ B. $0.34\overline{)2.38}$ C. $0.34\overline{)2.38}$

正确的是（　　）

图5-129 学生课堂练习（二）

b.思考：竖式表示错误的是（　　）。（如图5-130）为什么？

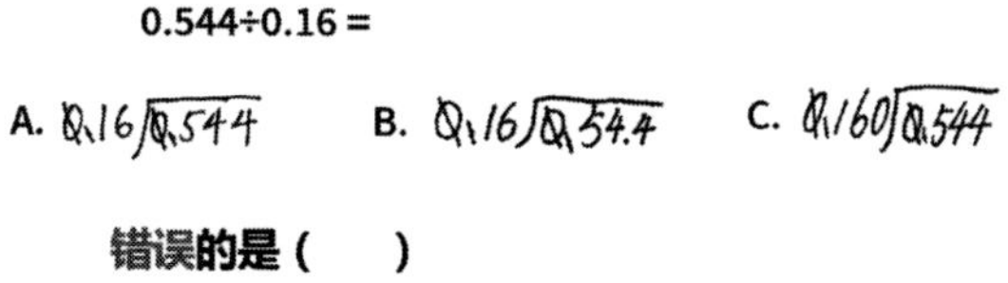

0.544÷0.16=

A. $0.16\overline{)0.544}$ B. $0.16\overline{)0.544}$ C. $0.160\overline{)0.544}$

错误的是（　　）

图5-130 学生课堂练习（三）

c.思考：竖式表示正确的是（　　）。（如图5-131）（用手势表示）为什么C选项是错误的？

149

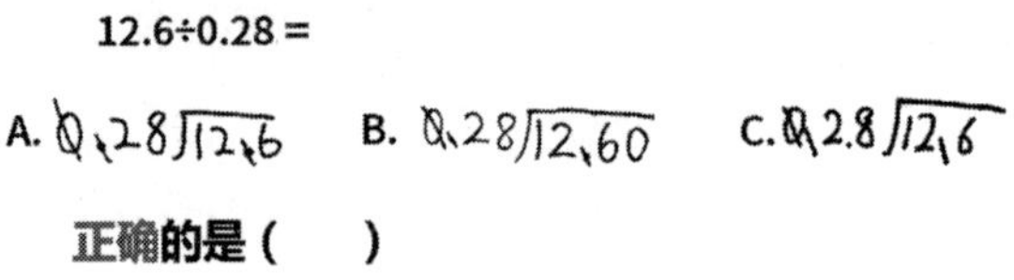

《 **关键问题：一节课里的种子**

12.6÷0.28 =

A. 0.28⟌12.6   B. 0.28⟌12.60   C. 0.28⟌12.6

正确的是（   ）

图 5-131　学生课堂练习（四）

比较：这道题和前面学习的小数除法有什么不一样？有什么一样？

小结：这两题都要把除数是小数转化成除数是整数，不一样的是除数的小数点向右移动了两位，被除数也要相应的向右移动两位，位数不足要用 0 补足。

③解决问题。

国际长途每分钟 7.2 元，通话费 54 元。淘气打电话的时间是多少分？

5）自主梳理，厘清算法

①这节课我们一起研究了除数是小数的除法，除数是小数的除法应该怎么计算？你能整理一下吗？

②老师把大家的话整理了一下，谁来完整地给大家说一说。（如图 5-109）

6）课后拓展

运用转化的策略，我们还可以解决看似很难的问题，课后去试试解决下面的问题（如图 5-132）。

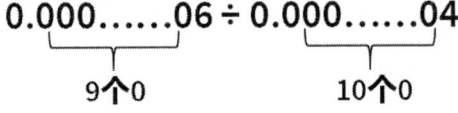

0.000……06 ÷ 0.000……04

9个0　　　10个0

图 5-132　学生课堂练习（五）

总之，本节课把关键问题定位于算法形式的表达，让学生探究"如何在竖式上表达算理"，用形式凸显变化的本质。在数学发明和再创造中进一步理解商不变性质，体会商不变性质的表达方式，进而理解算理本质，掌握算法。

5.10　小数加减：感受小数点是数位对齐的准星

人教版教材在四下第六单元安排了"小数的加法和减法"的教学内容，在配套的教师教学用书中用这样的一段文字来描述小数加、减法的地位和价值："在人类生产和生活中，诸多问题的解决，离不开小数加、减法。它是数的运算中不可缺少的内容，是形成良好的计算能力的重要组成部分。"从中我们可以发现"小数加、减法"是发展学生"运算能力"的重要内容，值得我们去仔细研究，促进学生在基本口算、算理理解、算法掌握和策略运用上的发展。

5.10.1　整体解读理脉络

在学习小数加减法前，学生已经掌握了整数加减法及一位小数加减法的计算方法，理解了整数加减法的算理，积累了大量关于元、角、分的知识。这些知识和经验为学生从整数加减法迁移到小数加减法做好了充分的铺垫。

学生还学习了整数四则混合运算和整数运算定律，通过混合运算和运算定律的学习，有助于学生在加减运算的方法选择、过程简化和挖掘算式相关信息上得到提升，提高灵活运用运算策略进行加减计算的能力。

学生学习了简单的小数加减法，基于元、角、分的支撑，已经掌握了一位小数加减法的算法，对于相同数位对齐相加减的算理理解是基于元、角、分对齐相加减而来的。知其然，不知其"数位对齐"的所以然。

而"小数的意义和性质"单元内容的学习，恰好补上了这块短板，万事俱备，为后续小数加减法的算理理解和算法掌握学习不但知其然，更要知其所以然，同时还要感悟我是如何知道的，积累"何由以知其所以然"的心路历程和思考经验。

从知识和技能上来说，学生已经具备了充分的基础，那么本节课的关键问题是什么？应该设计怎样的学习活动激发学生学习和探究呢？

5.10.2　教材研读定关键

教材总共编排了小数加减法、小数加减混合运算、整数加法运算定律推广到小数三块内容，小数加减法重在理解算理和掌握算法，混合运算和定律推广则重在运算策略的应用。

教材例 1（如图 5-133）呈现的是图书大厦购书的情境，解决购买 2 本书一共要花多少钱的数学问题：

$16.45+14.29=30.74$

$$\begin{array}{r} 16.45 \\ +\ 1_{1}4.2_{1}9 \\ \hline 30.74 \end{array}$$

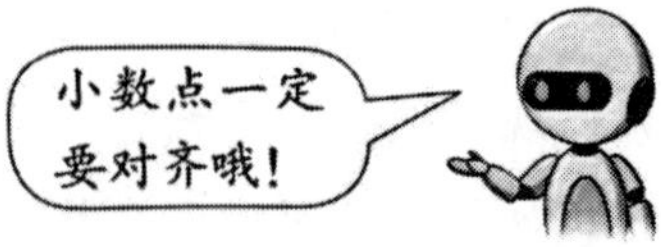
小数点一定
要对齐哦！

图 5-133 “小数的加法和减法”教材素材（一）

我们把这个例题和三下简单的小数加减法（如图 5-134）对比一下：

$0.8+0.6=$ ______ $0.8-0.6=$ ______

$$\begin{array}{r} 0.8 \\ +\ 0.6 \\ \hline 1.4 \end{array} \qquad \begin{array}{r} 0.8 \\ -\ 0.6 \\ \hline 0.2 \end{array}$$

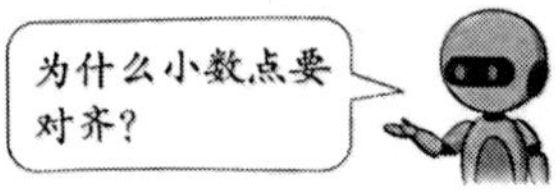
为什么小数点要
对齐？

图 5-134 三下“简单的小数加减”教材素材

可以发现，从整数到小数，从元、角、分到个位、十分位、百分位，在竖式笔算的形式上，对于位数相同的小数加减笔算和口算来说，“数位对齐”是自然而然的迁移，这不是本单元的教学重点。

教材例 2（如图 5-135）呈现的小数加法算式和减法算式：

$6.45+8.3=14.75$ $8.3-6.45=1.85$

$$\begin{array}{r} 6.45 \\ +\ 8.3 \\ \hline 14.75 \end{array} \qquad \begin{array}{r} \dot{8}.\dot{3}0 \\ -\ 6.45 \\ \hline 1.85 \end{array}$$

图 5-135 “小数的加法和减法”教材素材（二）

从形式上说，这是学生第一次遇见小数位数不同的加法。学生每个第一次都是值得我们认真对待的节点，这也是学生学习小数加减法的难点，对于小数位数不同的加减法算式算理的理解也就成了小数加减法学习的关键问题。

从加法到减法，因为小数位数不同的算法是一样的，相对而言对于位数不同的加法算式算理的自主探究更有研究意义，对于后续学习减法具有迁移价值。减法竖式笔算重点是要解决"百分位上怎样减"的问题，是基于"相同数位对齐相加减"算理理解上的算法掌握和策略运用。

综上所述，因为学生是第一次遇见小数位数不同的加法，同时从位数不同的小数加法可以迁移位数不同的小数减法，所以本节课的关键问题应该是"如何理解小数相加要相同数位对齐相加的算理"。

5.10.3 基于关键设活动

通过前面的教材梳理，我们明确了小数加减的关键问题是"理解小数位数不同的小数加减法数位对齐相加减的算理"。基于关键问题，我们设计了如下的学生学习活动（如图5-136）：

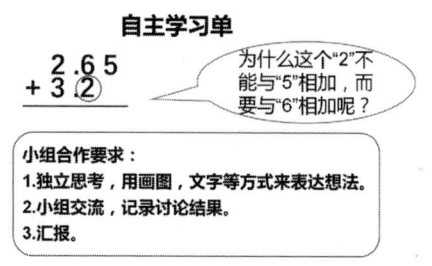

图5-136 "小数的加法和减法"学生学习活动

学习活动要求学生通过独立思考，用画图、文字等方式来表达自己的思考，表达对于"为什么能"与"为什么不能"的理解。

我们来看学生的作品：

《 关键问题：一节课里的种子

作品1（如图5-137）：

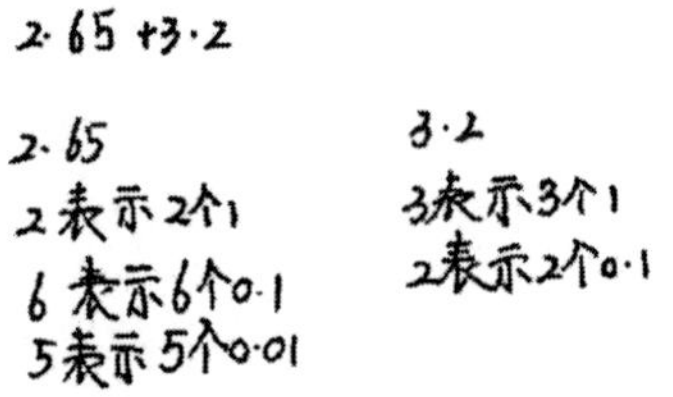

$$2.65 + 3.2$$

$$2.65 \quad\quad 3.2$$
2表示2个1　　3表示3个1
6表示6个0.1　　2表示2个0.1
5表示5个0.01

图5-137　学生学习活动作品（一）

学生基于小数意义的学习，用自己的方式表达每个数位上的数字的意义，但是没有完整地表达"为什么"。

作品2（如图5-138）：

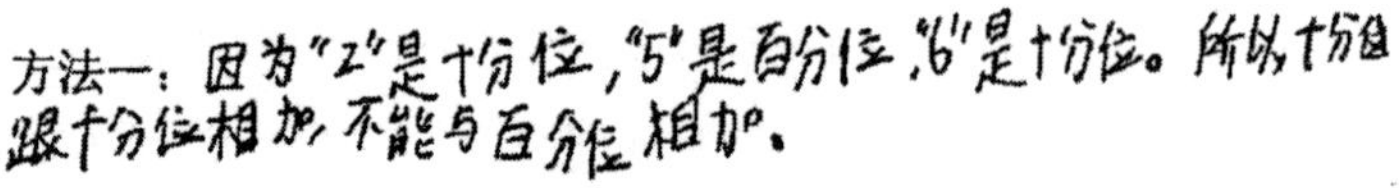

方法一：因为"2"是十分位，"5"是百分位，"6"是十分位。所以十分位跟十分位相加，不能与百分位相加。

图5-138　学生学习活动作品（二）

学生分析了2、6、5的数位，因为十分位要和十分位相加，不能与百分位相加，用数位分析的方法告诉我们2要和6相加，不能与5相加。

作品3（如图5-139）：

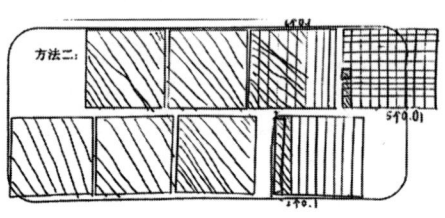

图5-139　学生学习活动作品（三）

学生用画图的方式表示2.65和3.2，用形象直观的方式告诉我们2和6是同一个数位的，可以直接相加。5的计数单位是0.01，所以不能和2直接相加。

作品4（如图5-140）：

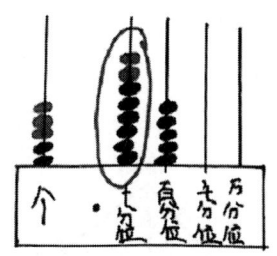

图 5-140　学生学习活动作品（四）

学生用计数器模型描述"2.65 + 3.2"，用数位相同的数合在一起的生动画面，告诉我们2与6相加的道理。

作品5（如图5-141）：

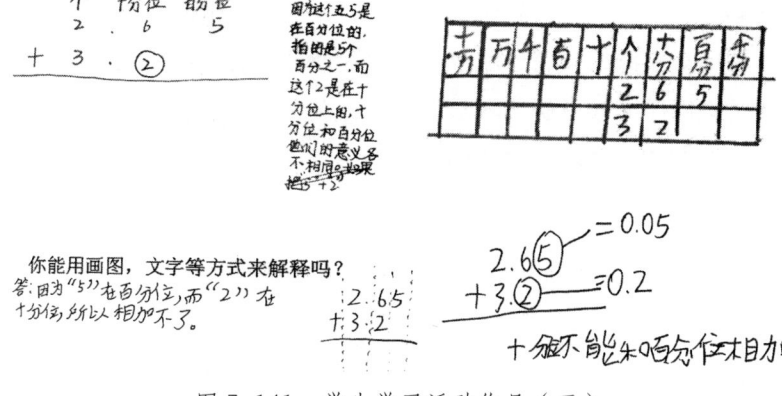

图 5-141　学生学习活动作品（五）

学生用竖式和数位表的模型来描述相同数位对齐的道理，告诉我们2和5不能相加。

从以上学生的作品来看，"小数意义和性质"单元的学习有了让学生"知其所以然"的知识基础，可以用数位和计数单位的角度去分析和描述可以相加和不能相加的理由。使学生从以元、角、分单位支撑的对应相加减的算法发展到用数位对齐的本质含义去分析和描述数位对齐相加减的算理，把小数加减和整数加减法联系和沟通起来，用整数加法的算理、算法、运算策略同化小数加减法，促进学生运算能力的发展。

5.10.4 基于活动设教学

曹培英老师在对运算能力的解读中提出了关于运算能力的模型结构（如图 5-142）：

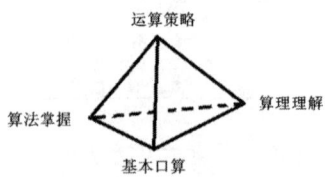

图 5-142　曹培英老师运算能力结构模型

从这个模型上看，小数加减法与整数加减法一样，其运算能力的培养也包括基本口算、算法掌握、算理理解和运算策略。小数加减法就是整数加减法的算法、算理和运算策略的迁移和应用，其中的关键与难点是小数位数不同的加减法的算理理解，其余问题都是已有知识的生长点。根据前面基于关键问题的教材研读和学生研究，在充分解读学生学习活动成果的基础上，我们可以把本单元的教学内容做适度的整合，突出重点、突破难点。（如图 5-143）

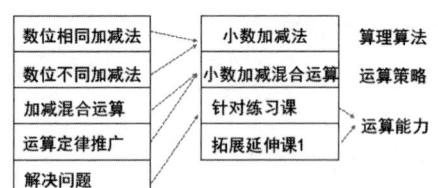

图 5-143　"小数的加法和减法"单元整合结构图

①把数位相同的加减法和数位不同的加减法整合为一课时，重点是研究小数加减法的算理和算法；

②把小数加减法混合运算和运算定律的推广整合为一课时，重点是提升小数加减法的运算策略；

③把解决问题融入针对性的练习课，再设计一节拓展延伸课，重点是全面提升学生小数加减法的运算能力。

第一节课显然是本单元教学的重点，关键是引导学生通过学习活动掌握小数位数不同的加减法的算理和算法，由此我们可以设计基于关键问题破解的教学方案，构建课堂教学的框架。

1）复习引入

①出示：2.65 + 3.2。

提出要求：试一试，列竖式计算。

②学生独立尝试计算，教师巡视，收集资源。

③逐一展示：思考，他的算法正确吗？（如图5-144）

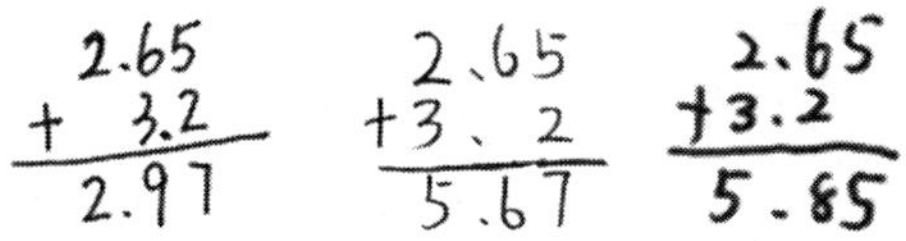

$$
\begin{array}{r} 2.65 \\ +\ 3.2 \\ \hline 2.97 \end{array} \qquad \begin{array}{r} 2.65 \\ +3.\ 2 \\ \hline 5.67 \end{array} \qquad \begin{array}{r} 2.65 \\ +3.2 \\ \hline 5.85 \end{array}
$$

图5-144 "小数的加法和减法"学生练习作品

2）研究新知

①提出问题：为什么"2"不能与"5"相加，而要与"6"相加呢？

②学生活动：在学习单上研究。（如图5-136）

③展示作品：观察并思考，他是怎么表达自己的想法的？

a. 逐一出示学生作品。（如图5-137至图5-141）

b. 小结：看来数位不同，不能直接相加。

c. 观察：下面同学表达自己的想法，对吗？（如图5-145）

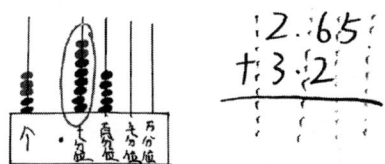

图5-145 学生学习活动作品

他们两个人的表达方法有什么共同特点？（引出：相同数位对齐相加）

3）得出结论

①提出问题：我们已经明白了，计算小数加减要相同数位对齐，那么怎么判断数位有没有对齐呢？（如图5-146）

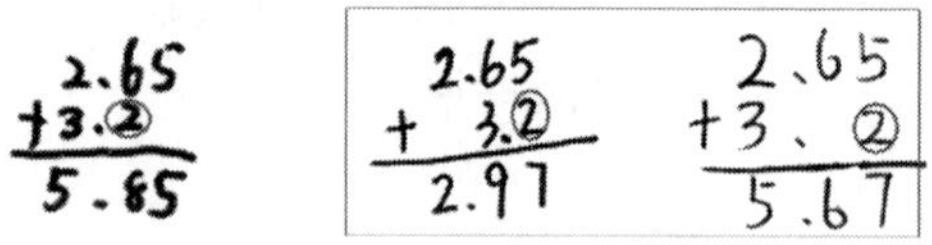

《 **关键问题：一节课里的种子**

$$\begin{array}{r}2.65\\+3.2\\\hline 5.85\end{array}\qquad\begin{array}{r}2.65\\+3.2\\\hline 2.97\end{array}\qquad\begin{array}{r}2.65\\+3.2\\\hline 5.67\end{array}$$

图 5-146　学生笔算竖式作品

②得出结论：判断相同数位有没有对齐，我们要看小数点有没有对齐。小数点对齐了，也就是相同数位对齐了，所以"小数点对齐"是判断数位对齐的准星。

③判断数位有没有对齐。(如图 5-147)

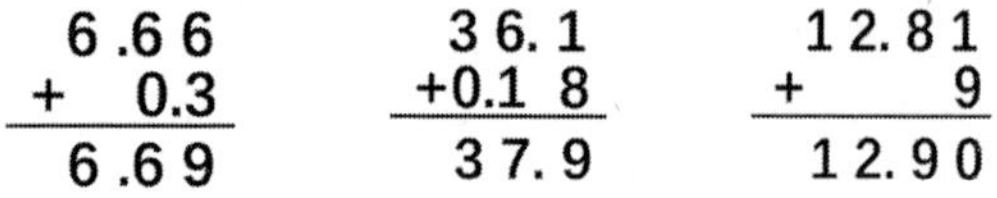

$$\begin{array}{r}6.66\\+0.3\\\hline 6.69\end{array}\qquad\begin{array}{r}36.1\\+0.18\\\hline 37.9\end{array}\qquad\begin{array}{r}12.81\\+9\\\hline 12.90\end{array}$$

图 5-147　学生课堂练习作业（一）

④强调：图 5-147 中练习第三题，小数对齐了吗？没有小数点怎么办？

4）练习巩固

①卡车停在哪？

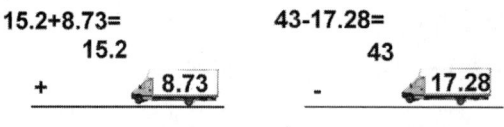

图 5-148　学生课堂练习作业（二）

②竖式笔算图 5-148 两题。

③解决图 5-149 中的问题。

图 5-149　学生课堂练习作业（三）

5）总结回顾

①小数加减时要"相同数位对齐相加减",在哪里见过?(以前学习整数加减法时要数位对齐相加减)

②小数加减根据小数点有没有对齐来确定数位是否对齐,然后用整数加减的方法来计算。

6）课后拓展练习（如图5-150）

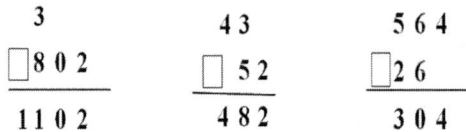

图5-150　学生课堂练习作业（四）

总之,本课基于小数加减的算理理解,以位数不同的小数加法的算理理解为关键问题设计相应的学习活动,让学生在自主研究、探究算理的过程中掌握算法,提升计算能力和运算策略,从而发展学生的运算能力。

5.11　田忌赛马：自古华山一条路

"田忌赛马"作为一个生动有趣的历史故事,历来为人们津津乐道,也是对策问题的经典案例,从对这个案例的学习和研究中,可以让学生经历在多种解决问题的方案中寻求最优方案的过程,体会运筹策略的价值及其在解决实际问题中的应用,理解优化的数学思想,感悟优化思想在解决问题的策略中所发挥的重要作用。那么如何基于关键问题设计相应的学习活动引领学生深度学习,如何让学生在具体问题的解决中感悟抽象的数学思想,需要我们在深入研读教材、研究学情的基础上确定教学方案。

5.11.1　研读教材理脉络

在学习"田忌赛马"之前,学生已经学习了"沏茶问题"和"烙饼问题",初步感受了寻求最优方案的思想与方法,知道了寻找优化方案就需要合理安排事件或对象的顺序。而"田忌赛马"的关键就在于出场对象顺序的安排,在出场对象不变的前提下，这种出场顺序的变化所带来的结果却是完全不同的。学生会惊诧因为顺序变化而引起的结果变化，这节课是引导学生体会这种惊诧的好机会。

本课内容是人教版教材四上“数学广角”的第三个例题，通过“田忌赛马”的故事，让学生初步了解对策论的思想。教材首先出示图 5-151：

3 小朋友，你听过“田忌赛马”的故事吗？田忌是怎样赢了齐王的？

	齐　王	田　忌	本场胜者
第一场	上等马		
第二场	中等马		
第三场	下等马		

图 5-151　四上数学广角教材素材（一）

教材的编写实际上是立足于学生已经知道和了解“田忌赛马”故事的基础上的，而故事的焦点是“田忌怎样赢了齐王的”，开门见山地让学生在表格里表示田忌安排出场的马，判断每场的胜者和最终的胜者。从教材的编排意图来看，田忌是如何获胜的不是本课的关键问题。

教材的重点落在哪里？我们来看教材接下来的编排（如图 5-152）：

田忌所用的这种策略是不是唯一能赢齐王的方法？

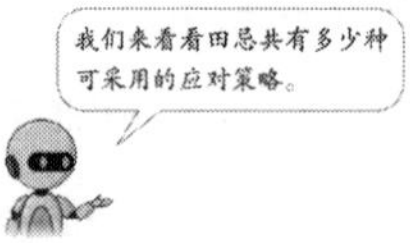

对阵方	第一场	第二场	第三场	获胜方
齐王	上等马	中等马	下等马	
田忌 1				
田忌 2				
田忌 3				
田忌 4				
田忌 5				
田忌 6				

图 5-152　四上数学广角教材素材（二）

承接“田忌赛马”历史故事中讲述的田忌是怎样赢了齐王的，教材提出了问题“田忌所用的这种策略是不是唯一能赢齐王的方法？”学生要研究的问题不是怎样赢，而是要去探究这种赢的策略是不是唯一能赢的方法，以任务驱动的方式引导学生去寻找和排列所有的出场顺序，通过分析胜负的方法来判断哪些是赢的策略，从而确定田忌所用的策略是不是唯一能赢齐王的方法，学生经历了问题解决的全过程。

5.11.2 梳理脉络定关键

教材编排的脉络是先知道赢得结果的策略是什么，再判断这是否是唯一能赢的策略，从而驱动学生去寻找所有可以选择的应对策略，梳理每个策略的胜负关系，在此基础上做出最终的判断和决策。

从结果上来说，"田忌赛马"就是博弈论中的一种策略。博弈论考虑游戏中的个体的预测行为和实际行为，并研究它们的优化策略。田忌赛马就是要考虑齐王的预测行为和实际行为，研究相应的对策，在平等的对局中各自利用对方的策略变换自己的对抗策略，达到取胜的目的。用博弈论来分析，这场对策博弈中有以下几个要素：

①局中人：这是一场"两人博弈"，博弈双方是齐王和田忌。

②策略：赛马博弈中，齐王和田忌都可以选择实际可行的完整的行动方案，也就是局中人的一个策略，在赛马博弈中局中人都总共有有限个策略，所以本场博弈是"有限博弈"。

③得失：齐王和田忌所选的策略在博弈结局时各有胜负，这个胜负关系的结果称为得失。

④结果：对于博弈双方参与者来说，存在着博弈结果，这个结果就是胜负。

在这个博弈过程中，判断田忌所用的策略是不是唯一能赢齐王的方法是这个过程的关键节点，串起了整个学习活动的过程。要思考怎样的策略才能赢？它是唯一能赢的方法吗？有哪些可以选择的策略？这些策略能获胜吗？通过问题解决的过程，也就是逐渐养成用数学的眼光去看待问题，用数学的思维方式列举所有可以解决问题的策略、寻找能够赢得结果的策略，用数学的语言描述获胜策略的过程。

综上所述，这节课的关键问题是：怎样判断田忌所用的策略是唯一能赢齐王的方法？

5.11.3 根据关键设活动

通过前面的分析，我们确定了本节课的关键问题是"怎样判断田忌所用的策略是唯一能赢齐王的方法"，那么我们可以基于关键问题设计怎样的学生学习活动，引导学生学习和探究呢？

关键问题的描述中有“策略”和“唯一”两个关键词，怎样判断是所有策略中唯一能够获胜的策略，是学生学习活动的任务。因此，我们可以把学习活动设计如下：

①填一填表 5-1：田忌是用了怎样的策略赢了齐王的？

表 5-1　田忌赛马对阵列表

	齐王	田忌	本场胜者
第一场	上等马		
第二场	中等马		
第三场	下等马		

②试一试：你能用自己的方法来说明这是田忌唯一能赢齐王的策略吗？

我们来看学生学习活动的情况：

作品 1（如图 5-153）：

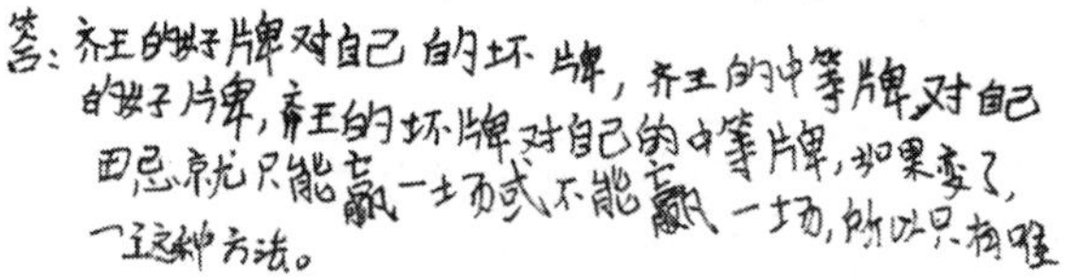
答：齐王的好牌对自己的坏牌，齐王的中等牌对自己
的好牌，齐王的坏牌对自己的中等牌，如果变了，
田忌就只能赢一场或不能赢一场，所以只有唯
一这种方法。

图 5-153　学生学习活动作品（一）

学生知道或听过“田忌赛马”的故事，所以能够理解“如果变了”，就只能赢一场或都不能赢，以此判断只有唯一这种方法。显然学生没有很好的证明和推理为什么这是唯一能赢齐王的策略。

作品 2（如图 5-154）：

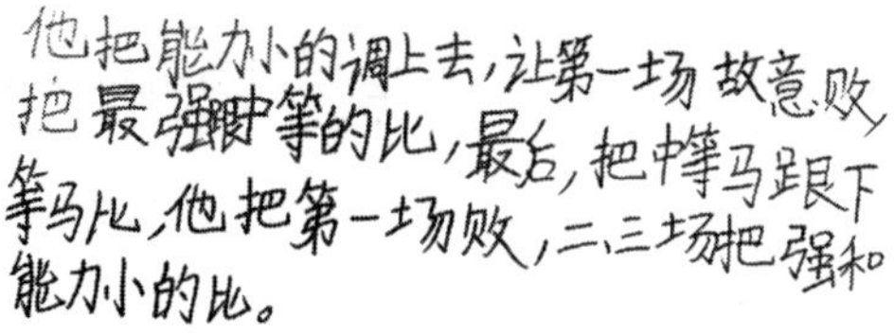
他把能力小的调上去，让第一场故意败，
把最强中等的比，最后，把中等马跟下
等马比，他把第一场败，二、三场把强和
能力小的比。

图 5-154　学生学习活动作品（二）

这是在解释和说明为什么这样能赢，而不是为什么这是唯一能赢的策略。

作品3（如图5-155）：

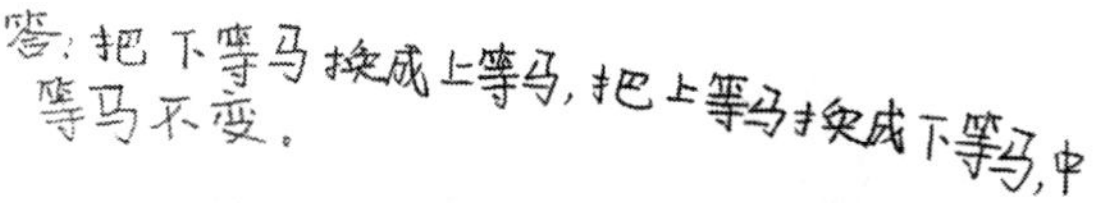

答：把下等马换成上等马，把上等马换成下等马，中等马不变。

图5-155 学生学习活动作品（三）

可以看出，学生知道还有很多其他的方法，变一下对应的马就是不同的应对策略。

作品4（如图5-156）：

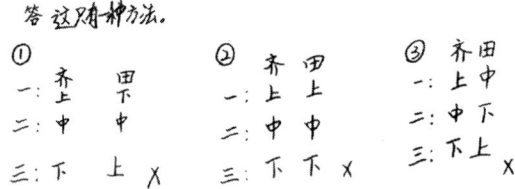

图5-156 学生学习活动作品（四）

学生采用举例的方式来说明这是唯一的策略，知道需要用举出所有的方法，再来推断田忌所用的是唯一能赢的策略，但是列举的不完整，还不足以说明这是唯一的策略。

从学生的作品来看，他们理解田忌采取的策略能获胜的原因，也知道可以用列举的方式来说明为什么是唯一能赢的策略。但是从这些作品来看，有序思考和有序列举的思想方法运用得不够，要找出所有方法再做推断的策略意识不够。说明学生用数学的眼光去看世界、用数学的思维思考世界的意识和能力有待提高。

5.11.4 基于活动设教学

根据基于关键问题的教材研读和学生作品研究，在充分解读学生学习活动成果的基础上，我们可以基于关键问题和学习活动构建课堂教学的

> **关键问题：一节课里的种子**

框架。

1）问题引出

①出示图 5-157：

图 5-157　课堂教学素材

a.两个人分蛋糕，每个人都想分得多，用怎样的方法分才最公平？

b.出示策略：让大儿子切，让小儿子先选。

c.指出这是一个经典的对策论问题，就是来研究面对问题时采用怎样的对策让自己获胜。

②引出：今天我们就来研究和对策有关的问题。

2）新授

①你听过哪些和对策有关的问题？

②"田忌赛马"就是这样的和对策有关的问题，你知道田忌是怎样赢了齐王的吗？（请学生回答）

③你能把田忌赢齐王的方法表示出来吗？（写在课堂学习单上，如表 5-1）

④出示学生作品（如图 5-158）。

	齐王	田忌	本场胜者
第一场	上等马	下等马	齐王
第二场	中等马	上等马	田忌
第三场	下等马	中等马	田忌

图 5-158　学生填表作品

思考：这是田忌能赢齐王的唯一的策略吗？还有没有别的方法也可以赢呢？

5 基于关键问题的教学设计研究

3）学习活动

①出示学习活动。

试一试：你能用自己的方法来说明这是田忌能赢齐王的唯一策略吗？

②学生独立探究。

③逐份展示学生作品（如图5-159）：思考他有说清楚这是唯一能赢的策略吗？怎样才能说清楚这是唯一能赢的策略？

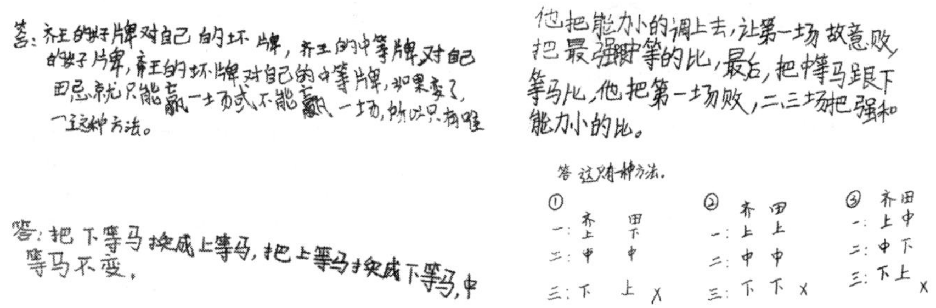

图5-159 学生学习活动作品呈现

④概括方法，得出结论。

a.出示所有的策略（如表5-2）。

表5-2 "田忌赛马"对阵所有策略列表

	第一场	第二场	第三场	获胜方
齐王	上	中	下	
田忌1	上	中	下	齐王
田忌2	上	下	中	齐王
田忌3	中	上	下	齐王
田忌4	中	下	上	齐王
田忌5	下	上	中	田忌
田忌6	下	中	上	齐王

b.找出所有可以安排的策略，分析每种策略的胜负关系，发现能赢齐王的策略就一种，就是田忌所采取的策略（如图5-160）。

《 关键问题：一节课里的种子

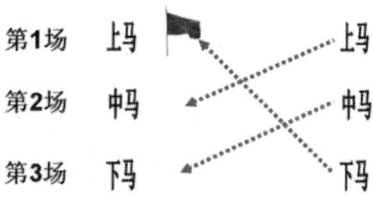

图 5-160　田忌赛马获胜策略模型

c.小结：这就是我们寻找所有对策，并选择获胜策略应对的方法。

4）练习应用

①出示图 5-161：江苏队和四川队的斯诺克比赛。

图 5-161　课堂练习应用素材

思考：和"田忌赛马"有什么相似的地方？

②对策研究。

a.按实力排名分别用 A、B、C 表示丁俊晖、阿布拉江和刘崧，如表 5-3。

表 5-3　课堂练习对阵安排表

场次	形式	对阵	
		江苏队	四川队
1	单打	A	
2	单打	B	
3	双打	BC	
4	单打	C	
5	单打	A	

b.出示规则：每队 3 名队员前 3 场至少出场一次；每人在一轮比赛中最多出场 2 次。

c.研究对策：四川队怎样排兵布阵才能获胜？

d.出示获胜策略，如表 5-4：

表 5-4 课堂练习获胜对阵安排

场次	形式	对阵	
		江苏队	四川队
1	单打	A	C
2	单打	B	A
3	双打	B C	A B
4	单打	C	B
5	单打	A	C

5）深化认识

①我们为什么要研究“田忌赛马”问题？

②出示百度搜索的材料，如图 5-162：你有什么发现？

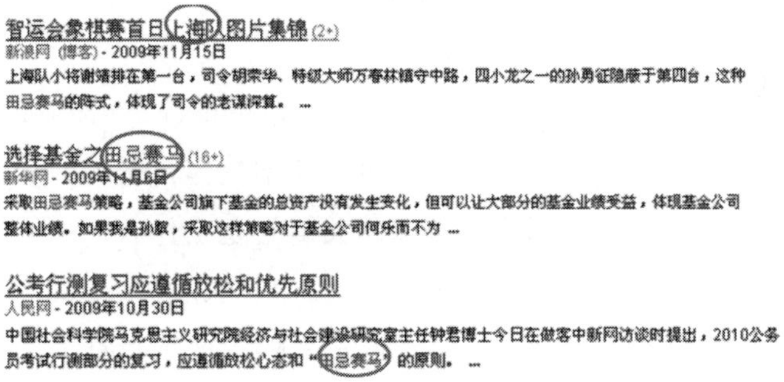
智运会象棋赛首日上海队图片集锦 (2+)
新浪网 (博客) - 2009年11月15日
上海队小将谢靖排在第一台，司令胡荣华、特级大师万春林镇守中路，四小龙之一的孙勇征隐藏于第四台，这种田忌赛马的阵式，体现了司令的老谋深算。 ...

选择基金之田忌赛马 (16+)
新华网 - 2009年11月6日
采取田忌赛马策略，基金公司旗下基金的总资产没有发生变化，但可以让大部分的基金业绩受益，体现基金公司整体业绩。如果我是孙膑，采取这样策略对于基金公司何乐而不为 ...

公考行测复习应遵循放松和优先原则
人民网 - 2009年10月30日
中国社会科学院马克思主义研究院经济与社会建设研究室主任钟君博士今日在做客中新网访谈时提出，2010公务员考试行测部分的复习，应遵循放松心态和“田忌赛马”的原则。 ...

图 5-162 网络搜索“田忌赛马”素材

③日常生活中很多时候要用到类似“田忌赛马”这样的对策去解决问题，所以我们需要学习和研究对策问题，思考在面对问题时怎样寻找对策、选择对策和运用对策。

6）拓展延伸

①数学中有专门研究对策问题，有很多经典的对策研究问题：

囚徒困境、齐王与田忌赛马、火柴棍游戏、猜硬币、石头·剪子·布、三个快枪手决斗等。

②比如火柴棍游戏问题：

桌上放着一堆火柴，共 30 根。由甲、乙两人轮流拿，每人每次拿 1 至 3 根，拿到最后 1 根的人胜利。问：甲该怎样拿才能保证获胜？

《 关键问题：一节课里的种子

③课后请尝试自己去列举火柴棍游戏的对策，寻找能保证获胜的对策。

总之，对"田忌赛马"等博弈论案例的学习和探究，可以让学生经历在多种解决问题的方案中寻求最优方案的过程，体会对策问题的价值和应用，在面对生活问题和数学问题时用数学的眼光去看待，用数学的思维方法去解决问题，发展数学思维能力和实践能力。

5.12　有余数的除法：除法计算的阶段性圆满

人教版教材把"有余数的除法"安排在二年级下册第六单元，学生在之前已经学习了"表内除法"，掌握了表内除法的算理和算法。有余数除法的学习使得学生既会解决能除完的数学问题，又能解决除不完的数学问题，除法的学习获得了阶段性的圆满。

"有余数的除法"作为学习一位数除多位数的除法的基础，一方面可以使学生巩固表内除法，另一方面还可以让学生体会初步的试商方法，是进一步学习除法的基础。那么这节课的关键问题是什么，如何基于关键问题设计相应的学习活动引领学生深度学习，如何让学生在学习活动中理解和掌握"有余数除法"的意义，需要我们在深入研读教材、研究学情的基础上确定教学方案。

5.12.1　研读教材理脉络

通过表内除法的学习，学生已经会用除法算式来描述等分和包含的数学现象，教材出示了一份把一些小棒平均分的数学活动素材（如图5-163）。把9根小棒每3根摆一个"△"，正好摆完，这种数学现象可以用"9÷3=3"的除法算式来表示。把10根小棒每3根摆一个"△"，就会分不完，出现还有剩余的情况，这是学生第一次遇见平均分以后还有剩余的数学现象。

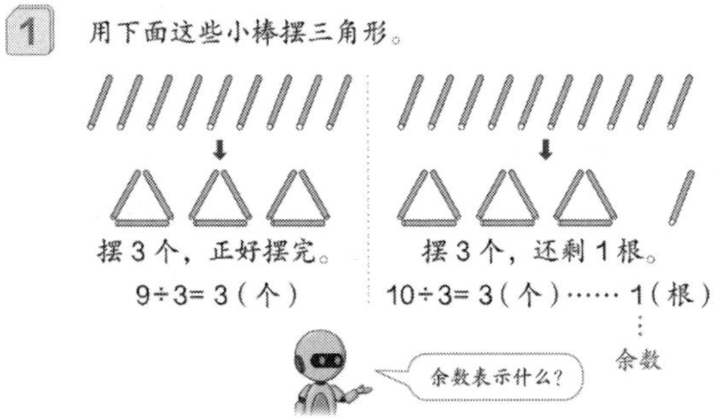

5 基于关键问题的教学设计研究

1 用下面这些小棒摆三角形。

摆3个,正好摆完。
9÷3=3(个)

摆3个,还剩1根。
10÷3=3(个)……1(根)

余数表示什么？ 余数

图5-163 "有余数的除法"教材素材图

教材用"10÷3=3（个）……1（根）"来记录和描述分完还有剩余的数学现象,同时呈现了"余数"的概念。提出的数学问题"余数表示什么",让学生把数与形对应起来,理解"余数"的意义。"教学参考书"里这样分析例1的编写意图："借助平均分物的操作活动,通过与表内除法的对比,使学生理解余数及有余数除法的含义。"

左边的是没余,右边的是有余,除法阶段性圆满了。从材料上看,既有平均分过程的对比,也有平均分结果记录方式的对比。平均分过程的呈现是学生理解摆了几个和剩下几根的基础,只有经过过程的对比才能让学生更好地理解商用"个"、余数用"根"作单位的原因。

教材"做一做"的习题安排的是"圈一圈,填一填"的数学活动（如图5-164）,2个2个地圈和3个3个地圈。先是用数来记录圈了几组和剩下几个,然后让学生用数学的语言"算式"来记录和描述圈的过程和结果。

1. 圈一圈,填一填。

（1）17个★,2个2个地圈。

★★★★★★★★★
★★★★★★★★

圈了（ ）组,
剩下（ ）个。

17÷2=□（组）……□（个）

（2）23个●,3个3个地圈。

●●●●●●●●●●●●
●●●●●●●●●●●

圈了（ ）组,
剩下（ ）个。

23÷3=□（组）……□（个）

图5-164 "有余数的除法"教材练习题

> 关键问题：一节课里的种子

"做一做"的第2题把数学活动与实际问题结合在一起，让学生体会和拓展对除法的认识，理解余数的意义，理解有余数除法的意义。

5.12.2 梳理脉络定关键

基于上面的教材分析，从编排的学习素材可以看出，教材在构建数学活动、数学现象和数学表达的过程。在平均分小棒的数学活动中学生遇见了分不完的数学现象，分完的他们已经会用除法算式表示，那么分不完的该怎么表示呢？学生开始了尝试用自己的方式去表达分不完的数学现象的活动过程，然后在与他人活动成果的对比和交流中，逐渐清晰如何用数学的思维方式和数学的语言去描述数学现象的方法。在经历数学化的过程中凸显对余数的表达和描述，从而使学生强化对余数意义的理解。

根据教材的脉络，可以发现，本节课的关键在于对数学现象的描述，如何用数学的语言去描述平均分分不完的数学现象。因此，我觉得本节课的关键问题是"怎样用算式来表示平均分的过程和结果？"

在这个关键问题中，平均分是一种数学活动，分不完是一种数学现象，用算式来表示分的过程和结果是一种数学语言，贯穿其中的是数学的思维方式。基于这样的关键问题，就是在引导学生用数学的眼光去观察数学现象，用数学的语言去描述数学活动的过程和结果。

5.12.3 根据关键设活动

通过前面的分析，我们确定了本节课的关键问题是"怎样用算式来表示平均分的过程和结果"，那么我们可以基于关键问题设计怎样的学生学习活动，引导学生学习和探究呢？

关键问题的描述中有"算式"和"平均分"两个关键词，用怎样的算式能够更好地表达平均分的过程和结果，是学生学习活动的任务。因此，我们可以把学习活动设计如下：

1）学习活动单

①摆一摆：

把7个草莓，每3个摆一盘，可以摆（　　）盘，还剩（　　）个。

5 基于关键问题的教学设计研究

②试一试：用算式来表示分的过程，让人一眼就看清楚。

2）我们来看学生学习活动的情况：

作品1（如图5-165）：

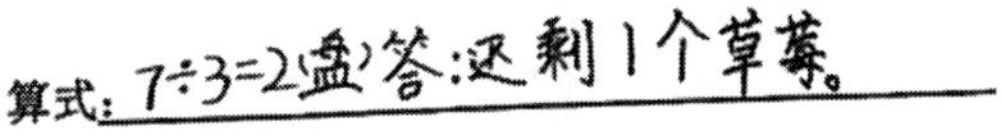

算式：7÷3=2(盘) 答：还剩1个草莓。

图5-165 学生学习活动作品（一）

学生用以前学习过的除法算式来表示，对于分完以后剩余的1个，采用了答句的方式来描述。

作品2（如图5-166）：

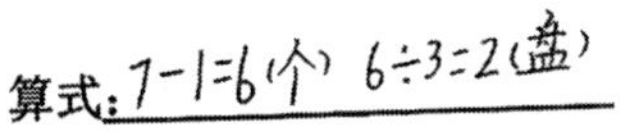

算式：7-1=6(个) 6÷3=2(盘)

图5-166 学生学习活动作品（二）

学生用减法来表示剩下的1个，他先把7个里面剩下的1个去掉，然后用除法算式来表示分得的结果。

作品3（如图5-167）：

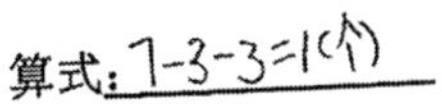

算式：7-3-3=1(个)

图5-167 学生学习活动作品（三）

学生用减法算式来表示分的过程和结果，也很好地表示出了2盘和余下的1个，但是没有体现对平均分的表达。

作品4（如图5-168）：

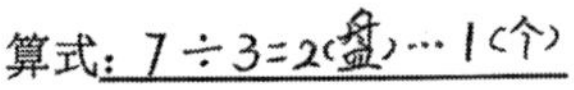

算式：7÷3=2(盘)……1(个)

图5-168 学生学习活动作品（四）

《 关键问题：一节课里的种子

当然，也有部分学生用了有余数除法的算式来表示分好的2盘和余下的1个。

从上面学生学习活动的作品来看，他们能够基于已有的知识和技能，在已有活动经验的基础上尝试用自己的方式去表达平均分的过程和结果，并把这种表达以一种期望能让你一眼就看清楚的样式去呈现。不管是哪一种表达方式，都很好地凸显了学生学习活动的过程，同时强化了对余数的描述和除法算式的应用。这些个性化的表达为课堂教学中组织学生交流，推进学习活动的有效研究和深度学习提供了很好的素材。

5.12.4 基于活动设教学

根据基于关键问题的教材研读和学生作品研究，在充分解读学生学习活动成果的基础上，我们可以基于关键问题和学习活动构建课堂教学的框架。

1）引入新课

①出示6个草莓：

a. 观察：你看到了什么？

b. 思考：把6个草莓每2个摆一盘，可以摆几盘？

c. 你能用一个算式来表示分的过程和结果吗？

②出示7个草莓：

a. 如果把7个草莓，每2个摆一盘，会出现怎样的情况呢？请同学们利用学具摆一摆，试一试。

b. 汇报：出现了怎样的数学现象？（分不完，还有剩余的草莓）

③引出：今天这节课我们就来研究像这样摆了以后还有剩余的数学问题。

2）学习活动

①出示学习单：明确活动要求。

试一试：用算式来表示分的过程，让人一眼就看清楚是怎么分的。

②学生学习活动：独立思考和研究。

③学习活动成果交流：

a.逐一出示学生作品，思考他有表达清楚分的过程和结果吗？（如图5-165到图5-168）

b.比较这四种表达方法，你有什么发现？

④小结：第2种方法和第3种方法利用了减法算式来表示分的过程，第1种和第4种是用除法算式来表示分的过程。我们重点来研究这两道除法算式是如何表示的。

3）揭示概念

①比较图5-169中两个算式：这2道除法算式和以前学习的除法有什么不同？（强调余下的1个草莓）

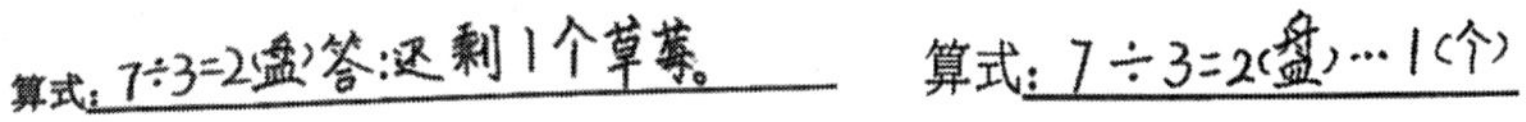

算式：7÷3=2盘 答：还剩1个草莓。　　算式：7÷3=2(盘)……1(个)

图5-169　学生学习活动作品比较

②指出：这样的除法叫作有余数除法。

③那么余下的1个，你能给它取个名字吗？（板书：余数）

4）练习巩固

①"做一做"第1题：圈一圈、填一填。（如图5-164）

②"做一做"第2题：填一填，并用算式表示。

a.9支铅笔，每人分2支，可以分给（　　）个人，还剩（　　）支。

b.9支铅笔，平均分给4个人。分一分，把分的结果画出来。

《 **关键问题：一节课里的种子**

每人分（　　）支，还剩（　　）支。

5）深化认识

①比一比：你有什么发现？

a. 观察这些有余数的除法算式，你有什么发现？

7÷3=2（盘）……1（个）

17÷2=8（组）……1（个）

23÷3=7（组）……2（个）

9÷2=4（人）……1（支）

9÷4=2（支）……1（支）

b. 概括：商表示分的盘数、组数、人数或支数，余数表示剩下的1个、2个或1支，两者各自表示的意义是不一样的，我们要根据意义来确定它们的单位名称。

②再次对比有余数的除法算式。

a. 观察这些算式，思考：商和余数什么时候单位相同，什么时候单位不同？

b. 小结：包含的时候，单位不同；等分的时候，单位相同。

6）总结收获：通过今天这节课的学习，你有什么收获？

总之，对于"有余数的除法"我们应基于关键问题设计相应的学习活动，让学生在已有知识、技能和活动经验的基础上尝试用自己的方式去描述平均分后还有余的数学现象，力求能清晰明白地表达自己的想法。教师要合理有效地利用学生学习活动的资源组织交流，紧扣关键问题，引导学生在观察、分析、交流和评价中深度理解余数和有余数除法的意义，深化认识，发展和培养数学的眼光、思维和语言。

5.13　认识比例：幸福的家庭都是相似的

"比例"是六年级下册的重点单元，如果去掉"数学广角"单元，相当于整个小学阶段数学学习的收官阶段，对学生的数学学习具有重要的价值和意义。因为比例的知识包涵了除法、分数、比、方程等相关内容，理解和把握了比例的相关知识，就可以把小学阶段学习的除法、分数、比、方程等知识内容熔于一炉，以更高的思维水平和更广的视野审视与发展这些知识，有效发展综合运用知识的水平和能力。

其中比例的意义和基本性质是整个单元的基础与核心，是后续学习的有效支持。本节将以"比例的意义和基本性质"为主题，展开教材研读和学情研究，设计相应的学生学习活动和课堂教学方案。

5.13.1 教材研读理脉络

人教版教材的主题图（见图 5-170）是三幅挂在不同场景下的国旗，天安门广场上的国旗、学校操场的国旗和教室里的国旗分别代表了大小不同的域。三者的逐次呈现有一种小课堂、大社会的纵深视角，有助于学生感受一种由国到家、由课外到课内的生活体验。三个场景实际上代表了日常生活中的所有情境，能有效激活学生对生活经验的回忆。

国旗长 5 m，宽 $\frac{10}{3}$ m。　　国旗长 2.4 m，宽 1.6 m。　　国旗长 60 cm，宽 40 cm。

图 5-170　"比例的意义和性质"教材素材图（一）

学生可以直观感受到三个不同域中的国旗的大小是不一样的，但是形状是相同的。那么对于国旗长与宽的数据的观察，就成为学生用数学的眼光观察世界的一个很好的训练场。长不相同，宽也不相同，为什么形状会相同呢？要解决这个问题就需要用数学的思维方法来观察来思考：上图中操场上和教室里的两面国旗长和宽的比值有什么关系？

教材开始出现一个关键词"比值"，开始引导学生用数学的眼光观察世界：操场上国旗长和宽的比值是多少？教室里国旗长和宽的比值是多

关键问题：一节课里的种子

少？操场上和教室里的两面国旗长和宽的比值有什么关系？

有了数学问题，就有了数学活动。学生要用已有的"比"的知识解决问题：

操场上的国旗：$2.4:1.6=\dfrac{3}{2}$

教室里的国旗：$60:40=\dfrac{3}{2}$

所以，$2.4:1.6=60:40$。也可以写成 $\dfrac{2.4}{1.6}=\dfrac{60}{40}$。

图 5-171 "比例的意义和性质"教材素材图（二）

在图 5-171 的学习活动中，学生通过对比值的计算，得出的结论是它们的比值相等。但是教材没有明确地描述和表达它们的"比值有什么关系"这一提出的问题的结论，而是直接给出了"$2.4:1.6=60:40$"这一表达形式。从比值相等，到用"="连接，是一个内在的逻辑推理过程。因为比值相等，所以可以像以前学习的等式一样直接用等号连接。连接以后形成的就是"表示两个比相等的式子"，教材用举例的方式告诉学生：像这样的……式子叫做比例。

这是一个非常重要的数学活动，也是比例知识的研究过程和研究方法的体现。研究比例的过程和方法是什么？就是"计算并观察相应量的比的比值是否相等"。首先是寻找相对应的量，然后是计算相应量的比值，再通过观察比较2个比值的大小，最终确定比值是否相等。这是研究的过程，研究的结果是用等式来描述，这个用来描述两个比相等的式子就是"比例"，它有两种表达形式，如教材中所示："$2.4:1.6=60:40$。也可以写成 $\dfrac{2.4}{1.6}=\dfrac{60}{40}$"。

这里有两个关键词：相应量的比、比值相等。操场上国旗的长与宽的比、教室里国旗也是长与宽的比，所有情境下的国旗都是长与宽的比，也就是相应量的比，这是研究比例的一个重要前提。比值相等是对结果的观察，"是否相等"决定了两个比能否组成比例，是判断比例的根本标准。在我国台湾小学数学教材中，把比值相等的两个比直接称作"相等的比"，用相等的比来描述比例，凸显了比值相等的内在本质。

教材以"在上图的三面国旗的尺寸中,还有哪些比可以组成比例"问题引导学生写出各种相应量的比,在经历和使用研究比例的过程和方法中去体会和深刻理解比例,拓展思维。

5.13.2 梳理脉络定关键

从前面的教材研读中,我们可以看到教材试图激活学生的生活经验,引导学生充分运用对于国旗的直观感知经验,以问题引领学生思考为什么这些国旗的大小不同、形状却相同?形状相同背后的原因是什么?能用什么数学方法来说明它们形状相同的原因?

因为要思考为什么大小不同、形状相同,所以就有了对操场上国旗的长与宽和教室里国旗的长与宽的比值计算,有了对比值大小的比较。问题是行动的出发点,有了问题,才有了相应的计算比值的过程和方法。有了对长与宽比值的计算与比较,就有了更多的对于相应量的比值计算,从同一面国旗的长与宽,到不同国旗的长与长、宽与宽的比值计算,"相应量"就成了比值计算的一个重要标准,在学习活动中被放大和凸显。

从这个角度分析,本节课的关键问题是"怎样说明大小不同的国旗为什么形状会相同?"这是触发学生用数学的眼光观察世界、用数学的思维思考世界和用数学的语言描述世界的启动键。有了问题,就有了从数学的角度看问题的视角,就有了用相应量的比来研究问题的数学方法和过程,就有了用数学语言"相等的比""比值相等""比例"来描述数学现象的结果。

5.13.3 基于关键设活动

通过前面的分析,我们确定了本节课的关键问题是"怎样说明大小不同的国旗为什么形状会相同",那么基于这样的关键问题,可以设计怎样的学习活动,通过学习活动来破解关键问题,理解比例概念的含义呢?

怎样说明形状为什么会相同,是学生学习活动的任务。为了更加直观,凸显因为比例变化而带来的形状变化,我们可以选择照片作为素材来研究,设计学习活动:

试一试:用你自己的方法来说明为什么这些照片大小不同、形状相同?(如图 5-172)

《 关键问题：一节课里的种子

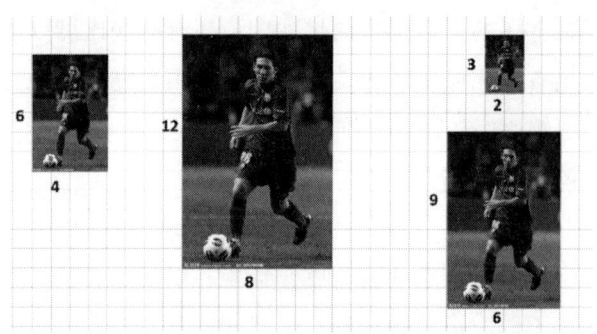

图 5-172 "比例的意义和性质"学习活动素材图

我们来看学生的学习活动作品：

作品1（如图5-173）：

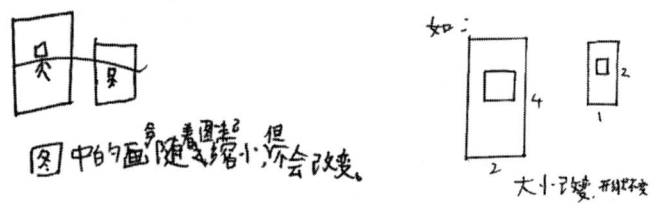

图 5-173 学生学习活动作品（一）

学生是从外在的形去感知的，能够体会数字和图一起缩小，形状不会改变，而且还通过画图举例来说明，形状是不变的，但是没有用数学的语言去描述为什么形状不会改变。

作品2（如图5-174）：

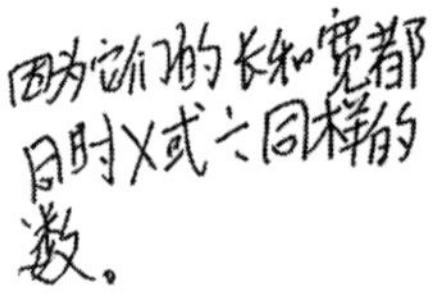

图 5-174 学生学习活动作品（二）

学生发现了这4张照片长和宽内在的乘或除的变化，能够看到都是在乘或除以同样的数,有了过程性的思考,但是没有用比和比值去描述过程和结果。

作品 3(如图 5-175):

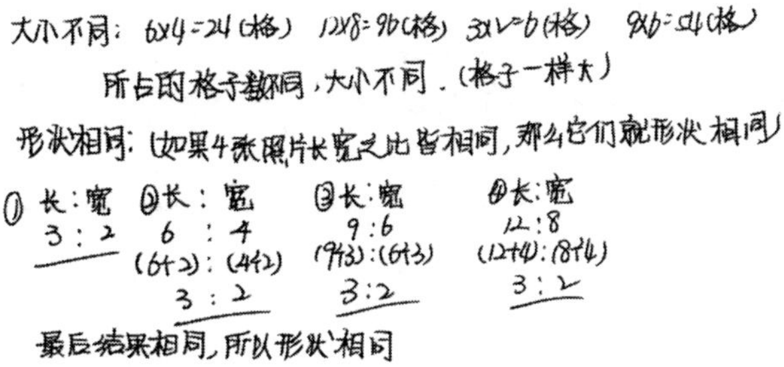

> 大小不同:6×4=24(格) 12×8=96(格) 3×2=6(格) 9×6=54(格)
> 所占的格子数同,大小不同.(格子一样大)
> 形状相同:如果4张照片长宽之比都相同,那么它们就形状相同.
> ① 长:宽   ② 长:宽   ③ 长:宽   ④ 长:宽
>   3:2   6:4   9:6   12:8
>   (6÷2):(4÷2) (9÷3):(6÷3) (12÷4):(8÷4)
>   3:2   3:2   3:2
> 最后结果相同,所以形状相同

图 5-175 学生学习活动作品(三)

学生首先用面积来描述这些照片的大小是不同的,又提出假设,如果这 4 张照片的长宽之比相同,那么它们就形状相同。然后他分别计算了 4 张照片长与宽的比,发现最后比的结果都相同,都是 3∶2,最终得出结论:最后结果相同,所以形状相同。这是一个非常棒的用数学语言进行推理和判断的过程,当然如果能够说明结果相同,也就是比值相同,那就更好了。

作品 4(如图 5-176):

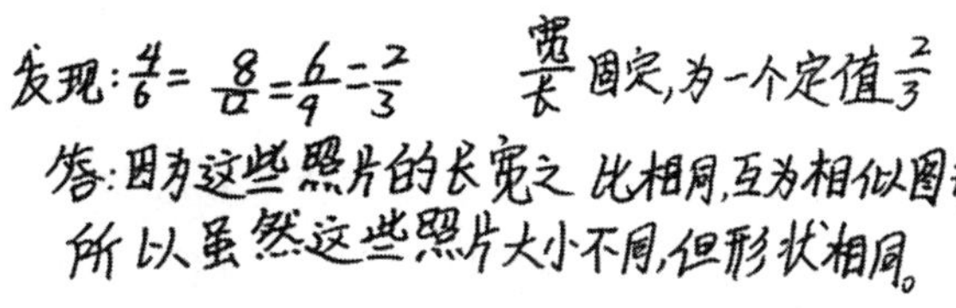

> 发现:$\frac{4}{6} = \frac{8}{8} = \frac{6}{9} = \frac{2}{3}$ $\frac{宽}{长}$固定,为一个定值$\frac{2}{3}$
> 答:因为这些照片的长宽之比相同,互为相似图形,所以虽然这些照片大小不同,但形状相同。

图 5-176 学生学习活动作品(四)

学生用比和比值来描述宽与长的比值是一个固定的值 $\frac{2}{3}$,说明这些照片的宽长之比相同,所以虽然这些照片大小不同,但形状相同。

作品 5(如图 5-177):

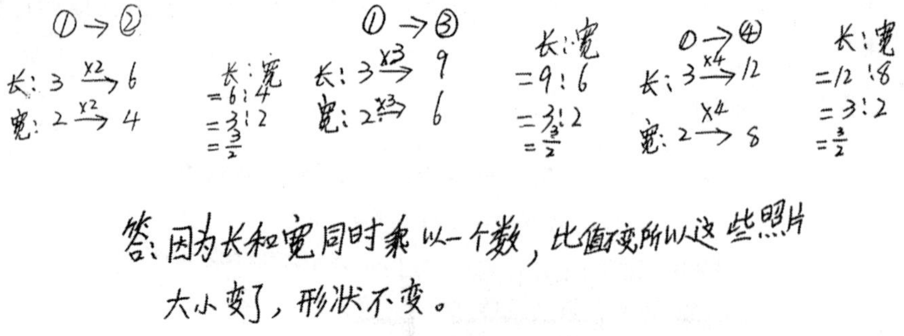

《 关键问题：一节课里的种子

[手写内容：
①→② 长:3 ×2→6 宽:2 ×2→4 =6:4 =3/2
①→③ 长:3 ×3→9 宽:2 ×3→6 =9:6 =3/2
①→④ 长:3 ×4→12 宽:2 ×4→8 长:宽=12:8 =3/2

答：因为长和宽同时乘以一个数，比值不变，所以这些照片大小变了，形状不变。]

图5-177　学生学习活动作品（五）

学生用了三道计算相应量的比值的算式和一个结论来表达和描述形状不变的原因，既凸显了不同照片长和宽内在的变化是同时乘一个数，结果是比值不变，由此得出结论"大小变了，形状不变"。

作品6（如图5-178）：

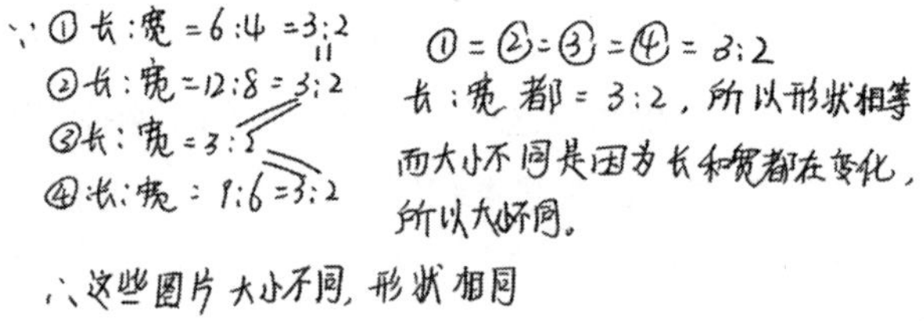

[手写内容：
①长:宽=6:4=3:2
②长:宽=12:8=3:2
③长:宽=3:2
④长:宽=9:6=3:2

①=②=③=④=3:2
长:宽都=3:2，所以形状相等
而大小不同是因为长和宽都在变化，所以大小不同。

∴这些图片大小不同，形状相同]

图5-178　学生学习活动作品（六）

学生在自己的作品中，凸显了相应量的比都是3：2，都是相同的，所以形状相同，又描述了因为长和宽都在变化，所以大小不同。

从学生的这些作品来看，他们具备了用比的眼光和相应的量内在的乘或除的变化规律的视角去观察4张照片的变化，能够用比和比值的数学思维方式去思考内在的变化规律，能够用数学的语言去描述结果，作出推断。学生通过学习活动，自主发现了相应量的比和比值是4张照片"形状不变，大小变化"的内在力量，为揭示比例概念的含义提供了丰富的素材和资源。

5.13.4　基于活动设教学

根据基于关键问题的教材研读和学生作品研究，在充分解读学生学习活动成果的基础上，我们可以基于关键问题和学习活动构建课堂教学的框架。

1）问题引出

①逐次出示图5-179：（本节课是在某体育特色学校现场执教，所以选择了体育明星的照片引入）

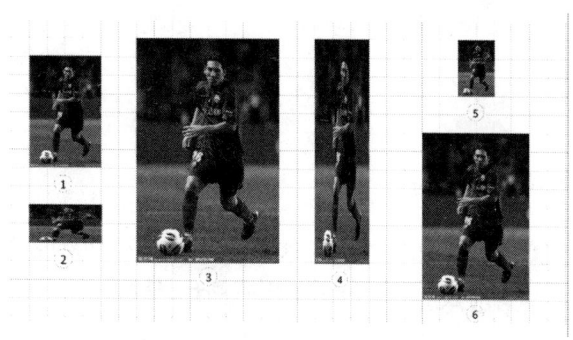

图5-179　课堂教学素材图

a.出示徐嘉余图片，大家认识吗？（对，这是我们学校培养的世界冠军徐嘉余）

b.出示梅西图片，大家认识吗？（对，这是著名的足球运动员梅西）

②观察：你有什么发现？

a.学生汇报自己发现，体会有些大小变了，形状不变，有些是大小变了，形状也变了。

b.思考：如果给这6张照片分类的话，可以分成几类？

c.小结：可以分成两类，一类是大小不同，形状相同；一类是大小不同，形状不同。

③思考：为什么这些照片大小不同，形状却相同呢？

2）探究活动

①学习活动：试一试，用你自己的方法来说明为什么这些照片大小不同、形状相同？

②作品展示交流：汇报时思考他有说清楚大小不同、形状相同的原

《 关键问题：一节课里的种子

因吗？

作品1（如图5-180）：

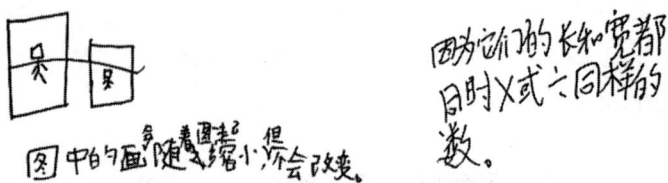

图5-180 学生学习活动作品（一）

作品2（如图5-181）：

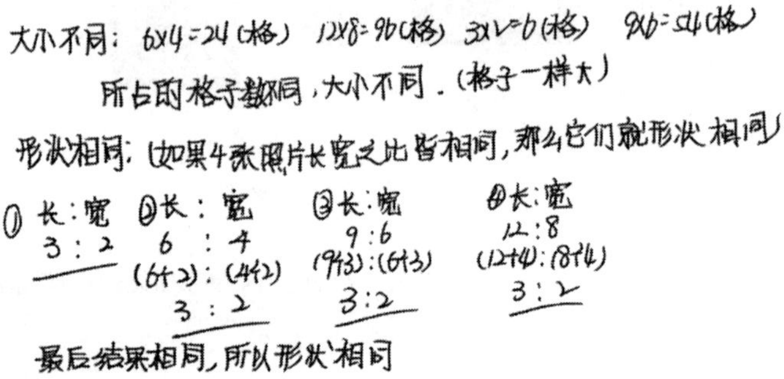

大小不同：6×4=24（格）12×8=96（格）3×2=6（格）96=24（格）
所占的格子数不同，大小不同。（格子一样大）

形状相同：如果4张照片长宽之比皆相同，那么它们就形状相同。

① 长：宽   ② 长：宽   ③ 长：宽   ④ 长：宽
  3：2   6：4   9：6   12：8
           (6÷2)：(4÷2) (9÷3)：(6÷3) (12÷4)：(8÷4)
            3：2   3：2   3：2

最后结果相同，所以形状相同

图5-181 学生学习活动作品（二）

作品3（如图5-182）：

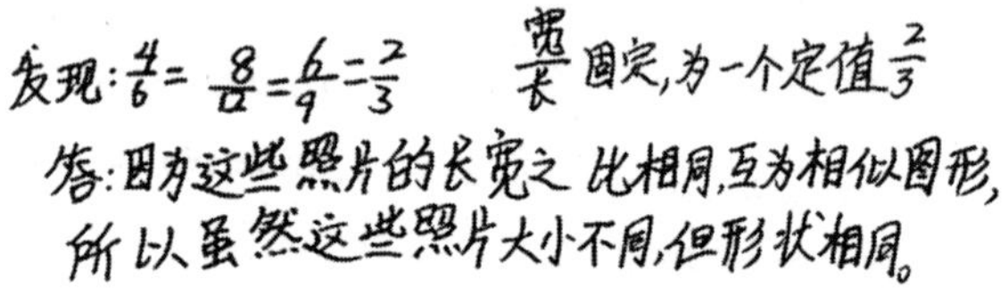

发现：$\frac{4}{6}=\frac{8}{8}=\frac{6}{9}=\frac{2}{3}$ $\frac{宽}{长}$固定，为一个定值$\frac{2}{3}$

答：因为这些照片的长宽之比相同，互为相似图形，所以虽然这些照片大小不同，但形状相同。

图5-182 学生学习活动作品（三）

作品4（如图5-183）：

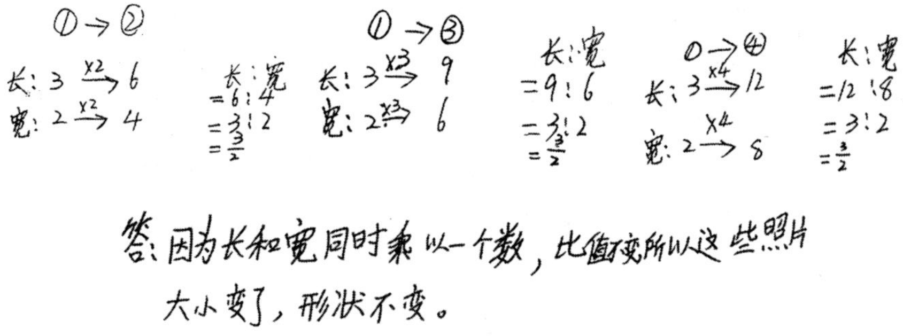

$$①→② \quad ①→③ \quad ①→④$$
长：3 ×2→ 6　　长：宽　长：3 ×3→ 9　　长：宽　①→③　长：3 ×4→12　　长：宽
宽：2 ×2→ 4　　=6:4　宽：2 → 6　　=9:6　　　　　　宽：2 ×4→ 8　　=12:8
　　　　　　　　=3/2　　　　　　　　=3/2　　　　　　　　　　　　　　　=3/2

答：因为长和宽同时乘以一个数，比值不变，所以这些照片大小变了，形状不变。

图5-183　学生学习活动作品（四）

③梳理。

a.他们是怎么说明"大小不同、形状相同"的原因的？（引出相应量的比、比值等关键词）

b.小结：通过计算相应量的比的比值，发现形状相同的照片的比值都是相同的。

④比较"大小不同、形状不同"的照片相应量的比的比值，从反面验证比值不同的照片形状不同。

a.计算2张形状不同的照片长与宽的比值。

b.比较比值是否相等，验证结论。

3）揭示概念

①比较表5-5中的4杯蜂蜜水，判断：哪两杯蜂蜜水一样甜？

表5-5　课堂练习素材表格

	蜂蜜水1	蜂蜜水2	蜂蜜水3	蜂蜜水4
水/杯	10	15	20	8
蜂蜜/杯	2	3	5	2

> 关键问题：一节课里的种子

a. 自主研究。

b. 汇报结果。

c. 小结：蜂蜜水 1 和蜂蜜水 2 中相应的水和蜂蜜的比值是相等的，都是 5；蜂蜜水 3 和蜂蜜水 4 中相应的水和蜂蜜的比值是相等的，都是 4。所以蜂蜜水 1 和蜂蜜水 2 一样甜，蜂蜜水 3 和蜂蜜水 4 一样甜。

②出示前面出现的学习素材。

a. 观察这些比：你有什么发现？

b. $\frac{4}{6}$ 和 $\frac{8}{12}$ 的比值相等，$\frac{8}{12}$ 和 $\frac{6}{9}$ 的比值相等，$\frac{10}{2}$ 和 $\frac{15}{3}$ 的比值相等，$\frac{20}{5}$ 和 $\frac{8}{2}$ 的比值相等。它们是相等的比。

③出示图 5-184 中的 PPT 页面：

幸福的家庭都是相似的，不幸的家庭却各有各的不幸。

_____的照片都是相似的，_____的照片却各有各的不同。

_____的糖水都是一样甜的，_____的糖水却各有各的不同。

图 5-184　课堂教学呈现素材

a. 有句名言是这样说的，幸福的家庭都是相似的，不幸的家庭各有各的不幸。你能像这样也来说一说吗？

b. 学生汇报。

c. 小结：比值相等的照片都是相似的，比值相等的糖水都是一样甜的。

④揭示概念：比值相等的两个比可以用"等号"连接。像这样表示两个比相等的式子叫做比例。

4）巩固练习

①图 5-185 中哪组中的两个比可以组成比例？把组成的比例写出来。

（1）6∶10 和 9∶15　（2）20∶5 和 1∶4

（3）$\frac{1}{2}∶\frac{1}{3}$ 和 6∶4　（4）0.6∶0.2 和 $\frac{3}{4}∶\frac{1}{4}$

图 5-185　课堂练习素材（一）

a. 独立写出比例。

b. 汇报你是怎么判断的。

c. 小结：看比值是否相等，如果比值相等就可以写成比例。

②用图 5-186 的 4 个数据可以组成多少个比例？

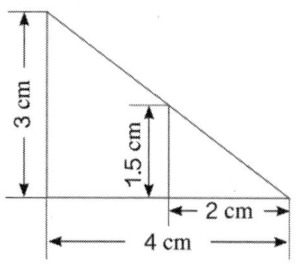

图 5-186　课堂练习素材（二）

a. 独立写出比例。

b. 汇报：你是怎么写比例的？

c. 小结：强化相应量的比组成比例。

5）总结

①你有什么收获？

②对于比例，你还有什么想学习的？

比例是表示两个比相等的式子，体现了两个比之间的关系，在构建比例的过程中，学生经历了用自己的方式去自主描述和表达4张照片"大小不同、形状相同"的原因，从中体会和感悟背后的力量是"相应量的比的比值相等"。比值相等使照片的形状相同、糖水一样甜，相同的配方给了这个世界相似的形状。用数学的语言来描述这个世界，可以让我们把这个世界看得更清楚、说得更明白。

《 关键问题：一节课里的种子

5.14 小数的意义：如何绽放种子的生命力

小数在日常生活中有着广泛的应用，按照人教版教学参考书的说法，小学生对小数概念的理解要比对小数计算的掌握困难得多，因此目前使用的各种教材基本上都是分两个阶段编排单元内容来认识小数。三年级下册编排小数的初步认识，让学生借助具体的量和几何直观图，直观感受小数与十进分数的关系。四年级下册编排小数的再认识，从"量"抽象成"数"，使学生完善对小数的认识，理解并掌握小数的概念。

5.14.1 教材研读理脉络

对于"小数的意义"的教学内容，人教版教材安排了"估一估"和"量一量"的数学活动，在度量的过程中学生发现课桌的长度是1米多2分米，讲台桌的高度是1米多1分米。多出的2分米和1分米不够整米数，度量的结果不能正好得到整数的结果，怎么用米作单位来表示呢？

从人教版教材的编排来看（如图5-187），例1选择米尺作为直观教具，以长度单位为例来说明小数是十进分数的另一种表示形式：通过分米数改写成用米作单位的小数，说明十分之几用一位小数表示；通过厘米数改写成用米作单位的小数，说明百分之几用两位小数表示；通过毫米数改写成用米作单位的小数，说明千分之几用三位小数表示。

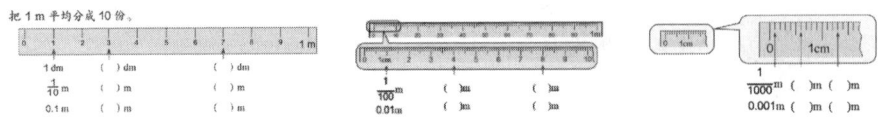

图5-187 人教版教材学习素材

这三个层次的学习活动都是把低级长度单位的数改写成高级单位的数，都是先表示成十进分数，再把这样的分数用一位、两位或三位小数去表示。从而使学生明白"分母是10、100、1000……的分数可以用小数表示"。

在表示出小数之后，教材介绍了小数的计数单位和每相邻两个计数单位之间的进率,小数的数位则安排在"小数的读法和写法"中做专门的学习。"做一做"让学生用分数和小数表示出涂色部分,通过图形的直观对比使学生进一步感知分数与小数的联系,加深对小数意义的理解。

从整体安排来看,人教版教材是以问题引出,强化小数产生的价值和认识小数的必要性,再通过三个层次的学习认识小数,理解小数的意义。这三个层次的学习哪个为主,哪个为辅呢?从编排上看似乎难以分出主次,所以很多老师在课堂实践中也就没有分出主次。那么怎样理清主次和抓住主要矛盾,确定和解决关键问题呢?

5.14.2　理清脉络定关键

学生在第一阶段初步认识小数的时候已经基于米尺掌握了1分米是$\dfrac{1}{10}$米,可以用0.1米来表示的数学知识和技能。因此对于教材里出现的2分米和1分米怎么用米作单位来表示,学生基于已有的知识和技能,是很容易解决的,不是教学的难点。

把1米平均分成100份,怎样用米作单位来表示1厘米的长度,这是学生第一次遇见的数学问题。作为第一次出现的数学内容,都应当浓墨重彩地加以凸显,这一点在苏教版教材中体现得非常明显。和人教版教材不同,苏教版教材对于用一位小数把分米数改写成用米作单位以"说一说,填一填"的学习活动轻轻带过(如图5-188)。

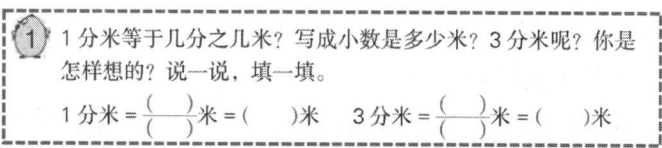

图5-188　苏教版教材学习素材(一)

对于两位小数则用了很大的篇幅编写学习素材,引导学生学习两位小数(如图5-189):

» 关键问题：一节课里的种子

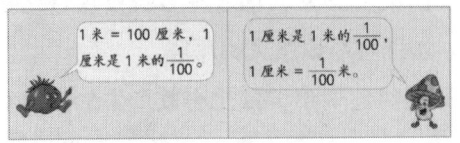
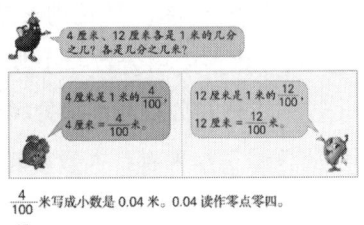

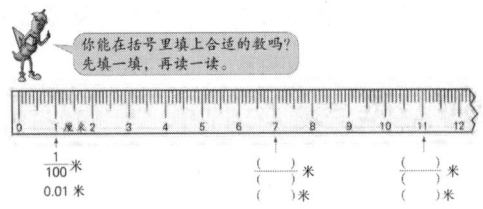

图 5-189 苏教版教材学习素材（二）

两者对比，凸显了编者对两位小数学习地位的强化。如果说第一阶段小数初步认识是埋下一颗种子的话，那么第二阶段小数再认识中两位小数的学习就是种子生命力的绽放，三位小数的学习是种子生长后生出的枝叶。

对于两位小数的学习，既是已有种子抽出新的嫩芽，又是进一步开枝散叶的基础，因此本节课的关键问题就是"如何理解和把握两位小数的意义"。基于关键问题，激活已有的种子，让种子绽放新的嫩芽，为进一步生长新的枝叶做好铺垫，这是我们要思考的问题。

5.14.3 基于关键研学情

那么，基于这样的关键问题，学生在自主研究时，可能会出现怎样的情况呢？我们就此展开了学生的学情研究，并设计了如下的学情研究单：

想一想，你能用米作单位表示下面物体的长度吗？画一画，表示出你的想法。（如图 5-190）

5 基于关键问题的教学设计研究

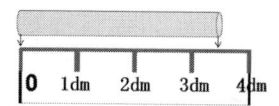

图 5-190 学情研究活动图

这个学习单上的活动要求学生用米作单位表示下面物体的长度,对于学生来说这是从"一位小数"扩展到"两位小数"的关键节点,其中最重要的变化是从平均分成 10 份到平均分成 100 份。平均分成 10 份已经不能表示如图所示物体的长度,因而这个任务就是在驱动学生思考和探究如何在已有经验的基础上解决新问题。

本题学情研究的主要意图是预期学生对于"比 2 分米多一点"会如何描述,会着眼于比 2 分米多出的部分来做局部研究,还是会基于整体去探索。能否依照以前的学习经验类推"进一步平均分成 10 份"的表示方式。我们来看学生的表现情况:

①用 0.4 描述多出部分的长度(如图 5-191)。

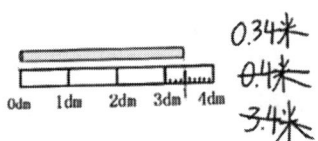

图 5-191 学情研究作品(一)

可以看出,学生在纠结中经历了从 3.4 米、0.4 米到 0.34 米的不断修正和改进的过程,前两个小数中的 0.4 是对于多出部分的思考和表达。从图中可以发现学生能明白多出部分是 3 dm 到 4 dm 这一段的 $\frac{4}{10}$,所以才会有对于多出部分用 0.4 来表达的方式。

②凸显把 1 dm 继续分成 10 份的需求。(如图 5-192)

> **关键问题：一节课里的种子**

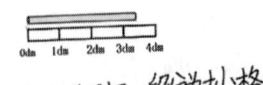 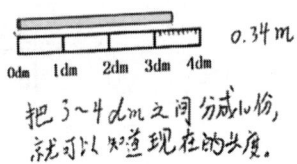

图 5-192　学情研究作品（二）

可见学生对于把多出的一段进行继续平均分已经有了迫切的需求，同时基于已有的一位小数的经验，他知道"不把一段分为十小格的话，我们就无法判断准确的数字"，凸显了学习活动的焦点是"把 3~4 dm 之间分成 10 份，就可以知道现在的长度"。

③凸显继续分的过程与结果（如图 5-193）。

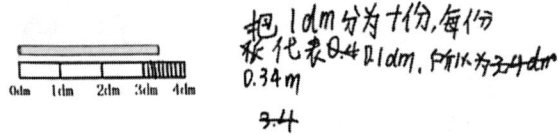

图 5-193　学情研究作品（三）

学生表达自己是把最后一段的 1 dm 分为 10 份，这样的 1 份就代表 0.1 dm。所以这个长度他先表示为 3.4 dm，然后修正为 0.34 m。

④基于分数表示和整体观察的思考（如图 5-194）。

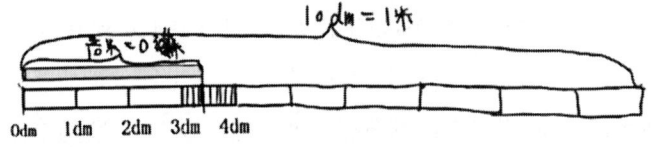

图 5-194　学情研究作品（四）

学生不仅表示出了把 1 dm 平均分成 10 份，更注意到了整体，在图上标出了 1 米，标出了 1 米中的 10 个 1 dm。如果前面的学习作品表达的都是基于局部的思考，那么这幅图体现了学生对于其中蕴含的 10 个 10 份的思考。

⑤基于一位小数学习经验的表达（如图5-195）。

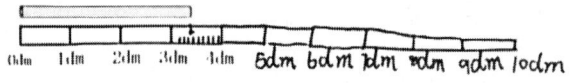

图5-195　学情研究作品（五）

从图上可以看出，学生还是停留在对一位小数和十分之几的认知阶段，3 dm是1米的$\frac{3}{10}$，4 cm是1分米的$\frac{4}{10}$，还没有从整体上去体会这个长度是1米的$\frac{34}{100}$。

从学生的学习作品来看，他们在学习活动中，都能聚焦于对多出部分的处理，或者是对于局部的3 dm~4 dm这一段的等分，或者是进一步对基于整体的10个1 dm的等分。在研究和探索的过程中，平均分成10份成为学习活动的重要共识，同时背后隐含的10个10等份也跃然纸上，成为学生进一步学习和表达的重要基础。从1份到10份，从10份到10个10份，十进分数的概念得到充分地凸显和放大。但是，学生能用$\frac{34}{100}$来表示物体长度的似乎很少，因此怎样引导学生从整体上观察物体长度，从1米和10个分米的角度去观察，进而用百分之几来描述长度，这是我们在设计和引领学生参与学习时要重点思考的问题。

5.14.4　基于关键设活动

本节课的关键问题是"怎样理解两位小数的意义"，学生要独立研究和思考不能用一位小数来表示的数学现象的处理办法。为了凸显这一关键问题，需要把比3 dm多一点，比4 dm少一点的数学现象进行强化和放大，进而引导学生思考和研究解决问题的方法，把问题解决的过程展示出来。我们设计了如下的学习活动：

想一想：你能用米作单位表示下面物体的长度吗？写一写，画一画，表示出你的想法。（如图5-196）

> **关键问题：一节课里的种子**

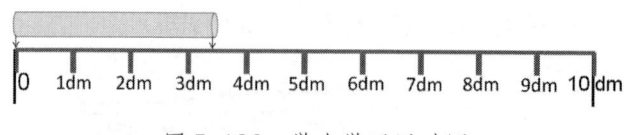

图 5-196　学生学习活动图

和学情研究所用的材料不同，这是基于课堂教学中基于一位小数的复习引入之后展开的学习活动。对于 3 dm 如何用米作单位来表示，是复习引入阶段的学习任务，通过任务激活学生对一位小数的学习经验和思想方法，明确 $\frac{3}{10}$ dm 可以用 0.3 m 来表示。在此基础上，把 3 dm 延长一点点，开始出示上面的学习活动。这是一个长 3 分米 4 厘米的圆柱，它比 3 分米多，比 4 分米少。用已有的经验，显然无法用一位小数来表示，那么学生就要思考：我该用怎样的小数去表示呢？学习活动让学生用米作单位去表示度量的结果，以任务驱动的方式引导学生基于已有的知识和经验去探索新的问题，体会怎样基于百分之几用两位小数来表达的研究过程。

在研究和探索的过程中，学生会感觉到需要用一个较小的单位作为标准去描述多出来的长度，因为无法用分米作为单位去刻画和表达长度。但是如何把这种进一步细分和怎么细分，以及细分之后的数量变化描述和表达出来，需要学生的自主思考和再创造。学习活动凸显对于多出来部分的研究，学生可能会有哪些操作和描述方式呢？我们来看学生的学习作品：

作品 1（如图 5-197）：

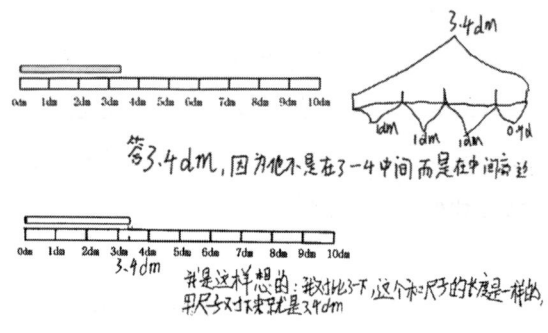

图 5-197　学生学习活动作品（一）

学生用 3.4 dm 来描述长度，用画图的方式表示这个长度是 3 个 1 dm，再加上 0.4 dm。答案是正确的，而且和以前学习过的一位小数的知识技能、经验思想是符合的，多出来的用小数表示，就是 3.4 dm。虽然不符合学习活动"用米作单位来表示长度"的要求，但是体现了学生的认知基础。

作品 2（如图 5-198）：

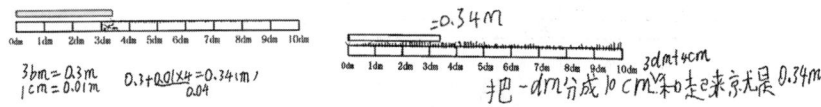

图 5-198　学生学习活动作品（二）

学生也是把长度分成两部分来描述的，3 dm 用米作单位是 0.3 m。多出的部分不到 1 dm，只能用厘米作单位来描述，1 cm 用米作单位是 0.01 m，恰好有 4 个 0.01 m，所以是 0.04 m。两者合在一起就是 0.34 m。作品出现了把 1 dm 平均分成 10 份，再基于 10 份来描述多出来部分的长度。

作品 3（如图 5-199）：

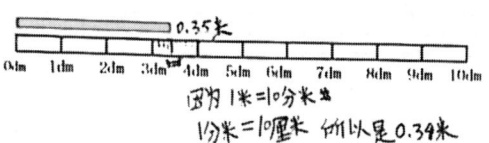

图 5-199　学生学习活动作品（三）

学生通过表达米、分米、厘米之间的进率来说明可以用 0.34 m 来表示长度，这种表达方式与元、角、分的小数表达是类似的，与原有的经验是一致的。其中的重点是学生对于从 1 分米到 10 厘米的表达，这是解决问题的关键。

作品 4（如图 5-200）：

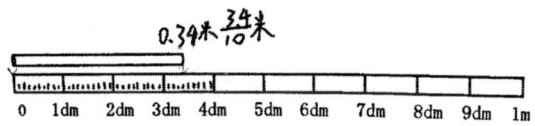

图 5-200　学生学习活动作品（四）

《 关键问题：一节课里的种子

和前面的作品不同，学生开始用分数 $\frac{3.4}{10}$ m 来描述物体的长度。和以前学习的知识结构是一致的，原来是 $\frac{3}{10}$，现在比 $\frac{3}{10}$ 多一点，所以学生用了 $\frac{3.4}{10}$ m 来表示长度。

作品5（如图5-201）：

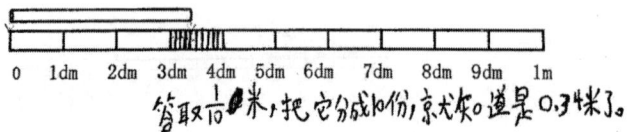

图5-201　学生学习活动作品（五）

学生的作品隐含着从10到100的变化，先取1 dm，也就是取 $\frac{1}{10}$ m，把 $\frac{1}{10}$ m 平均分成10份。每段平均分成10份，那么整条线段就被平均分成了100份，问题解决的钥匙就在这里。

作品6（如图5-202）：

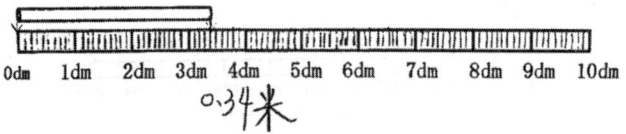

图5-202　学生学习活动作品（六）

这幅作品把每个1 dm都平均分成了10份，也就是把10 dm平均分成了100份，为百分之几的出场提供了很好的素材。

作品7（如图5-203）：

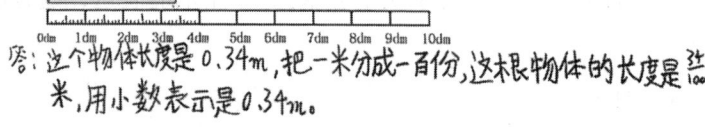

图5-203　学生学习活动作品（七）

为什么长度是0.34 m？学生很清晰地表达了其中的逻辑过程：把1米平均分成100份，这根物体的长度是 $\frac{34}{100}$ m，用小数表示是0.34 m。学生在图上画出了1 dm等分成10 cm的过程，这种逻辑表达的过程和一位小数的认知结构是一致的，是知识和经验同化的过程。

通过学生的学习活动作品，可以看出学生能基于已有的知识和经验，针对"如何理解两位小数"的关键问题，在用米作单位表示物体长度的问题解决过程中进行再创造，对 1 dm 进行 10 等分，进而对 1 m 进行 100 等分的数学活动。通过自主思考和合作交流，体会从 10 到 100 的变化过程，感受百分之几可以用两位小数来表达的数学模型结构。

从学生给出的这些答案来看，他们都能感知到多出的长度不到 1 分米。对于这不到 1 分米的长度，他们能基于长度之间的十进关系去思考，把 1 分米等分成 10 厘米，体会分米等分成 10 厘米实质上就是把 1 米等分成 100 厘米。种种不同的个性化的问题解决方式，都体现了学生用自己已有的数学语言和数学思维方式去解决数学问题的思考过程。在这样的过程中，学生可以更深刻地体会"百分之几可以用两位小数来表达"的数学结论，感受"用米作单位去表示长度"这一任务驱动的价值和意义。

5.14.5 基于活动设教学

在"小数的初步认识"中一位小数学习的基础上，"小数的意义"一课是进一步研究两位小数和三位小数，从而构建小数的意义。如果说一位小数的学习是种子课，那么两位小数的学习就是生长课，三位小数的学习就是迁移课。本课教学中，一位小数应当是激活经验，两位小数是重点探究，三位小数是知识迁移。

根据基于关键问题的教材研读和学生研究，在充分解读学生学习活动成果的基础上，我们可以设计基于关键问题破解的教学方案，构建课堂教学的框架。

1）情境引入

①出示图 5-204：看到了什么？金箍棒有什么特点？（可以任意变长变短）

图 5-204　课堂教学引入素材（一）

②出示图5-205，问：现在金箍棒有多长？（1米）

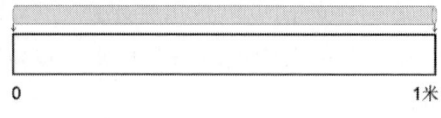

图5-205　课堂教学引入素材（二）

③出示图5-206的左图，猜一猜现在是多少米？再出示右图，问现在你会怎么描述金箍棒的长度？

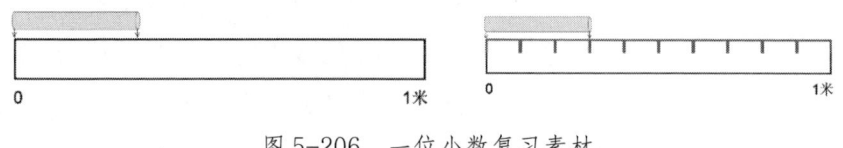

图5-206　一位小数复习素材

④我们知道了3分米长的金箍棒，如果用米作单位，就是$\frac{3}{10}$米，写成小数就是0.3米。那么4分米呢？9分米呢？

⑤小结：我们以前学习过小数，十分之几就可以用零点几来表示。今天这节课我们继续通过金箍棒的长度来研究小数。

2）自主探索

①（把图5-206中的尺子标记上刻度。见图5-207）现在怎样用米作单位来表示长度？

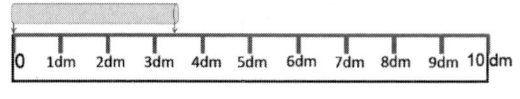

图5-207　两位小数研究素材

你觉得长度是多少米？不是0.3米，也不是0.4米，怎么办？请在自己的学习单上写一写，用自己的方式去表达。

②学生活动：独立研究。

③展示学生作品。

a.出示：基于分米的长度表示。逐一出示图5-197中的两幅图，观察，

5 基于关键问题的教学设计研究

有用米作单位表示出金箍棒的长度吗？

对这两种表示方法你有什么评价？（选择分米作单位来表示，是我们以前三年级学习过的表示方法，实际上是用尺子在度量长度，比3多一点，所以对下来是3.4分米）

b. 出示：基于分米和厘米的长度表示。逐一出示图5-198中的两幅图，观察，有用米作单位表示出金箍棒的长度吗？

3分米是0.3米，这是我们已经学习过的知识。图5-2的两幅作品是怎样表示多出的长度的？（他们都把1分米平均分成了10厘米，多出的是4个1厘米，是4个0.01米，合在一起是0.34米）

师（小结）：看来多出的长度要继续往下分才能用米作单位来表示。

c. 出示：观察图5-200，他的表示方法和别人有什么不一样？（引导学生发现，这幅作品是用 $\frac{3.4}{10}$ 米来表示长度的）

比 $\frac{3}{10}$ 要大一些，比 $\frac{4}{10}$ 又小一点，用怎样的分数去表示更合适呢？

d. 出示：观察图5-203，思考他又是怎么用米作单位来表示长度的？

他是把1米平均分成100份，金箍棒的长度恰好是34份，是总长度的 $\frac{34}{100}$，$\frac{34}{100}$ 米写成小数是0.34米。那么金箍棒的长度是1厘米呢？5厘米呢？99厘米呢？

④概括归纳。

通过刚才的学习，金箍棒的长度我们用分数来表示，34厘米 = $\frac{34}{100}$ 米，1厘米 = $\frac{1}{100}$ 米，5厘米 = $\frac{5}{100}$ 米，99厘米 = $\frac{99}{100}$ 米。这些分数还可以写成小数，$\frac{34}{100}$ 写成小数是0.34，$\frac{1}{100}$ 写成小数是0.01，$\frac{5}{100}$ 写成小数是0.05，$\frac{99}{100}$ 写成小数是0.99。

3）深化研究

①我们已经知道金箍棒的长度是0.34米，如果把金箍棒再延长一点，你觉得应该怎么用米作单位表示呢？（如图5-208，把图片放大，让学生观察）

《 关键问题：一节课里的种子

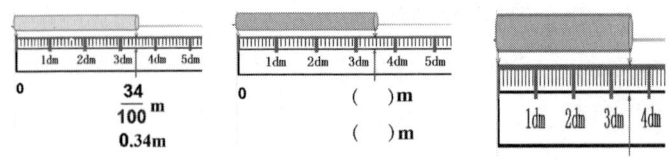

图 5-208　迁移学习三位小数

②可以在脑子里画一画，想一想怎样用米作单位表示金箍棒的长度吗？

③学生汇报表示方法，强调要继续把1厘米平均分成10份，也就是把1米平均分成了1000份，用 $\frac{345}{1000}$ 和 0.345 来表示。

④出示：1毫米怎么表示？76毫米呢？

⑤小结：通过刚才的学习，我们已经知道十分之几、百分之几和千分之几可以用小数来表示，分别写成一位小数、两位小数和三位小数。

4）体会小数之间的十进关系

①观察图 5-209，你有什么发现？

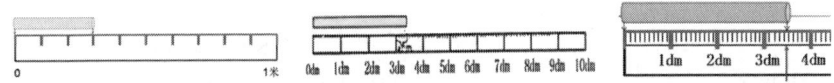

图 5-209　小数概念和意义梳理对比

3 dm 不到 1 米，可以把 1 米平均分成 10 份，3 dm 是 1 米的 $\frac{3}{10}$，用 0.3 米来表示；3 dm 4 cm 不到 4 分米，可以把 1 分米继续平均分成 10 份，3 dm 4 cm 是 1 米的 $\frac{34}{100}$，用 0.34 m 来表示；3 dm 4 cm 5 mm 不到 35 厘米，可以把 1 厘米继续平均分成 10 份，3 dm 4 cm 5 mm 是 1 米的 $\frac{345}{1000}$，用 0.345 m 来表示。

②用米作单位表示图 5-210 中的长度，如果继续平均分成 1000 份呢？你有什么发现？如果再继续往下分呢？（0.3、0.30、0.300、0.3000……）

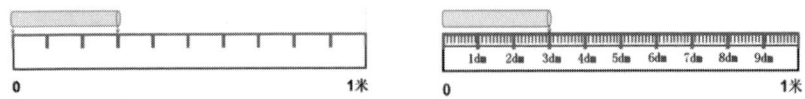

图 5-210　小数计数单位研究素材

a. 你会填吗?

0.3 里有（　　）个（　　）；

0.30 里有（　　）个（　　）；

0.300 里有（　　）个（　　）。

b. 和整数一样，小数也有计数单位。小数的计数单位是十分之一、百分之一、千分之一……分别写作 0.1、0.01、0.001……

c. 可以看出，0.3、0.30、0.300 这些小数之间存在十进关系，它们之间的进率是 10。

5）练习巩固

①看图填一填。

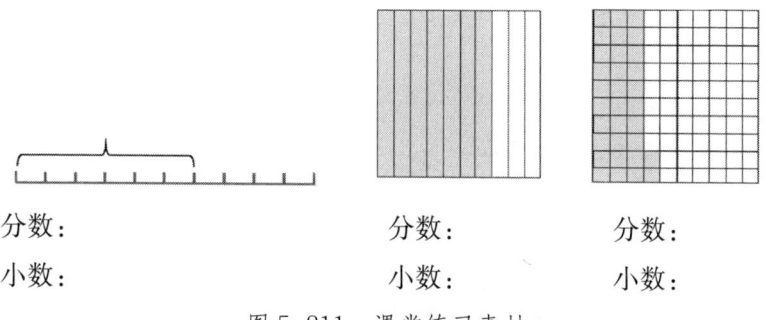

分数：　　　　　　　分数：　　　　　　　分数：

小数：　　　　　　　小数：　　　　　　　小数：

图 5-211　课堂练习素材

②想一想：图 5-211 中的几个小数中分别有几个 0.1、0.01 和 0.001？

6）总结回顾

（略）

总之，本节课基于一位小数的种子价值，引导学生在学习活动中基于初步认识小数获得的知识技能和经验方法展开自主探索，解决怎样用米作单位来表示比 3 分米多一点点的物体的长度的数学问题。让学生在自主研究表示方法的过程中体会继续往下分，用百分之几和两位小数来表达长度的思想方法，获得解决问题的活动经验，感受十进制量与数的变化，理解小数的意义。

6 基于关键问题的教师成长研究

基于关键问题的教与学研究对教师的专业成长提出了一个新的命题：整体视野下的专业视角。要能从各种材料和问题中发现和明确关键问题，并能基于关键问题设计对应的学习活动来引导学生解决关键问题，发展学科核心素养，培养良好的思维品质。这就需要教师注重沾染和培养自己的哲学气质。

本章将从教师为什么要培养自己的哲学气质，如何培养自己的哲学气质，怎样从哲学的角度观照数学课堂，以及哲学气质观照下的数学课堂实践展开论述，探讨教师如何以哲学气质和哲学思考来促进自身的专业成长。

6.1 教师为什么要培养哲学气质

早在 2013 年，我就在自己组织的教师培训和教研活动中提出了这个命题。为什么要提出这个命题，有两个缘由。

第一个是《人民教育》2013 年第一期上提出了一个命题——让教师沾染点哲学气质。施久铭在《教育，要让人看得见自我》一文中提出了一个值得我们思考的话题："无论艺术，还是哲学，是所有教室里都应该拥有的两堂课，它们打开了那扇让人看见自我的门，有可能会启发人的一生。"

另一个是源于 2013 年 4 月在北京挂职学习期间的一次访谈。我在北京教育学院挂职培训期间，曾经对当时还在北京教育学院任教的数学教育专家张丹教授做过一次访谈。

其中有一个问题是：对您影响最深的一本书是什么？张丹说："马上能跳出来的，不是数学教育的书，给我影响最深的是胡适的《中国哲学史大纲》，而且说实话我没有看完。我看的是序，他讲什么是哲学，有三个最基本问题：解决的是切要的问题，从切要处提出问题，从切要处提出最根本的解决问题的方法。也就是从最基本的地方提出问题，用最基本的方式去思考问题，提出最基本的解决问题的方法。"

另外一个问题是：对您影响最深的人是谁？张丹说对她影响很深的人有4个，其中之一是东北师大的史宁中校长。"他是一个智者，绝对是一个有大智慧的人，他所有的哲学书都看过，他让我从本原去想问题。让我学会从头去问，如归纳推理：谁第一个提出归纳推理？他为什么提出归纳推理？什么是归纳推理？"

正是以上的阅读心得和与张丹教授的交流，使我深刻地感受到教师一旦"沾染"上哲学的气质，这种气质会使教师更容易理解儿童，更能帮助教师顺利地行走。因此，我觉得基于关键问题的教学研究需要有哲学气质的教师，教师需要培养自己的哲学气质，学会哲学思考，以哲学来指导自己的教学和研究。

6.2 怎样培养自己的哲学气质

施久铭在文章里说："在教育里，有一个价值共识逐渐为我们所接受。那就是无论何种课程都要以儿童能够接受的方式开展。这意味着我们要尊重儿童的思维方式，而不是把成人的标准作为儿童教育的目标，不能用成人的思维去苛求儿童思维，而是学会去倾听孩子的声音，向儿童学习，陪他们一起成长……对穿行于两个世界中的教师而言，除了拥有上述的儿童视角外，还应该具备哲学的眼光。"那么如何培养自己的哲学气质呢？可以从以下几个方面去尝试。

6.2.1 培养哲学气质：不要省略儿童成长的阳光

俞正强老师曾经在他的文章中提到过一个故事，这个故事也曾经被很多人在不同的场合反复的提过：

曾经某地蕨菜出口某国，据说蕨菜收割后需经阳光晒干，包装后运抵目的地，只要水一泡就会新鲜如初，生意十分兴旺。

> 关键问题：一节课里的种子

后来本地一些聪明人嫌经阳光晒干靠天太难，于是用火烘干蕨菜，包装后运抵某国，却发现烘干的无论怎么用水泡始终干瘦，无法变得新鲜，蕨菜生意就这样没了。

阳光晒干这个过程是不能省略的。这个阳光晒干的过程实质上就是学生学习探究、讨论感悟的过程，是知识的内涵，是"无"，是"阴"，是"体"，是知识的本质。这种对内涵的感悟和体验是学习的真正乐趣所在，是不能省略的。对内涵和本质的觉知，是培养教师哲学气质的重要途径。

比如三角形的三边关系，一句话就可以让学生理解：两点之间，线段最短。但是我们为什么要花那么多的时间去让学生操作、探究、体验、感悟，因为这是学生生命成长不能省略的阳光。教师只有感知到这种阳光的价值，感知到在知识背后的能量、节奏和方向，才能有效地提升自己的哲学思考力。

我们现在倡导生本课堂，强调以学定教，以学论教。我在和张丹教授交流的时候，聊到了对学生的研究。张教授说，到现在我们真正感觉到研究学生真的太重要，而且要进入到学生的学习过程。研究学生的学习过程，它要回答的问题是"什么内容是学生能独立学会的，什么内容是可以和同伴交流才能学会的"。这些内容如果学生能够学会，那么我们下一步应该怎么走呢？如果他能自己学会，这条路是怎么走的？孩子的路是很丰富的，从这里走到校门口，路有好几条，但我们教材只提供了一条路，很多孩子的路径是不一样的。各个版本的教材又是不一样的，孩子的想法是很多种的，教材只能提供一种，但是作为老师，你必须知道。你得先知道人家有几条，然后才说怎么办。

教师深入学生的学习过程，了解学生的学习路径，以生为本，走向对学的研究，走向学本课堂，让阳光照耀儿童生命成长的心路，这样的教师就是沾染了哲学气质的教师。但是很多时候我们省略了阳光，比如吊瓶高考预备班，比如钱理群为之痛苦的"一切不能为应试教育服务的教育根本无立足之地"，类似的例子举不胜举，孩子成长历程中的阳光被阴霾遮蔽。

沾染哲学气质的教师应有自己的追求和坚守，能以独立之思想和自由之精神，培养受阳光洗礼的学生。

6.2.2 培养哲学气质：要研究切要的问题

我非常喜欢胡适先生对哲学的定义："凡研究人生切要的问题，从根本上着想，要寻一个根本的解决。这种学问，叫作哲学。"胡先生举了一个例子，比如善恶，是人生的一个切要问题。哲学家遇到这个问题，就要去研究什么是善，什么是恶，人性本善还是本恶，等等，从根本处着想，希望有一个根本的解决。

对具有哲学气质的教师而言，他们往往会从更本源的角度去思考问题，去研究和探索学生。因为从哲学的角度来看，教学——教育——人——生命——世界，这是一个不断扩大的对象范畴，我们要研究教学，就应该去研究和思考教育，去思考人，思考生命，思考世界，站在时空背景下去看待学生。

俞正强老师说，想把课上得有厚度，就应该去思考能看见的东西背后的那些看不见的东西，去寻找现象背后的本质，寻找内在，寻找本体。沾染哲学气质的教师往往能在教育教学中另辟蹊径，找到独特的自我，因为他们在面对问题时会"从根本上着想，要寻一个根本的解决"。

比如我们在教学三角形的分类时，我们就应该从本原上着想：什么是分类？为什么要分类？分类有什么用？怎样分类？

在教学鸡兔同笼问题时，我们要思考：鸡兔同笼问题是从哪里来的？为什么要编鸡兔同笼问题？我们为什么要学？怎么算？有什么用？

从本原上想问题，对问题做深入的思考，以系统的、整体的视野看待一节课、一类课，你会发现自己会有脱胎换骨的变化，不经意间，你就散发出了一种浓浓的哲学气质。

6.2.3 培养哲学气质：要创设身心闲暇的时光

亚里士多德说："幸福存在于闲暇之中。"他所说的幸福，是心无旁骛的哲学思辨。哲思需要闲暇，在闲暇之中我们才能进行哲思，教师应当努力为自己创设身心闲暇的时光。只是为了思考而思考，这该是一种多么纯粹的快乐。

有一幅漫画，边上配了一段文字："我想，当年掉在牛顿老师面前的应

>> 关键问题：一节课里的种子

该是个烂苹果，不然他绝对没心思想别的。"我每次看到这幅画都会发出会心的微笑，如果不是烂苹果的话，为了解决生计问题，正在四处寻找食物的牛顿老师哪里还有心情和心思去思考人生，去想那些"没用"的事。

对于一个充满功利心，整天忙忙碌碌的教师而言，他们是没有心情也没有闲暇去追溯本源的。"哲学里问和猜的过程，正是我们的教育里最缺乏的品质"，这种问与猜，是需要闲暇的，是需要一种对于教育的爱的，是需要摒弃功利的、纯粹的为了思考而思考的快乐的。

我们追求优质课堂和高效课堂，很多时候从单独一节课来看，这节课是高效的、优质的。但是，如果我们把视野放得更远一些，从学生的整体发展和生命成长的角度来看，是低效的。因为从生命成长的角度来看，我们的教学是一个整体，就像是过日子，是一个动态的、均衡的过程，急不得也躁不得。

生命成长本身具有致密、混沌、繁杂、非匀速的特征，因此在教育教学里存在着大片混沌的、灰色的地带，在这些地带，并不是所有的教育教学手段都能产生相应的教育教学效果。我们不能盲目地追求高效课堂，把师生的生命都机械化了，使他们成为快速运转的教学机器上的一个个齿轮，再也感受不到生命成长的喜悦。教师要有闲暇时光，学生也应有闲暇时光，具有哲学视野和沾染哲学气质的教师应当有这种眼光和坚守。

近期被人所热捧的民国老课本《模范公民》第八册头四篇课文依次为：《我看见新事物，要常常留心观察》《我发生了疑问，就想法去解决》《我要仔细地观察事物》《我不盲从，不随声附和》。"我不盲从，我不随声附和"，这种独立精神和独立人格是否应是我们所追求的气质？

上士闻道，勤而行之。

6.3 哲学气质观照下的数学课堂

在前一节中我曾经提到胡适先生对哲学的定义："凡研究人生切要的问题，从根本上着想，要寻一个根本的解决。这种学问，叫作哲学。"诚如斯言，具有哲学气质的教师应该学会从更本源的角度去思考问题，去研究和探索学生，面对问题时多"从根本上着想，要寻一个根本的解决"，去思考能看见的东西背后的那些看不见的东西，去寻找现象背后的本质，寻找内在，寻找本体。

从本原上想问题，我们需要理清"理与法、主与次、神与形"的关系，但是在实践中很多老师往往想不明白，看不清楚，不能看到现象的根本，无法明了万法背后的本源，理不清纷繁复杂现象的主与次，找不到不同形态背后起到决定作用的神。

6.3.1 哲学视野下课堂教学的理与法

关于理与法，看到这两个字，小学老师第一个跳出来的词汇是：算理和算法。但是，我们今天要讨论的理与法是基于更高层面的。理是现象背后隐藏的那个东西，是我们看不见的内在；法是现象本身，是我们可以看到的外在。如果用一句话来概括的话，我想是"一阴一阳之谓道"，内在为阴，外在为阳，看不见的为阴，看得见的为阳。

在小学数学中，我们可以看到很多的方法，很多的形式，很多的外在的东西。法是很多的，而且法是基于学生个性化的东西，是"私"法。每个孩子可以有自己的方法，可以选择自己喜欢的方法，甚至有时候他们说不清自己的方法。而理是唯一的，在令人眼花缭乱的多样化的算法背后，那个理是不变的，是可以讲清楚说明白的，是绝对的。所以，我们要先研理，后做法，先学理，后思法，理通则法无不至。

人教版二年级上册第二单元安排了"两位数加减两位数"的笔算，其中进位加法是这样编排的（如图6-1）：

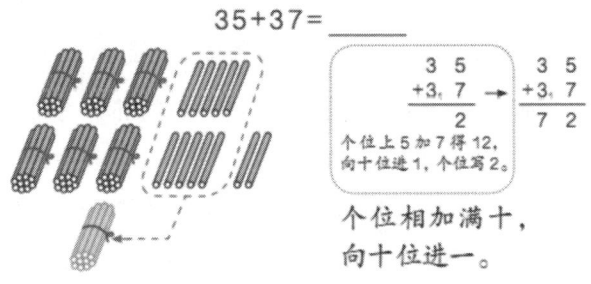

图 6-1 二上"进位加法"教材素材

《 关键问题：一节课里的种子

学生首次接触两位数加两位数进位加法的笔算，对于他们而言，一年级下学期时曾经有过进位加法口算的经验，而本单元前一节课刚学过竖式笔算，知道了个位和个位加，十位和十位加的竖式计算方法。这份学习材料中具有生长力的种子是"满十进一"，需要在竖式上合理简便地表示出"满十进一"，很显然这需要学生的思考和创造。

满十进一是理，个性化的表示是法。学生已有的关于十的认识和两位数加一位数口算的经验支撑了学生对满十进一的理的认识和理解，那么如何表示呢？学生的思考和创造给我们展示了很多的法（如图6-2）：

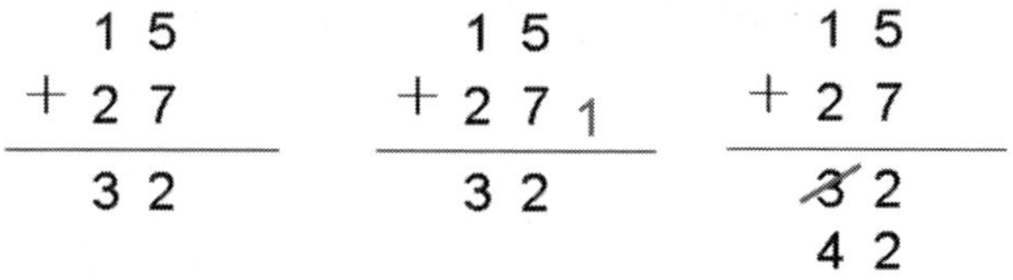

$$\begin{array}{r}15\\+27\\\hline32\end{array} \qquad \begin{array}{r}15\\+27_1\\\hline32\end{array} \qquad \begin{array}{r}15\\+27\\\hline\cancel{3}2\\42\end{array}$$

图 6-2 学生学习活动创造的算法

第一种，我们可以看到学生面对新问题时，他无所适从，没有办法在竖式中去表达和描述"满十进一"，知理而无法；

第二种，学生已有的经验不能支撑他进行新的探索和创造，5＋7后满十进一的"1"他无处摆放，只能选择右边的一个角落让"1"栖身；

第三种，我们可以看到学生是先算十位上的 ▨＋▨▨，再算个位上的 5＋7，加完以后发现需要满十进一，十位上显然不仅是 ▨＋▨▨，还得加上个位上相加所得的 ▨，这样就有了上面充分展示学生思考和探索过程的法。

当然，我们还有教材展示的标准的体现满十进一的法。不管是哪种法，背后都有一个"理"，满十进一是存在于法背后的那种力量。正因为需要满十进一，所以学生探索了这么多的办法、这么多的外在的"法"去表示内在的"理"。从这个角度看,我们可以发现小学教材中存在很多的理与法，我们需要从例子中看到背后的理，举一反三，深入探究教材提供的学习素材的理与法。

俞正强老师在一次讲课中提到了一个例子："桃树和梨树一共有500棵，桃树是梨树的4倍，问两种树各有多少棵？"解决这个问题，我们可以有方程和算术两种解法。教师和学生一般都会认为这是两种不同的方法，实质上这两种方法只是一个"理"的两种表现形式。方程解法全面完整地表达了各个数量的关系，表达了解题思考的过程，而算术解法表达的内容相对要简单些。看上去是两种方法，实际上它们都是同一个"理"的表现形式。

当我们想明白了、看清楚了万法背后的本源的时候，当我们能够把"2"看成"1"的时候，当我们可以把两种方法融会贯通成一种方法的时候，我们的思辨能力和哲学视野就会得到提升和开阔。

6.3.2 哲学视野下课堂教学的主与次

胡适先生的哲学定义告诉我们应该从更本源的角度去思考问题，"从根本上着想，要寻一个根本的解决"。从根本上着想的目的是寻求问题的根本解决，怎样在纷繁复杂的现象中，想明白这些外在东西背后的关键问题是什么，显然是非常重要的。这是一种思想，一种意识，也是一种能力。我们就应当学会找主要矛盾，找关键问题，找到一节课中具有生长力的种子，要分清主与次。

例如"植树问题"，因为有三种不同的种树方法，相对应的棵数会有不同的变化。其中哪一个是变式的原型？三种方法的地位各有不同，但是很多人不能想明白哪个为重，哪个为辅，以至于胡子眉毛一把抓。

相对于两端都种、一端种另一端不种、两端都不种三种方法，有些老师会不分主次，按照线性思维，从一到一，而非"道生一，一生二，二生三"，这样就没有了生长的力量。

从教材的编排上看，我们应该明白两端都种的方法是我们需要花力气去研究和探索的主要模型和主要矛盾。当我们在两端都种的数学模型中搞清楚了植树问题的基本结构"段数＋1＝点数"，构建了段数与点数的数学关系，则植树问题迎刃而解。植树棵数就是点数的变化，或者全部的点都要种树，则点数＝棵数；或者两端的2个点不种，则点数－2＝棵数；或者

> 关键问题：一节课里的种子

一端种一端不种，则点数 – 1= 棵数。能够在段数、点数和种树棵数三者之间进行相互转化，那么植树问题就可以合而为一，其中最关键的锚就是对于两端都种的植树问题的把握和理解。

面对一个知识系列，我们应分清主次，以原型为重、变型为辅。以原型为重则下盘稳固，以变型为辅则不断开疆拓土。从一节课来讲，要抓大放小。同样的，对一个单元来讲，对一个学习专题来讲，我们同样要分清主次。俞正强老师的种子课理论，给了我们很好的启发，在知识发生发展的基点和节点上，我们要好好的爱护，精心的设计，细心的喂养，细心的照顾，充分理透脉络。而对于那些不在节点上的，处在点与点之间的生长课，我们可以放手让学生自主学习和研究。

譬如二年级上册第二单元的"100以内的加法和减法（二）"单元，教材编排了下面的内容：不进位加法、进位加法、不退位减法、退位减法、连加、连减、加减混合运算。在加减计算的内容中，不进位加法、进位加法、不退位减法、退位减法这四节课处在节点上，是需要精心呵护的种子课：

不进位加法是学生第一次用竖式的形式进行笔算，是一个新的起点；

进位加法是学生研究和探索如何在竖式中描述和表达"满十进一"的数学原理，如何实现形式和本质的统一，是一个学习发展的节点；

不退位减法，可以由加法迁移而来，用竖式形式计算学生是没有问题的，但是减法意义具化为个位和个位减、十位和十位减却是学生知识结构建构的一个节点；

退位减法，如何从"满十进一"的象无缝衔接到"退一作十"的象，实现进退自如的思维状态，这也是一个重要节点。

当我们看清楚，想明白了这些节点，也就是分清了主次。抓住主要矛盾，打好重要战役，点与点之间的那些课、那些内容就可以放手让学生自主学习，让种子的生长力得到激发，让学生从节点上获得的营养和能量充分布扬。

6.3.3 哲学视野下课堂教学的神与形

一堂精彩的课是有亮点的。会让学生眼前一亮，豁然贯通；会让老师心头一亮，若有所思。这个亮点，就是课堂教学的"神"之所在。一堂课，可以没有华丽的辞藻，可以没有夺人眼球的多媒体课件，可以没有妙趣横生的活动，但是如果没有"神"，那么这节课还会留下些什么呢？

一位老师在点评俞正强老师的"折线统计图"一课时说，"背后是一个强大的理念磁场，一回味，朴素中含深意啊"。朴素中所含的深意是什么，不就是课堂教学的"神"吗？课是由很多要素组成的，如果我们把课看作一个人的话，借用《黄帝内经·灵枢》里的一段话"血气已和，营卫已通，五脏已成，神气舍心，魂魄毕具，乃成为人"，我们来做一个同象比较。

"血气已和，营卫已通，五脏已成"，血气、营卫、五脏可以看成是一节课的基本框架。这个框架已经构建好了，气血流通，血脉调和，有了一节课该有的东西。但是这还不是一节好课，不是能散发亮点的课，因为没有"神气舍心"。这个"神"还没有住到课里来，没有神采，没有魂魄。只有"神气舍心"，才能成为一节好课。

俞正强老师在"折线统计图"一课里，借用"主角"形象，让课堂"神气舍心，魂魄毕具"，构建了一个强大的磁场，让人回味无穷。

师：（引导）我们先来观察条形统计图。1月走到几度？

生：走到5度。

师：它还往下走吗？

生：不走了。

师：轮到谁走了？

生：2月了。

师：2月走到几度？

生：也到5就不走了。

在这个讨论的过程中，学生在老师的引导下观察条形统计图的12个月份，每个月都是一个主角，1号主角走完了，就轮到2号主角，它们轮流登台，12个主角排在一起比多少。本来是静态的一个统计图，在主角眼光审视下成了一幅幅动态的统计图，具有了诱人的神采。

《 关键问题：一节课里的种子

师：我们再来看折线统计图，谁先走？
生：天气走到1月，再到2月，接着一直走，直到12月。

到了这里，课堂中师生气血充沛，更重要的是"神"真正地住到了课堂的心脏里，魂魄毕具。天气统计图被动态化了，一个主角从1月到2月，直到12月，走了一条变化曲线，走了12个月。学生对两种统计图的认识从一样到不一样，已经有了本质的飞跃。"神气舍心"之后的会心一笑，是否给我们留下了无尽的韵味，绵绵悠长。学生心中播下了一颗优质的种子，来年必将在一个合适的土壤里生根发芽。

一堂课如果徒有其表，即使"血气已和，营卫已通，五脏已成"，也依然不能让学生感受深刻。虽然形很完美，有精心的设计，有良好的组织，有华丽的多媒体课件辅助，没有"神"，就缺了生气。一节课神形兼备为上品，有形无神为下品，无形有神为中品，形与神是我们研究和思考一节课时不能不考虑的一对关系。《黄帝内经·灵枢》中说"得神者生，失神者死"，不谬也！

在三年级下册学完小数的初步认识以后，教材编排了"简单的小数加、减法"（如图6-3）：

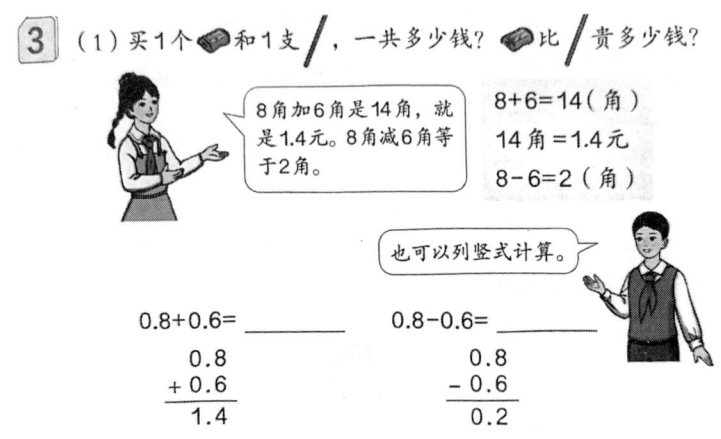

图6-3 三下"简单的小数加、减法"教材素材

这个内容很多老师不喜欢上，因为觉得太简单，不能上出那种"味"来。如何上好这节课，这节课的"神"在哪里？怎样让课堂"神气舍心"，我

们一起来理一理：

血气已和：教材提供的学习素材是很清楚的。一位小数加、减一位小数，8角加6角是1元4角，就是1.4元，8角减6角等于2角。

营卫已通：可以列竖式计算。基于已有的经验，学生一般都会列竖式，都会数位对齐计算。

五脏已成：出示素材，提出问题，列式，独立计算，汇报交流，课堂教学的框架和结构是很清晰的。

神气舍心：神是什么，神就是"数位对齐"的发现之旅。书上没有说数位对齐，"数位对齐"的发现之旅就成了这堂课的"神"——"你为什么要数位对齐计算？书上哪里告诉你要数位对齐？哪里写着数位对齐？"

当学生主动自主地寻找和沟通新旧知识之间的联系，把新知化为旧知，构建起新的认知结构，课堂的神就亮出来了，一种回味无穷的韵味便油然而生。

总之，在实践中我们要以哲学的视野观照数学课堂，审视学习材料，明辨万法背后的"理"，分清原型与变型的地位，抓住形式背后散发魅力的"神"，对问题做深入的思考，系统的、整体的审视与观照课堂，让课堂意味深长，神采飞扬。

6.4 哲学气质观照下的课堂实践

基于哲学思考，我尝试利用数学素材在数学课堂实践中表达哲学思考，引导学生体会哲学意味，感受有与无的相互转化，思索怎样从外在的形式去推断内在的本质。本章的几个实践案例体现了我对胡适哲学定义的实践、对哲学概念"有"与"无"的思考、对"形式"与"本质"的哲学思辨。

6.4.1 鸡兔同笼：构建以尝试为本的有效教学途径

"鸡兔同笼"是人教版数学四下"数学广角"的内容，它集题目的趣味性、解题策略的多样性、应用的广泛性于一体，不但可以使学生欣赏算术解法的奇思妙想，而且具有训练智能的教育功能和价值，对促进学生的逻辑推理能力和运算技巧很有帮助。

《 关键问题：一节课里的种子

1）问题的源起

"鸡兔同笼"曾经被很多名师演绎过，俞正强老师思考的是"不同水平的学生可以有自己不同的解题策略"；施银燕老师思考的是"以鸡兔同笼为载体，教学最原始而又最能广泛迁移的尝试法"；储冬生老师思考的是"我能留给孩子些什么呢？我想到了解题策略、数学模型、数学文化……"。

最近观摩了一些老师执教的"鸡兔同笼"课，发现很多老师着力于挖掘尝试法的独特价值，并在自己的课堂中引导学生进行不断地尝试和调整，把尝试法作为学生学习的一种基本的、可以广泛迁移的思想方法而加以突出强调，然后再教学用假设法和列方程法解决问题。但是很多人却忽视了从列表尝试到假设法和列方程法的探究过程应当是连续一贯的，不能建立起各种方法之间的联系，各种方法似乎毫无联系，这容易使学生感到这些方法之间彼此是割裂的。与此同时客观上也造成了其他方法缺乏尝试法的支撑，容易造成学生对其他方法学习和理解的难度。

2）案例描述

下面是我在一次教研活动中观摩的一位老师执教的课例片段：

①尝试猜测。

a. 我们先来猜猜，笼子中可能会有几只鸡、几只兔呢？

b. 验证：猜得对不对？

c. 我们把这种方法叫做列表法。（板书：列表法）

d. 你们觉得用猜想列表法解决鸡兔同笼问题怎么样？（麻烦）

e. 我们还有研究新方法的必要。

②尝试假设。

a. 假设笼子里全是鸡，为什么会少了10条腿呢？

b. 上面的过程能用算式表示出来吗？

c. 那如果假设笼子里全是兔，会出现什么情况？

d. 学生独立思考解决，如果有困难可以同桌或小组讨论。

e. 小结：这种方法叫做假设法，是解答鸡兔同笼问题的基本方法。（板书：假设法）

③尝试列方程解题。

a. 引导观察，还有别的方法吗？（列方程的方法）

b. 列出方程。

c. 解方程。

d. 梳理方法。

3）由案例引出的几个问题

在这个过程中，执教者把尝试法放在了基础的地位，从教学反馈来看，我们发现：列表法人人都会；假设法很多学生似懂非懂，常常会把鸡和兔搞混；列方程法则大部分学生对于如何寻找相等的数量关系和设未知数颇感为难。

纵观整个教学过程，我不禁要问：

①怎么有效引导学生用列表法进行尝试和猜测？

②尝试和假设法、列方程法是完全不同的解题策略和方法吗？

③怎样建立从尝试到假设的有效的探究通道？

④怎样有效地沟通尝试和假设法、列方程法等方法之间的联系？

⑤在尝试法的基础上怎样让学生感受解决问题方法的巧妙和多样？

……

4）对这几个问题的思考和分析

①尝试和假设法、列方程法是可以互通的解题策略和方法。

方法一：尝试法（如表6-1）。

表6-1 鸡兔同笼问题的尝试法演绎

鸡	1	2	3						
兔	7	6	5						
脚	30	28	26						

方法二：假设全部是鸡，则兔有：

$(26 - 8 \times 2) \div (4 - 2) = 10 \div 2 = 5$（只）

《 **关键问题：一节课里的种子**

方法三：假设兔有 x 只，则鸡有 $8 - x$ 只。

$$4x + 2(8 - x) = 26$$

当学生利用表6-1进行尝试猜测的数学活动的时候，对于学生来讲，他们在判断结果是否正确时的一个基本依据就是：

鸡的只数 ×2 + 兔的只数 ×4= 腿的总数 26 条

在不断地尝试、验证和调整的过程中，学生就是在不断地经历着"鸡的只数 ×2 + 兔的只数 ×4"是不是等于"腿的总数 26 条"这样一个基本的等量关系的判断过程。这是解决鸡兔同笼问题的一个基本的数量关系式，所有的解法都是以此为出发和依归的基点。

更进一步，我们可以看到学生实质上是在面对一个方程组（如下），采取了先确定未知数的一个较小的取值范围，再逐一将这些可取的值代入方程进行尝试检验，寻找可以使方程两边相等的未知数的值。这就是尝试检验法，这种尝试检验的方法是解决问题的一种重要的思想方法。

$4x + 2y = 26$

$x + y = 8$

方法一所展示出的思考过程是步步为营，逐步逐步地进行鸡兔只数的增减和调整，一直调整到符合数量关系，找到正确的答案为止。而方法二所展示的实际上就是表6-2中的情况：怎样从第一步猜测8只全部是鸡，再直接调整到位，迅速找到鸡兔只数的正确值。

表 6-2 鸡兔同笼问题的假设法演绎

鸡	8								
兔	0								
脚	16								

方法二需要学生能从整体上去观察和思考列表中所展示出来的鸡兔之间的由于只数变化而引起的腿的数量变化的规律，进而把握规律，利用规

律进行调整。这是在方法一基础上进行的改进策略，但是因为这个过程是以一组算式或综合算式的形式展示的，所以对于学生而言其脱离了具体的形式和表象，变得抽象而不可捉摸，常常使学生搞不清楚求出来的数到底是鸡的只数还是兔的只数。如果有了这个表格尝试的支撑，或许这个问题就可以迎刃而解。

实质上方法三所展示的是表6-3中的情况：

表6-3 鸡兔同笼问题的列方程法演绎

鸡	x							
兔	$8-x$							
脚	26							

有了前面不断尝试和调整的过程，学生自然能够明白"$8-x$"的意义，可以说对于方程意义的理解和等式的构建毫无障碍。从这里我们也可以进一步发现这些方法之间的互相联系，可以互相融合，可以互相转化，彼此之间互为支撑。

②以列表猜测作为解题的根本。

a. 出示：笼子里有若干只鸡和兔，从上面数，有8个头；从下面数，有26条腿。鸡和兔各有几只？

b. 你会解决这个问题吗？请大家来试一试。如果有困难，可以借助练习纸上的表格。

让学生自主探索解决问题的途径，这是对学生学习起点的尊重，也是对学生学习起点的调查，从中我们可以知道学生的已有认知起点，由此可以有针对性地调整教学，真正做到以学生为本。在这个过程中，我们既充分调动学生已有的认知经验，又让学习有困难的学生利用表格去尝试解决问题，有效地降低解决问题的难度，提升学生的学习自信心，体验成功感，为接下去学生的学习和交流做好充分的铺垫。

《 关键问题：一节课里的种子

c. 还有不同的方法吗？再试试，看谁想出来的方法最多。
d. 你是怎么想的？先和同桌互相交流一下。
e. 学生汇报展示。

我们鼓励学生尝试探索新的方法和策略，进行同桌交流，感受彼此的思考和智慧，了解别人各种不同的方法，分享彼此的学习资源。只有当学生对他人不同的方法有了初步的了解之后，他们才会对别人的汇报感同身受，倾听可能会更投入，效果可能会更好，彼此的有效沟通就有了坚实的基础。

对于学生的汇报和展示，我们应该进行合理的程序安排，让学生充分展示不同的方法，组织交流、评价和引导，使学生能通过观察和比较感受彼此的联系。

鸡	8	7	6	5	3	
兔	0	1	2	3	4	5
脚	16	18	20	22	24	26

鸡	1	2	3
兔	7	6	5
脚	30	28	26

图 6-4　学生作品展示（一）

一般来说，学生出现类似图 6-4 这样的尝试列表的方法比较多，具有跳跃性的猜测，比如直接猜想鸡兔各一半这样的情况相对出现的比较少。在这个不断探索和逼近的过程中，学生实质上在不断地面对一个等量关系：

$$(\quad) \times 4 + (\quad) \times 2 = (\quad)$$

先给括号中代表的数取值，再寻求符合条件的值。在这个过程中，他们经历着一个数变化，另一个数也跟着变化的动态过程，这种列表的过程能够使他们对这有更为深刻的体验。

因为有了前面这样的参与数学活动的过程，学生已经构建了鸡的只数、兔的只数和它们的总腿数之间的等量关系，从而也使得学生对于列出关于它们关系的方程的理解水到渠成。

③领悟调整的价值和必要。

但是上面两种常见的方法很难让学生感受到调整的必要性和思维的灵

活性，或许很多学生就此安于现状，洋洋得意于自己获得了解决问题的方法。因此，我们此时很有必要引导学生思考和展示下面的思考过程，体会尝试之中的智慧：

生1：从鸡、兔各一半开始试，就是24条腿，离正确答案更接近。

生2：这样就能更快地找到答案。

生3：从中间开始试，就可以使尝试的范围缩小。

师：4只鸡4只兔，是24条腿，有的人只看到24≠26，这是一次失败的尝试；而咱们好多同学还能从中分析得到更多的信息，通过思考分析之后作出调整，就能更快地成功！

调整是解决鸡兔同笼问题策略的关键和核心。如何调整？为什么要这样调整？怎样合理巧妙地进行调整？这是我们应该引导学生去实践和思考的重要的数学活动。

请观察刚才你的研究过程，你发现鸡和兔只数调整的时候脚的条数有什么变化规律？为什么有这样的变化规律，你能解释说明吗？

有了前面列表尝试的活动过程和不断调整逼近的体验，学生可以比较容易地发现只数的变化规律是2条2条地减少或者增加，知其然，更应知其所以然。所以接下来对于为什么有这样的变化规律的探究和思考就成为学生学习的必需，4-2=2的由来也就成了学生实践活动的成果。

④建立从列表到算式的联系通道。

生：我还有个问题，既然看出7只鸡、1只兔有18条腿，腿数远远小于26，为什么还要一点点地增加，不一下子把兔的只数多增加一些呢？这样不就更简便了吗？

怎样更好地调整使得解决问题更加简便，更加巧妙？由此引出的一般意义上的为广大小学生和小学老师所熟悉并常用的假设法的教学就成了自然而然的事情，但是很多学生对于下面算式的每一步似懂非懂，常常会"鸡冠兔戴"，搞不清楚谁是谁了。

$8 \times 4 = 32 \quad 32 - 26 = 6 \quad 4 - 2 = 2 \quad 6 \div 2 = 3$

实质上这组算式所展示的解题过程，我们可以在表格里找到它完整的原型，其中尝试、调整、验证的过程鲜活生动，当我们把彼此之间的通道建立起来的时候，学生的知识结构将会对已有的和新学的策略进行沟通和融合，建立自己新的认知结构。

假设 8 只全部是兔子，那么腿的只数是 32 条，比 26 条腿多出了 6 条，兔子的只数多了就需要调整，要调整到把多出的 6 条腿去掉。我们不再是 1 只 1 只地减少，我们的调整不是盲目的，而是有智慧的。

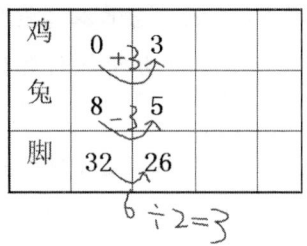

图 6-5　学生作品展示（二）

因为每把一只兔子调整为鸡，总的腿数要减少 2 条，所以需要调整 3 次才能把 6 条腿去掉，所以得到算式 6÷2=3。（如图 6-5）在这个过程中，我们可以让学生借用相对容易理解的列表尝试法去理解相对抽象的算术运算每一步的意义，从而有效地降低难度，帮助学生理解其中调整的智慧和算术运算表达的抽象性和简洁性。

综上所述，我们在教学"鸡兔同笼"时，可以引导学生在列表尝试的基础上，帮助学生沟通尝试法同假设法、列方程等方法之间的联系，建立从猜测到用"假设法"和列方程的方法解决问题的通道，认识到代数方法的简易和便于操作，同时更领悟到各种方法之间可以融会贯通，互为支撑。

6.4.2　鸡兔同笼：有无相生的哲学智慧

"鸡兔同笼"作为一节经典的课例，前一节中我已经做了比较深入的思考和分析。其实，从另外一个角度去看，我们会发现"鸡兔同笼"中还蕴含着深刻的哲学思考。

在用假设法解决"鸡兔同笼"问题的过程中，我们已经感知到因假设都是鸡或假设都是兔而缺少的或增加的腿的数量对于解决问题的价值和意义。兔子有 4 条腿,有 2 条腿是鸡没有的;鸡有一对翅膀,是兔没有的。有无是可以相生的,兔子多出来的 2 条腿如果一收起来,"有"就变成了"无";鸡的翅膀如果一伸出来,"无"就变成了"有"。

有之以为利,无之以为用。利用鸡的翅膀和兔子多出来的腿"有和无"的变化,我们可以基于"鸡兔同笼"问题演绎一堂蕴含哲学韵味的数学课。

1) 有和无

什么是有?在中国哲学用语里,"有"与"无"相对,指可感觉的实物,最普遍的存在。什么是无?在哲学范畴里是指无形、无名、虚无等,或指物质的隐微状态。

课前我们可以先通过交流让学生感受生活中的有与无,再去观察和体会鸡兔同笼中的有和无。

①有什么?

有货,有钱、有才、有人、有吃的、有车、有房……

②无什么?

无货,无钱、无才、无人、无吃的、无车、无房……

③有什么?无什么?

a.鸡和兔有什么?

图 6-6 "鸡兔同笼"学习素材(一)

鸡有 1 个头和 2 条腿、2 只翅膀,兔有 1 个头和 4 条腿。(如图 6-6)

b.兔子有而鸡没有的是什么?鸡有而兔子没有的是什么?

有了对有和无的直观感知,就可以引导学生体会从有到无和从无到有的变化,理解兔子收起双腿和鸡伸出翅膀的奥妙。

2) 有无相生

一阴一阳之谓道,有看得见的东西就有隐藏在背后的看不见的东西。

《 关键问题：一节课里的种子

有和无是可以相互转化的，有可以转化成无，无也可以转化成有。那么，如何让学生体会有无相生的哲学命题呢？我做了如下的过程设计。

a.你能把鸡没有的变成有的吗？你能把兔有的变成没有的吗？

b.鸡没有的2条腿：伸出双翅，就从无变成有了。

兔子有的2条腿：收起双腿，就从有变成无了。

c.引出：有和无是可以相互转化的，按照老子的说法就是"有无相生"。

d.思考：观察鸡从无到有，或者兔从有到无，你有什么发现？

鸡伸出的双翅就是原来没有的"2条腿"，它就变成了"4条腿"，和兔子一样了。兔子收起2条腿，从原来有4条腿变成了2条腿，和鸡一样了。

鸡从无到有，两者都变成了4条腿的动物。

兔从有到无，两者都变成了2条腿的动物。

通过有无转化，让鸡兔成了腿数相同的动物，也就是把两种动物转化成了一种动物。这就是假设解决问题的根源所在，而其背后隐含的思想方法就是"不二"，从不同的东西背后发现其相同的地方，从"二"到"一"，从法到理。

3）有和无的应用之妙

明白了从无到有和从有到无的变化之道，也就知道了从两种动物变成一种动物的方法，那么如何运用"有无相生"的变化去解决问题呢？我们来看学生是如何去探索"鸡兔同笼"问题的。

①出示问题：笼子里有若干只鸡和兔，从上面数有8个头，从下面数有26条腿。鸡和兔各几只？

②学习活动：利用从有到无或从无到有的方法独立探索上面的数学问题，思考：

a.选择变成腿数相同的一种动物的方法进行变化。

b.思考：新有的（或没了）的腿数是谁的？

c.描述：用数学算式表达你的思考过程。

学习活动的过程就是应用"有无相生"的转化过程，就是为了哲学思想的生根发芽而浇水施肥的过程，蕴含了对解决问题方法的选择、过程的反思和用数学的语言描述问题解决的思路。

③从无到有的活动结果反馈：

a. 怎样从无到有：伸出双翅。

b. 从无到有发生的腿数变化，多出：$8×4-26=6$（条）。

c. "有"是什么：多出的6条腿就是鸡伸出的6只翅膀，也就是$6÷2=3$只鸡。

d. 从鸡到兔，兔的只数是：$8-3=5$只。

④从有到无的活动结果反馈：

a. 怎样从有到无：收起双腿。

b. 从有到无发生的腿数变化，少了：$26-8×2=10$（条）。

c. "无"是什么：少了的10条腿就是兔子收起的10条腿，就是$10÷2=5$只兔。

d. 从兔到鸡，鸡的只数是：$8-5=3$只。

因为凸显了"有"和"无"，那么相对应的多出的腿和少了的腿就有了形象的支撑。多出的腿数和鸡伸出的双翅对应，少了的腿数和兔子收起的双腿对应，因为双翅和双腿，也就有了2只2只的递增或递减变化。有无相生的变化使隐含的内在关系和变化更为生动和形象。

4) 有和无的利与用

在解决问题的过程中才能更深刻地体会"有无相生"的韵味，有了对问题解决过程中从无到有和从有到无变化的体会，才能从整体的角度去观照"有"和"无"，去发现更多问题中的"有"和"无"。

①观察两种方法，你有什么发现？（如图6-7）

从无到有：伸出双翅——4条腿	从有到无：收起双腿——2条腿
从无到有的腿数：$8×4-26=6$（条）	从有到无的腿数：$26-8×2=10$（条）
6只鸡翅膀：$6÷2=3$（只）	10条兔腿：$10÷2=5$（只）
兔的只数：$8-3=5$（只）	鸡的只数：$8-5=3$（只）

图6-7 "鸡兔同笼"学习素材（二）

《 关键问题：一节课里的种子

②概括体会。

a.都是把两种动物变成一种动物。

b."有"的可以变成"无"的，"无"的可以变成"有"的。

③你能用这种变化的方法去解决问题吗？试一试。

a.光明小学12人参加植树活动，男同学每人栽了3棵树，女同学每人栽了2棵树，一共栽了32棵树。男、女同学各有几人？

b.盒子里有大、小两种钢珠共30颗，共重266 g。已知大钢珠每颗11 g，小钢珠每颗7 g。盒中大、小钢珠各有多少颗？

理论是用来指导实践的，孔子说"举一隅不以三隅反，则不复也"。好的教学的关键在于怎样启发学生自己去思考和琢磨，启发学生去举一反三、触类旁通。如果教给他一个方面，他却不能以此来说明另外三个方面，"则不复也"。学生在体会了"有无相生"的思想和方法之后，我们就应该训练学生举一反三，用数学的思维方式思考世界，用数学的语言描述世界，去解决问题。

④延伸拓展。

a.出示图6-8。

图6-8 "鸡兔同笼"学习素材（三）

b.观察：三幅图中的"有"和"无"分别是什么？

c.总结：老子说，"有之以为利，无之以为用"，同学们课后可以去查阅资料，想一想"有"和"无"还有哪些意义和奥妙。

"哲学里问和猜的过程，正是我们的教育里最缺乏的品质"，这种问与猜，是需要给予学生充分的时间和空间的，是需要学生在活动中反复猜测不断体验的。这种体验和感悟，是需要摒弃功利的，是纯粹地为了思考而思考。小学数学中有很多这样的课例可以让我们进行哲学思考，让我们经历问和猜的过程，它们可以帮助我们打开那扇让人看见自我的门，有可能会启发人的一生。

6.4.3 度量时间：从外在现象到内在本质

"时间"是一个重要的课题，从认识整时到认识几时几分，再到秒的认识和年、月、日的认识。学生在不断地经历认识时间、应用时间、把握时间的学习过程，从中体会时间的特性，掌握计量时间的数学知识和技能，积累与时间有关的活动经验，感悟思想方法。养成珍惜时间和遵守时间的良好习惯，对学生的一生都是有益处的。

对比教材中的时间单位，"年、月、日、时、分、秒"这6个单位可以分成两类：时、分、秒是人规定的时间单位，年、月、日是天规定的时间单位。人规定的时间单位蕴含着数学的意味，天规定的时间单位体现着对现象与本质的哲学思考。

梳理有关时间的数学知识，我们可以整合相关学科内容，从现象到本质，引导学生从更宏观的宇宙时空去感受时间、理解时间、把握时间。

1）体会时间：逝者如斯夫

时间是与学生的生活密切相关的，我们无时无刻不在时间中，时间无时无刻不在往前走。那么，时间是什么？我们首先要让学生去体会时间，去建立时间的观念。

①体会时间。

a.逐一出示表示时间的词语：

白驹过隙、日日夜夜、时光荏苒、时过境迁、光阴似箭、日新月异、分秒必争、深更半夜、度日如年、天长地久、夜以继日、时不我待……

b.看到这些词，你有什么感受？（激发对于时间的体会）

②感受时间的流逝。

a.子在川上曰："逝者如斯夫，不舍昼夜。"（配流水图）

b.说说对这句话的体会。

c.小结：时间就是这样，像流水一样，一去不复返。

③想一想：你的时间都去哪儿了？

《 关键问题：一节课里的种子

有了对时间的直观感知和理性思考，就可以引导学生体会时间的价值，激发学生对研究时间问题的兴趣，从更高的维度去理解和把握时间。

2）感受"日"是最基本的时间单位

从古至今，出现了很多与时间有关的单位，在不同的情境下表达时间和刻画时间。对于这些时间单位的了解，有助于学生感受不同文化，体会不同学科之间的整合，拓宽学生的视野，更好地体会时间。

①你知道哪些时间单位？

②根据学生汇报，出示下面的时间单位，再让学生分类整理：

a.学习过的：年、月、日、时、分、秒；

b.生活中常见的：世纪、周、季度、旬、刻；

c.补充传统文化中的：候、气、节。

③思考和统整单位：

a.比较这些单位，你觉得哪个是最基本的时间单位？

b.引出：日是最基本的时间单位，也是最早认识的时间单位。

c.思考：为什么说日是最基本的时间单位？

随着人们对黑夜和白天的直观感知就有了日的概念，月和年是对于日的累积，时、分、秒是对于日的分解，和计数单位"1"相似。

通过对时间单位进行梳理，帮助学生构建以"日"为基础的时间系统，就像数位顺序表一样，从"日"开始往左逐步累积越来越大，往右逐步细分越来越小。这样就把所有的时间单位融汇在一起，成为一个计时系统，是各学科和传统文化体系中的表示时间的重要工具，使学生对于时间有了一个整体的认识和把握。

3）体会时间单位的自然和人为

当学生对时间单位有了一个整体的理解和把握，我们就可以引导学生对时间单位做更深入的理解，体会时间单位的自然性和人为性。

①想一想，如果要把下面的时间（见图6-9）单位分类的话，你觉得可以怎么分？

年 月 日 时 分 秒 世纪 周 季度 旬 刻 候 气 节	天规定的：年 月 日 人规定的：时 分 秒 世纪 周 季度 旬 刻 候 气 节

图 6-9 时间单位

②小结：年、月、日是天规定的，其他时间单位是人规定的。

③思考：为什么说年、月、日是天规定的时间单位？

a. 出示动画："日"是地球自转形成的时间单位。

b. 出示动画："月"是月球绕着地球转一圈形成的时间单位。

c. 出示动画："年"是地球绕着太阳转一圈形成的时间单位。

因为"日""月""年"是地球、月球、太阳三者之间自转、公转而形成的时间单位，不是人说了算的，而是由它们之间的转动周期说了算的，是天规定的。有了这样的认识，就有了更为宏大的宇宙观和世界观，有助于学生核心素养的发展。

4）认识世界：从现象到本质

天规定的时间单位，人又是怎么知道的呢？人作为万物之长，是怎样通过对外在现象的观察进而去把握万事万物背后的运动规律呢？通过对"年、月、日"三个时间单位建构过程的研究，可以使学生体会到人是如何认识世界的。

①思考："年、月、日"是天规定的，人是怎么知道的呢？

②引导思考：人是如何认识和构建"年、月、日"三个时间单位的。

a. 出示：人类看不到隐藏在海里面的冰山，看不到藏起来的本质。（如图 6-10）

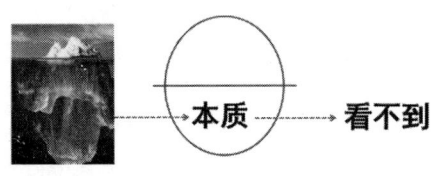

图 6-10 "度量实践"学习素材（一）

b. 看到的是什么？（外在的现象）

③思考：怎样从外在的现象看到哪些规律？

a. 人看到了什么现象？（日升日落、月圆月缺、四季变化）

b. 观察：这些现象有哪些外在的规律？

c. 发现了哪些规律：昼夜交替、月圆月缺、四季交替。

④从现象到本质：

a. 观察昼夜交替的现象形成了"日"。（如图6-11）

图6-11 "度量实践"学习素材（二）

b. 观察月圆月缺的现象形成了"月"。（如图6-12）

图6-12 "度量实践"学习素材（三）

c. 观察四季交替的现象形成了"年"。（如图6-13）

图6-13 "度量实践"学习素材（四）

正是在对昼夜交替、月圆月缺、四季交替等现象的观察中,人类把握了内在的规律,形成了"日""月""年"的时间单位,并以此来刻画时间。

5)度量时间:工具与方法

"日"和"月"因为时间长度相对较短,利用相应的度量工具和度量方法可以方便度量和确定两者的时间长度。

"日",也就是"一天",这个天象变化的规律,很容易被人们掌握,并利用它来作为计算时间的基本单位,它是历法上的第一种单位。

"月",月亮圆缺循环变化的规律,人人都可以看到,所以人们也很早就把它作为计算日子的单位。

"年"作为一个时间单位,因为时间跨度相对比较长,如何度量,利用怎样的工具来度量就成了一个需要思考和不断研究、改进的问题。

①思考:"年"用什么度量工具?用什么度量方法?

②出示:度量工具——圭和表。(如图6-14)

图6-14 "度量实践"学习素材(五)

a.立竿见影,古人就是利用这样的原理设计了"圭"和"表"作为度量日影的工具来度量一年的长度。

b."圭"是水平放置于地面上的刻有刻度以测量影长的标尺,"表"是垂直于地面的直杆。

③为了度量更精确,度量工具不断地在改进,最有名的是元朝天文学家郭守敬主持建造的"登封观星台"。(如图6-15)

> 关键问题：一节课里的种子

图 6-15 "登封观星台"照片

有了度量工具，那么，怎样去度量呢？这是学生构建"年"时间单位的重要过程，需要让学生理解和把握。

④度量方法：

a. 把影子最长的一天作为起点，把影子再一次最长的那一天作为终点，度量其中的天数，就是"年"的长度。

b. 度量结果：从起点到终点，一共有"365 日 5 小时 48 分 45.5 秒"。

c. 思考：我们一般规定一年只有 365 日，那么多出来的"5 小时 48 分 45.5 秒"怎么办？（引出四年一闰）

⑤请用下面的数据来解释：

a. 为什么要"四年一闰"，为什么"整百年不闰，四百年要闰"？

b. 发现：少了要增加，多了要减少，所以就有了"闰"与"不闰"的规定。

c. 小结：少了要"补不足"，多了要"损有余"。（如图 6-16）

一回归年=365日 5小时48分45.5秒   少
　　　　　　　　　　　　　　　　补不足
5小时48分45.5秒×4≈23.3   多
　　　　　　　　　　　　　　　　损有余

图 6-16 认识时间学习素材

d.出示老子名言:天之道,损有余而补不足。

从自然到人文,让学生在对宇宙时空的观察中体会人是如何利用自然,如何向自然学习的,这就是"人法地、地法天、天法道、道法自然"。

6)时间单位:那些重要的时间节点

有了对"年"时间单位的理解,知道了度量工具和度量方法,那么就可以引导学生去体会那些重要的时间节点,理解和把握天人相应的哲学理念。

①从刚才的度量过程中,你觉得一年中有哪些重要的日子?

a.起点与终点:影子最长的日——冬至。

b.影子最短的日子——夏至。

c.白天和黑夜一样长的日子:春分和秋分。

②出示图6-17:

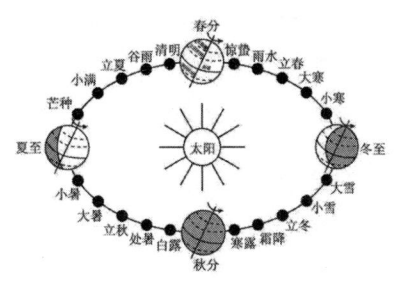

图6-17 "度量实践"学习素材(六)

a.二十四节气:这些都是重要的时间节点,要好好去感受二十四节气的文化。

b.小结:天地是个大宇宙,人生是个小宇宙,我们要随着时间的变化顺应自然,好好生活。

对"年"的度量,对"圭表"的使用和认识,以其巨人的推动力,被人们作为沟通天地、与自然对话的凭借,它是华夏文明的支点,构筑起整个中华文明的大厦。借用对时间单位的梳理、解构和重构,结合传统文化的相关知识,我们可以引导学生在更高的维度认识时间、把握时间,有助于学生形成正确的世界观和人生观。

附录：张丹教授访谈实录

2013年4月12日，我在北京教育学院培训期间，曾对时任北京教育学院教师教育数理学院院长、义务数学课程标准（2011年版）研制组核心成员、现北京教育科学研究院基础教育研究中心小数室主任张丹教授做了一次访谈，这次访谈给我留下了深刻的印象。张丹教授对小学数学教学和教师培训提出了很多想法和建议，现在读来依然很有指导意义。

问题一：小学数学最新的研究热点问题有哪些？

张丹：现在的研究热点，我觉得首先要关注的是新修订的2011年版课程标准。特别是课程目标中从"双基"到"四基"，"四基"中新添加的基本活动经验和基本思想；在分析和解决问题的基础上增加了发现和提出问题。同时，还有新增加的几个核心概念，几何直观、创新意识等。

其次是学生的学习方式，这是今后研究的趋势。如针对学生的自主学习的研究，其中怎样设计自主学习的材料与形式是难点。

第三个热点，我觉得是对整体把握、整体设计单元教学的研究。

问题二：范希尔的几何思维水平理论如何应用？

笔者：刚才您谈到了鲍建生的《数学学习的心理过程》，书中提到范希尔夫妇的几何思维水平。我感觉，这个理论被提到的比较多，在小学数学教学中如何应用呢？

张丹：我举个例子，是我曾经做过的对长方体的研究，研究学生学习长方体时所对应的几何思维水平。我们根据文献分析、教材解读和前期学生调研，设计了几个学习活动去研究学生几何思维水平的变化。我们发现，五年级的学生说出教材中的长方体的特征是不难的，但是能够进入"关联"水平是不容易的。但是教师教学中普遍对于这一思维水平关注不够，需要我们设计适切的学习活动。

我们设计了用面去围长方体的活动：首先请同学们思考怎样的六个长方形可以正好围成一个长方体，然后请同学们借助方格纸画出自己设计的长方形，剪下来围一围。这时学生就要考虑长方形面之间的"关联"。如学生如果第一组长方形选择了长5 cm宽3 cm的，那么第二组长方形需要有一条边与第一组相同（比如长5 cm宽2 cm），前两组长方形的长宽确定了，那么第三组长方形的长宽也就确定了（长3 cm宽2 cm）。学生往往不会关注其中的关联，而是在不断想象、尝试、调整中去发展空间观念。我们可以合理利用范希尔的理论去指导教学，帮助学生提高几何思维水平。

问题三：在您的培训工作中，给您留下深刻印象的事是什么？

张丹：第一件事是2005年做教师研修的时候，我们提出并设计了"教学设计的基本模型"。我们原先期待的是，教师的理念变了，再来改变教学行为，但是我们发现理念变化和行为改变是相辅相成的。基于此，我们转向以改变教学行为为研修的切入点，先尝试促进教师反思并改进教学行为，再在行动中转变理念。我们在教学设计的基本模型中提到了要做学生研究，必要的时候做学前调研。刚开始的时候教师不习惯，认为课前没时间设计问卷和进行访谈，这样会加重负担；但我们坚持做，慢慢地，老师们养成了"了解学生"的习惯。更为可贵的是，他们越来越关注学生，认同学生想法背后的价值，此时"尊重学生、读懂学生""为促进学生发展而设计教学"等对于教师来说就不再只是听到的理念，而逐渐变成了他们行动的指引。记得有一位参加过研修的教师有如下的感悟："读懂学生的过程是一个发现学生的过程，是一个不断摆正自己作为一个教育者的位置、寻求与学生交往的更好的方式的过程。"

第二件印象深刻的事是我们2007年提出了整体把握小学数学课程的主张，最早有"整体把握"这个想法是一次参加数学课程改革研讨会，在

《 关键问题：一节课里的种子

会上一位数学家提到了数学课程要"削枝强干，返璞归真，突出本质"，短短的12个字，感觉和自己所追求的理想教学有很大的契合。而要做到加强小学数学课程中的"干"、归于小学数学课程中的"真"、突出小学数学课程的"本质"，需要在一个全局的角度"整体把握"小学数学课程。最近几年，我大量接触小学数学课程改革和课堂教学实践，"整体把握"这个想法越来越强烈。举一个例子，关于"分数的初步认识"有三节特级教师上的公开课，一位教师是从平均分物开始引进分数的；一位教师是从测量不够1个单位引入的；还有一位教师是从运算"1÷2"引入的。当时，对于三种引入方法，大家争论不休。但换一个角度思考，不是非此即彼，而是整体把握，这些方面其实都是重要的，都是学习分数的重要方面。当然这些方面不是在一节课里都实现，必须要有一个整体把握，不能靠一节课来解决所有的问题，要整体设计整个分数的教学。

后来我们又讨论"分数的初步认识"和"分数的再认识"的关系，"再认识"认识什么，很多教师不清楚，认为就是单位"1"由1个物体变成多个物体。这是一个变化，但并不深入。我举个例子，如图"认识分数学习素材"，学生在三年级能得到左图阴影部分的面积占总面积的 $\frac{3}{4}$。对于右图，如果用分数表示涂色球的数量占总球数的几分之几，三年级也有不少学生能够写出 $\frac{3}{4}$，看起来单位"1"是由1个变成了多个，但学生的困难并不大，因为他们更多的是从球的数量（6个涂色球与所有的8个球）的角度来思考部分与整体的关系的。再看右图，如果学生将其表示为 $\frac{6}{8}$，需要将2个球看成1份，学会从份数的方面来思考，称之为"份数比"。从"数量比"发展到"份数比"，是五年级再认识分数的重要进展。

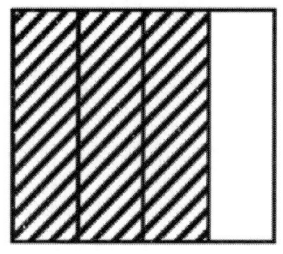
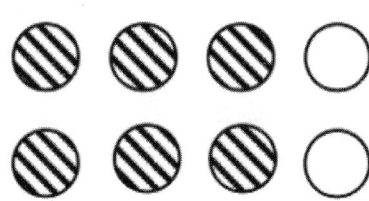

认识分数学习素材

之后我们进一步提出了从4个方面来完成对分数意义丰富性的认识，即比、测量、运算和商。

2008年我开始做工作室研修，就把"整体把握小学数学课程内容"作为了研修主题。在进行工作室项目审核的时候，专家很认可这个主题，其实研修主题的重要来源就是对实践系统进行的理性观察、思考与提炼。2008年第一批工作室学员就和我一起构建了整体把握小学数学课程的基本框架。每个人先把自己心目中的框架画出来，再进行"头脑风暴"形成共识。在此基础上，我们梳理小学数学的课程主线，开始一点一点地去做，我们现在还在继续研究。我们提出了整体把握小学数学课程的核心要素有：小学数学课程目标、小学数学课程内容、小学生的数学学习。

现在，我们感觉到对学生进行研究真的很重要，而且要进入研究学生的学习过程中去。关于学习过程研究，需要回答的问题是：

第一，什么内容是学生能独立学会的？什么内容是和同伴在共同合作交流中能学会的？以学定教，如果学生通过独立行走和合作交流能够学会，我们是不是需要给他们更多的空间来自主学习？而哪些内容是学生遇到的真正困难，需要教师提供学习支持？

第二，学生的学习路径是什么样的？教师不仅要了解学生静态的学习状况（如学习起点和学习终点），更需要研究学生思维活动的路线。举个例子，学生是怎么思考和认识"求一个数的几分之几可以用乘法"的？通过学生调研，我们发现学生的想法是丰富的，而不少教材只提供了一种路

> 关键问题：一节课里的种子

径，教学中怎么办？我们希望通过学生研究，真正促进数学学习真实、深入地发生。

可以说，我们的学生研究分成了几个阶段：

第一个阶段，就是注重量化数据。设计问卷调查，分析得到多少人能解决问题，多少人部分能解决，多少人基本不能解决。刚开始，教师们觉得研究对于教学设计有作用，但渐渐地觉得还不够。

第二个阶段，我们开始关注质性研究。不仅关注有百分之几的学生会解决，更要关注学生的想法是什么，分析学生的想法合理与否，然后思考通过设计怎样的学与教的方案来促进学生的发展。

第三个阶段，有两个标准：一个是系统性。比如现在研究小数，就不仅关注"认识小数"这一节课了，我们从小数初步认识一直延伸到小数除法，可以做一个跟踪，从小数初步认识一直跟踪到小数除法。另一个就是前面提到的关注学生的学习过程。还是以分数为例，我曾经询问过儿子，他当时刚学习完分数的初步认识，我询问他如何理解$\frac{4}{3}$。他说，没有这样的分数，因为平均分成3份后不可能取出4份了。如果是过去，我们就停留在这儿了，了解了学生是如何思考的。但是现在我们要了解他们是如何从现在这个起点到"终点"，也就是能理解$\frac{4}{3}$的。当然，考虑到儿子的年龄特征，我提供了学习支持："$\frac{1}{3}$是什么意思？你能用算式表示出来吗？"通过平均分物，他列出了除法算式：$1 \div 3 = \frac{1}{3}$。在此基础上，他将$\frac{4}{3}$理解为$4 \div 3$，然后借助除法的意义感受到"把4个东西平均分成3份，每个人得了1个还多$\frac{1}{3}$"。那么他在这个问题上的学习路径可能就是这样，当然这只是举一个不成熟的案例，我们还有大量的工作要做。正如孙晓天老师曾经说过的："如果我们能够了解孩子们是如何实现数学化的，在这个过程里有哪些要素，这个过程大体遵循一个什么样的规律，就是一个非常有意义的研究，就是一个相当精彩的'读懂'。"

问题四：如果有一次理想的培训机会，您希望有多长的培训时间？最希望学习的内容是什么？（可否罗列三项，譬如学科本体性

知识、教育研究能力、培训管理等）

张丹：时间我倒没觉得非要有多长，只要能腾出时间，我就想去学习，时间长短不重要。现在比较忙，倒是希望有个比较长的时间，能静下心来，有半年或者三个月的访学时间。培训内容我觉得不一定是教育的，可以是多方面的。可以是以教育为主，不一定非得是数学教育，可以是当前大家关注的前沿问题，还有一个是各地名师对教育的看法。我觉得给我培训不需要太强调专题，只要是一些不同的信息、思维方法的启发就可以了。

问题五：根据您的经验，哪些因素影响着教师培训者的专业成长？

张丹：首先是要有比较好的思维方式，这个很重要。我觉得以下几个方面是重要的：

第一，保持思维的前后一致。这一点特别重要，我发现很多人前面是在讲这件事，后面就"跑"到讲别的事儿上去了，不能自始至终去思考问题，这是比较麻烦的。因此我们要长时间地追问和思考一个问题，保持逻辑性。

第二，概括和抽象思维。培训者要有观点，要有概括，要梳理每一个人的观点，要帮助大家思考每个观点的特点，而不是把自己的观点强加给别人，所以这种概括能力很重要。

第三，整体思维。从整体上进行思考，而不是"只见树木不见森林"。

第四，多元思维。很多事情不是"二元对立"的，需要从多个角度来综合考虑。

其次是热情，也是一种很重要的因素，你得喜欢干培训工作。

再次是好的心态。敢于面对挑战性的问题，善于与别人合作沟通，对事情充满好奇，有好奇心。不仅对教育要好奇，特别是对学生也要好奇，必须要爱学生。还有一点是愿意想问题，有兴趣想问题。

最后是必要的知识和研究方法。

《 关键问题：一节课里的种子

除此之外，还要有创新意识，尝试从不同角度寻找分析问题和解决问题的办法，敢于尝试并不断改进。

问题六：请用一句话给教师培训者下一个定义或者给教师培训者打一个比喻。

张丹：很难下定义。如果要下一个定义的话，我觉得"教师培训者是一个守望教师幸福成长的人，他在守望教师幸福成长的过程中自己获得了幸福，同时把幸福传播给了更多的人"。

……

参考文献

[1] 费岭峰. 课堂的魅力：小学数学活动设计与教学[M]. 上海：华东师范大学出版社，2017.

[2] 黄淑琴. 沏茶问题的关键问题和学习活动设计[J]. 科学导报·学术，2019，(43):215.

[3] 胡适. 中国哲学史大纲[M]. 桂林：广西师范大学出版社，2013.4.

[4] 人民教育出版社课程教材研究所小学数学课程教材研究开发中心. 义务教育教科书教师教学用书·数学·二年级·上册[M]. 北京：人民教育出版社，2013.

[5] 人民教育出版社课程教材研究所小学数学课程教材研究开发中心. 义务教育教科书教师教学用书·数学·二年级·下册[M]. 北京：人民教育出版社，2013.

[6] 人民教育出版社课程教材研究所小学数学课程教材研究开发中心. 义务教育教科书教师教学用书·数学·三年级·上册[M]. 北京：人民教育出版社，2014.

[7] 人民教育出版社课程教材研究所小学数学课程教材研究开发中心. 义务教育教科书教师教学用书·数学·三年级·下册[M]. 2版. 北京：人民教育出版社，2014.

[8] 人民教育出版社课程教材研究所小学数学课程教材研究开发中心. 义务教育教科书教师教学用书·数学·四年级·上册[M]. 北京：人民教育出版社，2014.

[9] 人民教育出版社课程教材研究所小学数学课程教材研究开发中心. 义

务教育教科书教师教学用书·数学·四年级·下册[M].北京：人民教育出版社，2014.

[10]人民教育出版社课程教材研究所小学数学课程教材研究开发中心.义务教育教科书教师教学用书·数学·五年级·上册[M].北京：人民教育出版社，2014.

[11]人民教育出版社课程教材研究所小学数学课程教材研究开发中心.义务教育教科书教师教学用书·数学·五年级·下册[M].北京：人民教育出版社，2014.

[12]人民教育出版社课程教材研究所小学数学课程教材研究开发中心.义务教育教科书教师教学用书·数学·六年级·上册[M].北京：人民教育出版社，2014.

[13]人民教育出版社课程教材研究所小学数学课程教材研究开发中心.义务教育教科书教师教学用书·数学·六年级·下册[M].北京：人民教育出版社，2014.

[14]刘加霞.小学数学有效教学[M].北京：北京师范大学出版社，2015.5.

[15]施久铭.教育，要让人看得见自我[J].人民教育，2013（1）：54-58.

[16]王永春.小学数学核心素养教学论[M].上海：华东师范大学出版社，2019.

[17]吴正宪，刘劲苓，刘克臣主编.小学数学教学基本概念解读[M].北京：教育科学出版社，2014.

[18]徐文兵，梁冬.黄帝内经.天年[M].南昌：江西科学技术出版社，2014.4.

[19]俞正强.种子课：一个数学特级教师的思与行[M].北京：教育科学出版社，2013.

[20]俞正强.种子课2.0：如何教对数学课[M].北京：教育科学出版社，2020.

[21] 俞正强.关于运算意义构建的思考[J].中国教师,2015,(23):12-15.

[22] 周晓林.两位数加减两位数笔算教学研究[M].南昌:江西教育出版社,2021.3.

[23] 周晓林.构建十进制的长度模型 做好经验积累和方法铺垫[J].小学教学设计,2021,(4):4-6.

[24] 周晓林.基于关键问题的学生学习活动设计[J].小学教学设计:数学,2020(1-2):27-29.

[25] 周晓林.教师应有点哲学气质[J].教学月刊:小学版综合,2013(6):56-57.

[26] 周晓林.对几个小学数学课例的哲学审视[J].小学教学设计:数学,2015(11):62-63.

[27] 周晓林.构建以尝试为本的"鸡兔同笼"有效教学途径:观摩"鸡兔同笼"教学的思考[J].小学教学研究:理论版,2011(17):62-64.

后　记

在我写作《两位数加减两位数笔算教学研究》一书时，选择了俞正强老师的种子课理论作为教学研究的理论基础，"关键问题"这时真正成为我教学研究的方向。在研究笔算加减法的过程中，我以种子课的视角去研读每一本教材，以种子课的视角去研究每一节课，我开始发觉种子课的概念是可以包含更广泛的内容的。

我开始研究一节课里的"种子"，把它称之为"关键问题"。在笔算加减法的课例研究中，我逐次描述了如何确定不进位加法、进位加法、不退位减法和退位减法的关键问题。慢慢地，我对"关键问题"的认识越加丰富，它的具体的"象"在我的脑海中日益丰满，我觉得它就像是一节课里的一个支点，或者称之为"机"，是课堂中一触即发的要窍所在。

触发我研究基于关键问题的课堂教学模式构建的是"有余数的除法"这节课。从研究这节课开始，我提出了什么是关键问题，什么是学生学习活动，如何基于关键问题设计学生学习活动，如何展示学生的学习活动成果和实践思考的成果，开始构建"关键问题"研究的基本框架。

特别是在对一节课的反复研究和实践中，我体会到要研究"种子课"或研究"一节课里的种子"，教师应有一定的哲学素养。我在本书付印后，正式提出了关于教学研究和教师培训的主张：研究数学课堂教学中的关键问题，从根本上把握，通过设计学生学习活动寻求关键问题的根本解决，这就是哲学思想指导下的数学教师作教育研究的路径。

近日在喜马拉雅跟随梁冬学习《梁品·周易》，读到"天风姤"时，梁冬说"天下有风，有一种力量正在你看不见的地方生成，而且有可能风

后记

行天下,带来巨大的变化"。一些变化往往是很小的,会带来一阵微风,但随着时空的流变,它会慢慢地显示自己的力量。"关键问题"也是这样,一颗种子在慢慢地成长,渐渐显示出它生长的力量。

2021年9月9日,我正式启用微信公众号"关键问题与自在课堂"作为与读者交流关于"关键问题"教学思考和实践的平台。我结合关键问题的教学理论和实践,及时记录自己的所思所想,陆续推出了《公顷和平方千米:"拙于用大"是因为没有大视野》《关键问题:能知终始,一言而毕》《既明且哲:专注于读书、思考和写作》等原创文章,同时也获得了更多人的关注。

我喜欢读庄子,时常以"读庄"心得来审视数学课堂。读到《齐物论》中的寓言"朝三暮四",我联想到课堂教学中教师应当"察同",要寻找不同素材背后相同的东西,推送了《智者察同:朝三暮四和朝四暮三》;读到《齐物论》中的寓言"罔两问景",我联想到教师应当思考知识技能背后的东西,推送了《植树问题:影子的影子问影子》;读到《养生主》中的寓言"庖丁解牛",我联想到教师应该寻找和解决根本问题,推送了《不忘初心:以无厚入有间》。

读书、思考和写作,让我对数学课堂研究有了更浓的兴趣。2022年3月,基于课堂观察,我推送了《渴而穿井:对"走1米要多少秒"学习和思考》《心生欢喜:"求1份量"的学生学习活动作品分析》《认识三角形:心能备而行之乎?》。4月我开始读《庄子知周》,从中读到了很多新的东西,常常会与之产生共鸣,因为书中的很多观点和我最近跟师学习的许多心得不谋而合,彼此印证,彼此促进。结合庄子的天籁、地籁、人籁和老师新授的"待机、得机、处机、夺机",我推送了《认识毫米:或交响,或独鸣,有响无响,皆是处机》;结合关系学原理,我推送了《折线统计图:对待还是对应》。彼此相合,时时充满欣喜。

基于关键问题的教学理论与实践,我对"平方千米和公顷""小数的初步认识""三角形的认识""中括号""数字搭配问题""植树问题""认识毫米""分数除以整数""折线统计图"进行了思考和实践,对"整体视角"

《 **关键问题：一节课里的种子**

进行了研究和思考。同时对复习课进行了基于关键问题视角的探索，结合小数进行了很好的实践。

这些新的探索和实践推动我进一步完善和推进关键问题的研究，用这种"一气周流"的动能让关键问题的教学思考和主张充分地循环起来，"把好的东西带来，把差的东西带走"。基于两年来的关键问题研究成果，我撰写的《关键问题Ⅱ》已经基本完稿，期待今年能够正式出版。

梁冬在《梁品·周易》讲到乾坤两卦时，说"扶阳实际上扶的是乾和坤里面蕴含的那个永不停止的使生命一气周流的那个动能。动能强了，身体就能充分循环，把好的东西带来，把差的东西带走"。我就想到了我们的学习，学习也是如此，要用新的思想和方法推动和更新已有的认知结构，进行充分地循环，通过循环修正和强化，形成合理、完善的认知结构。

《关键问题：一节课里的种子》是 2021 年 9 月底正式上架并与读者见面的，受到一些数学老师的喜爱和关注，也在各类教师专业成长和小学教学的阅读书目中得到推荐，甚至被国内各大图书馆收藏，这让我深受鼓舞。2022 年国庆节期间，我开始着手对书稿进行修订，订正了部分错误，替换了书中涉及的相关教材图片。

值此重印之际，再次感谢广大读者的厚爱，感谢俞正强老师为本书作序，感谢魏文远编辑、冯会珍编辑为本书重印付出的努力，感谢徐梦田老师、杨冬雪老师、王薪薪老师为本书修订所做的辛勤付出。

感恩！

周晓林

2023 年 2 月 16 日